U0676361

本书为江苏省教育厅2015年度高校哲学社会科学研究重点项目"江苏大学生培育和践行社会主义核心价值观长效机制的创新研究"（2015ZDIXM035）的结项成果

大学生社会主义核心价值观培育机制创新研究

韩同友 等著

中国社会科学出版社

图书在版编目（CIP）数据

大学生社会主义核心价值观培育机制创新研究／韩同友等著 . —北京：
中国社会科学出版社，2019.9
ISBN 978 - 7 - 5203 - 4908 - 6

Ⅰ.①大…　Ⅱ.①韩…　Ⅲ.①大学生—思想政治教育—教学研究—中国
Ⅳ.①G641

中国版本图书馆 CIP 数据核字 (2019) 第 174955 号

出 版 人　赵剑英
责任编辑　杨晓芳
特约编辑　胡　弥
责任校对　刘兰超
责任印制　王　超

出　　版　中国社会科学出版社
社　　址　北京鼓楼西大街甲 158 号
邮　　编　100720
网　　址　http://www.csspw.cn
发 行 部　010 - 84083685
门 市 部　010 - 84029450
经　　销　新华书店及其他书店

印　　刷　北京明恒达印务有限公司
装　　订　廊坊市广阳区广增装订厂
版　　次　2019 年 9 月第 1 版
印　　次　2019 年 9 月第 1 次印刷

开　　本　710×1000　1/16
印　　张　17.5
插　　页　2
字　　数　282 千字
定　　价　85.00 元

凡购买中国社会科学出版社图书，如有质量问题请与本社营销中心联系调换
电话：010 - 84083683
版权所有　侵权必究

前　言

　　重视青年特别是青年大学生的价值观培育，是我们党一以贯之的重要理念和优良传统。党的十八大以来，党中央站在新时代发展的战略高度，更加重视青年大学生世界观、人生观和价值观的教育与引导。习近平总书记明确指出"青年的价值取向决定了未来整个社会的价值取向，而青年又处于价值观形成和确定的时期，抓好这一阶段的价值观养成十分重要"①。

　　党的十八大提出"倡导富强、民主、文明、和谐，倡导自由、平等、公正、法治，倡导爱国、敬业、诚信、友善"②的社会主义核心价值观，勾勒出国家的价值内核、社会的共同理想、亿万人民的精神家园，成为彰显时代精神、凝结时代价值、汇聚社会共识的最大公约数。积极培育和践行社会主义核心价值观成为凝魂聚气、强基固本的战略任务，是实现中国梦的价值观建设基础工程。

　　2013 年 12 月 23 日，中共中央办公厅印发《关于培育和践行社会主义核心价值观的意见》，强调要把培育社会主义核心价值观融入国民教育过程中，倡导全社会每个人都要认同和践行社会主义核心价值观。2014 年 5 月 4 日，习近平总书记在北京大学师生座谈会上强调"青年要从现在做起，从自己做起，使社会主义核心价值观成为自己的基本遵循，并身体力行大力将其推广到全社会去"。③ 2018 年 5 月 2 日，习近平总书记在北京大学视察时，向全国

---

① 习近平：《习近平谈治国理政》，外文出版社 2014 年版，第 172 页。
② 胡锦涛：《坚定不移沿着中国特色社会主义道路前进　为全面建成小康社会而奋斗——在中国共产党第十八次全国代表大会上的报告》，人民出版社 2012 年版，第 31 页。
③ 习近平：《习近平谈治国理政》，外文出版社 2014 年版，第 172 页。

各族青年、向全国青年工作者发出谆谆教诲，希望广大青年要成为实现中华民族伟大复兴的生力军，肩负起国家和民族振兴的历史重任。他特别指出："要坚持不懈培育和弘扬社会主义核心价值观，引导广大师生做社会主义核心价值观的坚定信仰者、积极传播者、模范践行者。要把中国特色社会主义道路自信、理论自信、制度自信、文化自信转化为办好中国特色世界一流大学的自信。……只要我们在培养社会主义建设者和接班人上有作为、有成效，我们的大学就能在世界上有地位、有话语权。"① 2018 年 9 月 10 日，习近平总书记在全国教育大会上强调："要在加强品德修养上下功夫，教育引导学生培育和践行社会主义核心价值观，踏踏实实修好品德，成为有大爱大德大情怀的人"②。

培养什么人、怎样培养人、为谁培养人，这是我国高等教育事业面临的首要问题。大学生是祖国和民族的未来与希望，是社会主义事业的建设者和接班人。大学生是践行社会主义核心价值观的主要群体和接受社会主义核心价值观教育的重要对象，推进大学生社会主义核心价值观的培育对于社会主义核心价值体系建设具有重要意义。因此，在青年大学生中开展社会主义核心价值观的培育和践行活动，是高校乃至全社会的一项十分重要而紧迫的工作。党的十九大报告指出："要以培养担当民族复兴大任的时代新人为着眼点，强化教育引导、实践养成、制度保障，发挥社会主义核心价值观对国民教育、精神文明创建、精神文化产品创作生产传播的引领作用，把社会主义核心价值观融入社会发展各方面，转化为人们的情感认同和行为习惯。"③ 这一重要论断赋予培育和践行社会主义核心价值观新的内涵和时代要求。

然而，在文化多元化的当今时代，大学生的价值观呈现出多样化的趋势，因此社会主义核心价值观的培育特别需要关注和深入了解大学生这一群体，如何用社会主义核心价值观教育和引导大学生逐渐形成的多样化的价值观，帮助他们树立正确的价值目标和价值取向，是全社会特别是高校必须要解决

---

① 《抓住培养社会主义建设者和接班人根本任务努力建设中国特色世界一流大学》《人民日报》2018 年 5 月 3 日第 1 版。

② 《坚持中国特色社会主义教育发展道路 培养德智体美劳全面发展的社会主义建设者和接班人》《人民日报》2018 年 9 月 11 日第 1 版。

③ 习近平：《决胜全面建成小康社会 夺取新时代中国特色社会主义伟大胜利——在中国共产党第十九次全国代表大会上的报告》，人民出版社 2017 年版，第 42 页。

好的一个重大理论与现实问题。加强当代大学生社会主义核心价值观培育研究，把握核心价值观的内涵与功能，明确核心价值观的培育目标，拓展培育的载体，搭建培育的平台，创新培育的思路与方法，构建培养的长效机制，是培育和践行大学生社会主义核心价值观的题中应有之义。做好这项研究工作，不仅对于当代青年大学生培育社会主义核心价值观具有重要的意义，而且对于在全社会培育积极向上的价值观念、形成建设中国特色社会主义的精神动力具有重要的作用。事实上，培育和践行大学生社会主义核心价值观成了学术界研究的重点课题，而且伴随着时代的发展，这项研究还要不断探索、不断深化。

本书基于江苏省教育厅 2015 年度高校哲学社会科学研究重点项目"江苏大学生培育和践行社会主义核心价值观长效机制的创新研究"（项目编号：2015ZDIXM035）的研究成果，着眼于高校和大学生社会主义核心价值观培育长效机制的构建。在理论研究层面，本书阐释社会主义核心价值观与"四个全面"战略布局的内在逻辑关系，揭示社会主义核心价值观培育和践行对于新时代大学生成长成才的重大意义，论述大学生社会主义核心价值观培育的实现路径，探析大学生社会主义核心价值观培育机制构建与创新。在实证研究层面，本书运用多学科交叉融合的研究手段，开展江苏大学生核心价值观培育和践行研究，精心设计大学生培育和践行社会主义核心价值观问卷调查内容和分析方法，探讨解决江苏大学生培育和践行社会主义核心价值观长效机制构建的实际问题，力求构建江苏大学生培育和践行社会主义核心价值观科学高效的机制和路径。

本书分为两个部分。第一部分，大学生社会主义核心价值观的培育与践行：路径探析。共有四章，分别为社会主义核心价值观的内涵与功能、大学生社会主义核心价值观培育的载体与方法、大学生社会主义核心价值观培育的策略与路径、大学生社会主义核心价值观培育的机制与创新。第二部分，大学生社会主义核心价值观教育长效机制的构建：调查研究。共有六章，分别为江苏大学生社会主义核心价值观教育长效机制调查问卷、"江苏大学生社会主义核心价值观教育长效机制"的调查及数据、"社会主义核心价值观"调查的比对研究、"江苏大学生社会主义核心价值观教育长效机制"调查分析、江苏大学生社会主义核心价值观教育长效机制建设的理论准备、江苏大学生社会主义核心价值观教育长效机制的构建。

课题的调查针对江苏高校不同类型、不同层次的大学生社会主义核心价值观认同现状进行"大规模""大样本"的实证调查，并运用网络数理技术及逻辑分析手段，绘制基本认知状况分析表图，为研究工作提供理论支撑和借鉴。在全省十余所高校开展"江苏大学生社会主义核心价值观教育长效机制"问卷调查有相当重要的现实需求，不仅反映出了青年大学生对国家提出的社会主义核心价值观的态度和看法，也让同学们学会思考自己本身的不足以及今后如何改进，也引导他们能自觉自愿地从身边的小事做起、从一点一滴做起，在实践中加深感悟，践行社会主义核心价值观，把核心价值观外化为日常的行为准则，从而勇于践行社会主义核心价值观，争做社会主义核心价值观的引领者。

理论研究和实践探索没有止境。党的十九大报告指出："经过长期努力，中国特色社会主义进入了新时代，这是我国发展新的历史方位"①。新时代青年大学生不仅需要物质上的富有，精神上同样要富有，要培育和践行社会主义价值观，树立正确的世界观、人生观、价值观，以新风貌、新气象、新作为做时代的新人。全社会也要"把社会主义核心价值观融入社会发展各方面，转化为人们的情感认同和行为习惯"②，真正使社会主义核心价值观无时不在、无处不在。

作为一项研究课题，我们完成了阶段性的任务。研究的成果也能为高校思想政治理论课教师、共青团部门、高校辅导员以及社会各层面思想政治教育工作者提供一本参考读物。但是，作为大学生社会主义核心价值观的培育与践行学术追问和实践探究永远在路上，因为，社会主义核心价值观将在中华民族伟大复兴道路上发挥其应有的价值，我们有责任、有义务对它进行思考，并为之不懈努力！

韩同友

2019 年 4 月

---

① 习近平：《决胜全面建成小康社会 夺取新时代中国特色社会主义伟大胜利——在中国共产党第十九次全国代表大会上的报告》，人民出版社 2017 年版，第 10 页。

② 同上书，第 42 页。

CONTENTS 目 录

第一部分

大学生社会主义核心价值观的培育与践行:路径探析

第一章　社会主义核心价值观的内涵与功能

社会主义核心价值观是马克思主义中国化的最新理论成果，是当代中国特色社会主义主流意识形态的集中体现。党的十八大提出的社会主义核心价值观，勾勒出国家的价值内核、社会的共同理想、亿万人民的精神家园，成为彰显时代精神、凝结时代价值、汇聚社会共识的最大公约数。积极培育和践行社会主义核心价值观成为凝魂聚气、强基固本的战略任务，是实现中国梦的价值观建设基础工程。培育和引导大学生践行社会主义核心价值，是推进中国特色社会主义事业的必然要求，是办人民满意的高等教育、促进学生健康成长的现实选择。

- 社会主义核心价值观与"四个全面"战略布局的内在逻辑关系
- 红色资源对大学生社会主义核心价值观教育的现实价值
- 儒家伦理文化的现代阐释及其对青年价值认同的意义
- 基于传统孝文化的大学生感恩教育
- 邓小平的信仰观与当代大学生的马克思主义信仰教育

第一节　社会主义核心价值观与"四个全面"战略布局的内在逻辑关系

社会主义核心价值观与"四个全面"战略布局，是党的十八大以来党中央认真分析总结我们党70年治国理政的基本经验与我们国家社会主义现代化建设的客观规律，并针对新形势下的机遇、挑战和历史任务而相继提出的，是我们党的理论创新和实践探索的最新成果，更是新一届党中央领导集体治国理政顶层设计的重要体现。作为习近平新时代中国特色社会主义思想的重要组成部分，社会主义核心价值观和"四个全面"战略布局的理论基础源于历史唯物主义的基本原理，实践基础出自中国特色社会主义建设进程。从已有文献资料出发，分别讨论社会主义核心价值观和"四个全面"战略布局的研究成果不少，但将两者置于逻辑向度和价值维度来研究的成果不多，特别是基于哲学与现实视野进行研究的成果更少。本节的立论，不仅能够进一步明晰社会主义核心价值观与"四个全面"战略布局的内在逻辑关系，而且也能为新的历史条件下实现中华民族伟大复兴提供理论支撑和现实依据。

一 社会主义核心价值观的"全面"导向

当前，理论界和学术界对社会主义核心价值观颇有价值的研究成果大多是基于国家、社会与公民"三重性"梦想实现的角度进行解读的，即主要是围绕着"核心"来研究社会主义核心价值观，而从社会主义核心价值观的目标、行为、关系等视角，对社会主义核心价值观的"全面性"进行研究，将有助于推进社会主义核心价值观的传播与践行。

（一）目标导向的全面性

人类社会的每一个历史阶段都存在着与其社会形态相对应的核心价值观，它们对于其他价值观而言始终处于主要地位，起着支配、主导和引领的作用。作为普遍的价值原则，核心价值观在主体上，将"我是谁""谁是价值主体"[①] 等作为永远的命题要旨。

目标导向的全面性首先体现在对于"三个层面"的基本表述上。社会主义核心价值观是中国化的马克思主义，马克思主义从"社会人"及其"人的社会实践活动"出发，解读了人与人以及人与社会之间的关系，界定了人的本质及人类社会的本质，其"人本"思想精髓的最高价值目标是"从社会实践和社会关系的高度阐明了人的本质属性，确立人在自然、社会链条中的主

---

① 吴向东：《社会主义核心价值观的表述与逻辑：一种可能的思路》，《哲学研究》2013 年第 1 期，第 117 页。

导地位"①。习近平总书记在党的十九大报告中指出："践行全心全意为人民服务的根本宗旨，把党的群众路线贯彻到治国理政的全部活动之中，把人民对美好生活的向往作为奋斗目标。②"可见，社会主义核心价值观以人民为目标主体，不仅体现了社会主义意识形态的本质要求，而且还是中国特色社会主义道路、理论体系和制度的价值表达③。

目标导向的全面性还体现在"中国梦"的表述上。社会主义核心价值观将中华民族的伟大复兴化身为"中国梦"。"中国梦"的基本描述是"国家富强、民族振兴、人民幸福"④。它的确立和实现首先要考虑的是个体的"小梦想"需要以什么样的价值观来引导。社会主义核心价值观将实现最广大人民的根本利益作为出发点、落脚点，也就是说它为中国梦选择了中国道路，即走中国特色社会主义道路。同时，中国梦的实现离不开社会主义核心价值观的培育与践行。在当前利益诉求多样化的大背景下，社会主义核心价值观用"中国社会共识的最大公约数为中国经济、政治、文化、社会和生态建设提供社会价值认同基础"⑤，使其在中国梦的实现过程中更加接地气、入人心。

（二）行为导向的全面性

一种带有"公共性"的价值理想信念是否成为全社会的自觉追求，是体现该社会价值观本真的关键。要成为全社会共同遵循的价值追求与利益准则，核心价值观需要有一个前提性的基本理论条件，即这种价值观能成为社会多元化主体的价值认同。

行为导向的全面性首先反映在价值认同层面。价值认同的重要意义，不仅在于人们对于价值观表述的认同性，更在于对行动目标和方向的趋同性。价值观认同和共识的基础在内化于心，内心认同才能自觉践行。"获得全体民

---

① 李成学、钟俊铧：《论中国梦的人本思想》，《人民论坛》2013 年第 23 期，第 215 页。

② 习近平：《决胜全面建成小康社会 夺取新时代中国特色社会主义伟大胜利——在中国共产党第十九次全国代表大会上的报告》，人民出版社 2017 年版，第 21 页。

③ 韩振峰：《社会主义核心价值观体现社会主义的本质要求》，《光明日报》2015 年 5 月 7 日，第 16 版。

④ 张朋智：《社会主义核心价值观与中国梦的内在联系》，《光明日报》2013 年 4 月 6 日，第 11 版。

⑤ 周琪：《社会主义核心价值观建设的内在逻辑及实现》，《西南大学学报》（社会科学版）2016 年第 1 期，第 35 页。

众广泛认同，是当前培育和践行社会主义核心价值观的前提和基础"①。社会主义核心价值观反映了价值层面上社会主义的本质规定和根本属性，其认同与践行的过程，从根本上来讲就是实现其公共性凝聚的过程。在这一过程中，最为重要的是要正确认识中国特色社会主义的本质。只有这样，才能让社会主义核心价值观在全社会生根、开花、结果，才能使之成为全社会的价值共识，最大可能地引领社会思潮。

行为导向的全面性还体现在价值实践层面。实践性是社会主义核心价值观的本质特征，因为它是中国特色社会主义实践经验的升华，并以指导实践为最终归宿。当前我国正处于全面深化改革的攻坚克难的关键期，社会矛盾也日趋复杂。在这样复杂的大背景下，意识形态领域中社会主义和资本主义之间的博弈是必然的且是长期的而又激烈的过程。为此，中共中央办公厅在2013年12月出台的《关于培育和践行社会主义核心价值观的意见》中强调，要坚持以社会主义核心价值观的共同理想来凝聚人心、集聚力量。党的十九大报告中，习近平总书记指出，"发展不平衡不充分的一些突出问题尚未解决，……社会矛盾和问题交织叠加，……意识形态领域斗争依然复杂"②。可以看出，社会主义核心价值观中国家维度的主导价值观、社会维度的共同价值观、公民维度的基本价值观，不仅将人的价值追求与社会文明进步内在地统一起来，而且还充分体现了中国特色社会主义的本质精神。

（三）关系导向的全面性

人的社会实践活动存在着三种基本的"必然""应然"与"实然"的现实关系，即人与人的关系、人与自然的关系、人与社会的关系。"什么是"和"如何建设"在各种纷繁关系中探讨社会主义的发展，是新时代中国特色社会主义伟大实践的永恒话题，这也印证了社会主义核心价值观关系导向的全面性。

首先，关于"什么是"的问题。破解这个问题的关键，在于准确把握社

---

① 孟轲：《论民众认同社会主义核心价值观的外推路径》，《毛泽东邓小平理论研究》2015年第11期，第32页。

② 习近平：《决胜全面建成小康社会 夺取新时代中国特色社会主义伟大胜利——在中国共产党第十九次全国代表大会上的报告》，《人民日报》2017年10月28日。

会主义核心价值体系与核心价值观之间的关系。前者是基础和前提，是后者形成和发展的必要条件；后者是内核和最高抽象，是前者的特征和方向的充分因素。随着中国特色社会主义进入新时代，中国共产党人面临着培养"时代新人"的历史任务。习近平总书记明确指出，要"把社会主义核心价值观融入社会发展各方面，转化为人们的情感认同和行为习惯"①。这一论断一方面表明"社会主义核心价值观"已经成为新时代的课题，另一方面指明了培育和践行社会主义核心价值观的根本目标和实现途径，从而将"培育什么样的价值观"同"培养什么样的人"紧密地结合起来，揭示了社会主义核心价值观在培养"时代新人"中的地位与作用。

其次，关于"如何建设"的问题。社会主义核心价值观是被中国社会主义建设中实际存在的、亟待解决的问题"倒逼"出来的，如"中国特色"的时空限定问题、意识形态领域斗争的严峻性和复杂性问题、自身"核心主体"的价值观与价值观的"核心内容"之辩证统一的问题。尤其是，党的十九大报告中将新时代我国社会主要矛盾表述为，"人民日益增长的美好生活需要和不平衡不充分的发展之间的矛盾"②。这一重大判断为新时代的经济建设、政治建设、文化建设、社会建设和生态文明建设指明了新的发展方向，也昭示着我们必须始终坚持和发展中国特色社会主义。习近平总书记指出，历史及现实都已经证明，一个国家要想实现社会的和谐稳定、国家的长治久安，就必须构建出一个具有强大感召力的核心价值观③。基于这样的分析，社会主义核心价值观立足于社会发展现实，把握了客观世界中的各种现实关系，并以解决当代我国社会中的各种矛盾为宗旨。

二　"四个全面"战略布局的"核心"所在

21世纪第二个十年，中国向何处去？对于发展中的中国来说，这个问题用"四个全面"战略布局回答最为妥当。"四个全面"具有极其丰富的内涵

---

① 习近平：《决胜全面建成小康社会 夺取新时代中国特色社会主义伟大胜利——在中国共产党第十九次全国代表大会上的报告》，《人民日报》2017年10月28日。

② 同上。

③ 余双好：《构筑国家和民族发展的精神支柱——学习习近平关于培育和践行社会主义核心价值观的论述》，《社会主义核心价值观研究》2017年第1期，第6页。

和博大精深的意义，用"核心"的眼光对"四个全面"体系进行研究，将有助于全面、完整地解读"四个全面"的内涵和精髓。

（一）"问题导向"核心

"问题导向"核心首先体现在顶层设计上。"全面建成小康社会"始见于党的十八大报告，回应的是小康社会建设中因片面强调经济 GDP 带来的"不全面"问题，片面强调城市发展产生的"不协调"问题，等等。"全面深化改革"是习近平总书记在党的十八届三中全会《中共中央关于全面深化改革若干重大问题的决定》中的重要论断，解决的是以往单一改革系统推进的问题、因目标不清和动力不足存在的主体缺位的问题、攻坚乏力的问题。"全面依法治国"是习近平总书记在党的十八届四中全会《中共中央关于全面推进依法治国若干重大问题的决定》中首次提出的，解决的是权大于法、法治失位及贪腐问题。"全面从严治党"针对的是党内腐败多发、高发、频发的顽症问题。也就是说，"四个全面"着眼于新时期党和国家治国理政的战略全局，由小及大、由内到外、由近至远地对当前及今后一段时期党和国家的关键工作、重点领域和主攻方向提供了强大的顶层设计。

"问题导向"核心还体现在方法论上。"四个全面"的战略布局说到底就是向问题叫板、对问题动真，是彻彻底底的科学的马克思主义方法论。习近平总书记指出，"我们既要注重总体规划，又要注重牵住'牛鼻子'"。[①] 他强调"在任何工作中，我们既要讲两点论，又要讲重点论，没有主次，不加区别，眉毛胡子一把抓，是做不好工作的"。[②] 对于当下国家的各项工作，"四个全面"除了进行高屋建瓴的规划和安排外，还准确地把握了我国当前社会发展中的主要矛盾和突出问题。问题导向犹如一块"试金石"，将中华民族伟大复兴中国梦推进过程中的实践问题上升到理论层面。在实践中认识问题的本质性和规律性，对于解决中国特色社会主义发展事业的客观现实问题是极为有利的。

---

① 荣开明：《论"四个全面"的重大意义、逻辑关系和突出特色》，《观察与思考》2016 年第 2 期，第 54 页。

② 中共中央文献研究室编：《习近平关于协调推进"四个全面"战略布局论述摘编》，中央文献出版社 2015 年版，第 160 页。

（二）"破立结合"核心

"破立结合"核心首先必须要解读"破"。习近平总书记指出，"不断强化问题意识，积极面对和化解前进中遇到的矛盾"①，运用矛盾相辅相成的特性，通过矛盾的解决促进事物的发展。"四个全面"在实践过程中既引领着社会的发展方向，也不可避免地存在着诸多问题。所以，习近平总书记在党的十九大中指出，"我国社会主要矛盾的变化是关系全局的历史性变化，对党和国家工作提出了许多新要求"②。这就意味着，在肯定党和国家发展成就的同时，我们必须要清楚地看到存在的问题，并对问题存在的原因进行分析，努力找到问题存在的真正症结。

"破立结合"核心还需要认真分析"立"。"四个全面"从发展战略、发展动力、治国方略、政治保障等方面，体现了习近平总书记治国理政思想对于中国特色社会主义理论体系的全方位的理论创新。"全面建成小康社会"需要"立"的问题是，要将"旧常态"主动适应为"新常态"，以满足人民群众的新期待。"全面深化改革"需要"立"的问题是，着力解决一个"堵"字，处理好改革"最先一公里"和"最后一公里"的关系③，保证改革畅通无阻。"全面依法治国"需要"立"的问题是，要抓牢党员和领导干部这"关键少数"。"全面从严治党"需要"立"的问题是，坚决落实党风廉政建设的"责任意识"和"红线意识"，确保我们党的先进性和纯洁性。"四个全面"战略布局的每一个"全面"的提出都是透过现象看本质，每个"全面"之间都具有相辅相成的密切联系，既解决了现阶段必须解决好的重点问题和主要矛盾，又在不断深化发展中全局推进。

（三）"时空契合"核心

"时空契合"核心必须要进行"时"的溯源。前文叙述过"四个全面"战略布局有其渐进发展的"时间轴"和"路线图"。无论是党的十六大报告

---

① 奚洁人：《习近平治国理政的科学思想方法论——兼论中国智慧的时代内涵和理论特征》，《中国浦东干部学院学报》2017 年第 5 期，第 30 页。

② 习近平：《决胜全面建成小康社会 夺取新时代中国特色社会主义伟大胜利——在中国共产党第十九次全国代表大会上的报告》，《人民日报》2017 年 10 月 28 日。

③ 习近平：《习近平谈治国理政》（第二卷），外文出版社 2017 年版，第 102 页。

中的"一个全面"到党的十八大的"两个全面",还是十八届四中全会的《中共中央关于全面推进依法治国若干重大问题的决定》里面的"三个全面",或是习近平总书记在江苏考察调研时提出的"四个全面",党对"四个全面"战略的定位经历了一个较长时间的发展过程,是在全面建成小康社会的伟大目标基础上,伴随着中国发展的具体实际逐步形成的。它既涵盖了党和国家的全局性问题,其中的每一个"全面"又是对具体问题的解决和落实,真正做到了"长期"与"阶段"的契合。

"时空契合"核心还得进行"空"的溯源。"四个全面"对接着"总布局"这个大蓝图,聚焦了"中国梦"这个大目标,植根于"新常态"这个大背景。具体地讲,"四个全面"战略布局是我们党站在新的历史起点上,总结新时代中国特色社会主义的发展实践,适应新的发展要求,坚持和发展中国特色社会主义新探索新实践的成果,丰富了习近平新时代中国特色社会主义思想的内涵。"'四个全面'战略布局,创造性地把全面建成小康社会这一奋斗目标、全面深化改革这一发展动力、全面依法治国这一重要保障、全面从严治党这一根本保证有机联系、科学统筹起来,为中国特色社会主义注入新的时代内涵、提出新的更高要求。"① 也就是说,"四个全面"战略布局将中国特色社会主义进一步提炼成为我们党和国家必须要长期坚持的本质追求,它的发展和实现既是宏伟的历史篇章,也是我们党和国家必须要完成的长期战略目标。

三 "核心"与"全面"的辩证统一

作为一个哲学命题,"核心"与"全面"这两个关键词,是研究社会主义核心价值观与"四个全面"战略布局的基本立足点。我们需要运用哲学思维,既要分析"四个全面"中的每一个"全面"对于践行社会主义核心价值观的内在需求,也要审视社会主义核心价值观"三个层面"对于推进"四个全面"的重大影响。

---

① 中共中央宣传部:《习近平总书记系列重要讲话读本》,学习出版社、人民出版社 2016 年版,第 47 页。

（一）"四个全面"是培育及践行社会主义核心价值观的战略布局

针对新社会环境下的机遇、挑战和历史任务，"四个全面"的每一个"全面"构成中国特色社会主义发展道路上一个可触及的目标愿景，一方面为社会主义核心价值观提供了思想上的指引、方法上的指导和路径上的指南，另一方面也为社会主义核心价值观的培育与践行开拓了广阔的理论视野。

一是看全面建成小康社会。当前，培育和践行社会主义核心价值观的关键在于，要将全体中国人民对它的认同感落实，说到底就是既要内化为自身的价值目标，又要外化为自觉的社会规范。从中国特色社会主义事业发展现实分析，对于社会主义核心价值观的目标认同就是"中国梦"，而能够为这个梦想奠定强力基础的，就是全面建成小康社会。由此可见，"四个全面"为中国特色社会主义提供了强大的物质基础，更为社会主义核心价值观培育提供了核心内涵。

二是看全面深化改革。改革开放 40 多年以来，我们国家在各个方面都取得了令世人瞩目的辉煌成就。然而，与社会主义核心价值观三个层面的具体战略目标相比，尤其与广大人民群众对党、对国家的新期盼相比，中国特色社会主义建设中依旧存在着相当多不完善不健全的地方。这些问题和现象在改革中产生，也必将在改革中解决。坚定不移地推进全面深化改革，就是要让改革的成果惠及并共享于全体人民，增强人民群众对改革的认同感和参与感，这样社会主义核心价值观才能真正落地生根、开花结果。

三是看全面依法治国。社会主义核心价值观从本质上看属于思想道德范畴，其培育和践行主要是通过理论武装、宣传教育、榜样示范等手段，这些潜移默化"柔性"方式的最终结果往往也都是润物无声的、"隐性"的，这就要求我们用国家层面的"刚性"法律法规保障和推动社会主义核心价值观的培育和践行。只有实现了真正的法治，社会主义核心价值观才能上升为国家层面的具体法律规定，才能融入社会层面的各行各业规章制度中，才能与个人层面的民约家规相结合。所以全面依法治国为培育和践行社会主义核心价值观提供了良好法治环境和法律保障。

四是看全面从严治党。我们党是中国特色社会主义事业的领导核心，全体共产党员，特别是党员领导干部的先进性和纯洁性，既代表着党在人民群众中的形象，又影响着人民群众对社会主义核心价值观的认知认同效果。随着全面建成小康社会决胜阶段的日益来临，"四风问题"尤其是高级领导干部的"贪污腐败"问题，严重威胁到了党治国理政的领导地位。治国必先治党，治党务必从严。自党的十八大至党的十九大，党中央作出了全面从严治党的具体部署，通过不断强化制度建设，为全体党员干部划定了不可触碰的"底线"和"红线"，也为全党树起了理想信念建设的"高线"和"标线"。因而，全面从严治党为社会主义核心价值观奠定了坚实的政治基石。

（二）社会主义核心价值观是"四个全面"的核心价值理念

社会主义核心价值观属于国家哲学，将国家、社会和公民三层面有机统一，形成了中国梦的"立根之魂"、民族复兴的"价值之翼"。它通过在战略理念、内容方法、路径实践上创新，对于"四个全面"战略布局起着重要的影响。

其一，国家价值目标层面。富强，主要体现为我们国家的综合实力是否强大、物质财富是否丰裕、人民生活是否富足，可以说是"四个全面"在物质层次的最高表现。民主，作为我国现阶段最为理想的政治形态，其基础是我们党执政治国中"依法"是否公开透明，党的自身建设中"从严"净化完善，是"四个全面"在政治层次的最高体现。文明，既是体现中国社会主义社会进步的重要标志，也是实现中华民族伟大复兴的重要文化和精神支撑。和谐，最为直接的表现是，公民个人和社会整体在享有"四个全面"成果基础上的包容和尊重，可以说是"四个全面"在精神层次的最高表现。所以，社会主义核心价值观明确了"四个全面"前进和发展的方向，为完成"四个全面"夯实思想体系、筑牢价值自信、注入强大精神动力。

其二，社会价值取向层面。"自由、平等、公正、法治"是从社会层面对社会主义核心价值观基本理念的凝练，表达了党和人民对美好生活的定义与追求。它为全面深化改革提供了坚定正确的社会主义方向，也为我们继续推进改革注入了永不枯竭的精神动力和思想源泉，还为全面推进依法治国营造了优良的思想道德环境和法治德治环境。所以，社会主义核心价值观在社会进步中凝聚和形成价值共识和思想共鸣，真真切切地反映了"四个全面"的内在要求。

其三，公民价值准则层面。"爱国"是中华民族团结一心、共同进步的力量源泉，也是全体中国人民与时俱进夺取改革开放新胜利的精神动力，以爱国主义为核心内涵的"中国精神"更成为社会主义中国的"兴国之魂"和"强国之魄"。敬业是人存在与社会发展的本质所在，它首先表现为职业美德，即对"事业"的敬畏之心。缺失公民敬业精神，"四个全面"战略布局就不可能谈及创新发展。随着社会主义市场经济日益完善，"契约"维度下的公民诚信道德要求越来越重要。中国传统文化中的"内诚外信"需要对接现代市场经济背景下的"契约之信"，失去了"诚信"，"四个全面"战略布局的发展理念就失去价值基石。友善是一种能量，不仅可以给社会带来物质成果，而且还具有极高的精神价值，将有利于"四个全面"的统筹推进。所以，社会主义核心价值观公民层面的价值准则，以中国精神与人文价值对接于"四个全面"的实践遵循，并通过"四个全面"的战略布局内化提升。

（三）"中国梦"是"核心"与"全面"辩证统一的基石

中国梦的发展目标是一个逐级递进、逐层提升的过程。作为中国梦的本质内涵和发展趋向，"中华民族伟大复兴"与社会主义核心价值观及"四个全面"战略布局的表述是一致的。换言之，社会主义核心价值观与"四个全面"战略布局必然统一在中国梦的伟大实践中。

首先，基于逻辑主体分析。"核心价值观，承载着一个民族、一个国家的精神追求，体现着一个社会评判是非曲直的价值标准"。[1] "四个全面"则是我们党在新的历史起点上，坚持和发展中国特色社会主义、实现"两个一百年"奋斗目标的行动指南。这两者是一对既一脉相承又相辅相成、既相互促进又相得益彰的逻辑主体，其辩证统一的哲学实践基础都是"中国梦"。"中国梦"无论是理论层面还是实践层面，都需要我们将社会主义核心价值观与"四个全面"战略布局辩证统一于其中。如何筑牢"中国梦"的精神之魂？如何让实现中国梦的道路更加强劲有力充满斗志？就需要培育和践行社会主义核心价值观，对焦"四个全面"的战略布局不断前行。

其次，基于具体内涵分析。对中国近现代历史的考察可以发现，我们党

---

① 习近平：《习近平谈治国理政》，外文出版社2014年版，第168页。

先后经历了六次艰苦而又卓越的历史性探索，从建党初期的慎重选择马克思主义、土地革命和抗日战争时期确立毛泽东思想的指导地位、20 世纪五六十年代的迷茫与徘徊、"文革"结束后"实践是检验真理的唯一标准"的确立、20 世纪中后期改革开放道路的抉择，一直到改革开放深入推进关键时期的中国特色社会主义道路的明确。习近平总书记指出："中国梦所体现的国家富强、民族振兴、人民幸福这三大追求不是彼此分割而是有机统一的。"① 他还指出："高举中国特色社会主义伟大旗帜，决胜全面建成小康社会，夺取新时代中国特色社会主义伟大胜利。"② 就是说，"中国梦"正是在国家、社会与公民"三重性"梦想的实现中不断得以实现的，也是在"四个全面"战略布局中分阶段、有步骤地实现的。从这个意义上来讲，中国梦为我们党和全体中国人民指明了中华民族伟大复兴展现出的光明前景，其内涵和指向与社会主义核心价值观的价值追求是相通的，与"四个全面"战略布局也是相通的。

四 新时代"全面"与"核心"协调推进的契合点

对社会主义核心价值观"全面"导向、"四个全面"战略布局"核心"所在以及两者"核心"与"全面"的辩证统一的论述，应该立足于中国特色社会主义新时代，这也是对习近平新时代中国特色社会主义思想理论内涵和实践要求的基本遵循。

（一）新时代的历史继承性

马克思指出："人们自己创造自己的历史，但是他们并不是随心所欲地创造，并不是在他们自己选定的条件下创造，而是在直接碰到的、既定的、从过去承继下来的条件下创造。"③ 马克思主义是被历史和实践证明了的颠扑不破的科学理论，无论是毛泽东同志"全心全意为人民服务"的根本宗旨、邓小平同志真理的唯一评判标准、"三个代表"重要思想与科学发展观，还是习近平新时代中国特色社会主义思想，都是马克思主义中国化的一脉相承、与

---

① 韩振峰：《全面理解和把握中国梦的精神实质》，《中国高等教育》2013 年第 12 期，第 11 页。
② 习近平：《决胜全面建成小康社会 夺取新时代中国特色社会主义伟大胜利——在中国共产党第十九次全国代表大会上的报告》，《人民日报》2017 年 10 月 28 日。
③ 《马克思恩格斯选集》（第 1 卷），人民出版社 2012 年版，第 669 页。

时俱进的表现。

中国人民历经千辛万苦创造出伟大的历史成就，选择正确的道路是制胜的法宝。决定社会主义事业兴衰成败的关键，是要看我们用什么样的旗帜引领社会进步、靠什么样的指导思想凝聚社会共识。中国特色社会主义道路，实质是"围绕什么是社会主义、怎样建设社会主义这一根本问题"①，可以说，迄今为止的马克思主义中国化的产物，都是针对上述根本问题，在理论和实践中逐步形成和发展起来的。习近平总书记关于"新时代"的重大判断还昭示了在新的历史起点上，中国共产党人必须要在习近平新时代中国特色社会主义思想的指引下，高举中国特色社会主义伟大旗帜，在中华民族伟大复兴的道路上，实现第三次历史性飞跃，培育践行社会主义核心价值观与贯彻落实"四个全面"战略部署才能协调推进。

（二）新时代的主题实践性

一个政党要引领一个历史时代的发展，就必须要创建新理论、新纲领。而一种理论，总是来源于实践，成长于实践，并在实践的长河中不断丰富自己的内涵。当今的中国之所以说是"进入新时代"或者"站到新的历史起点上"，是因为遇到了前所未有的发展机遇和现实挑战。

党的十八大以来，以习近平总书记为核心的党中央在实践中形成了一系列创新观点，精准回答了新时代中国特色社会主义坚持和发展的基本问题。党的十九大报告指出，新时代中国特色社会主义的总任务是"实现社会主义现代化和中华民族伟大复兴"，总体布局是"五位一体"，战略布局是"四个全面"，以及发展方向、发展方式、发展动力、战略步骤、外部条件、政治保证等②。也就是说，社会主义核心价值观和"四个全面"战略布局，与习近平总书记提出的"五位一体"总体布局、新发展理念等一起，以其科学性、指导性、有效性为中国特色社会主义注入了新的科学内涵，共同构成了新时代中国特色社会主义思想。

---

① 张福军、程恩富：《在落实"四个全面"中完善中国道路与中国模式》，《思想理论教育导刊》2015 年第 4 期，第 50 页。

② 习近平：《决胜全面建成小康社会 夺取新时代中国特色社会主义伟大胜利——在中国共产党第十九次全国代表大会上的报告》，《人民日报》2017 年 10 月 28 日。

（三）新时代的人民主体性

"为民""靠民""惠民"始终是中国共产党人的初心和奋斗宗旨。尤其是改革开放以来，邓小平同志指出，我们党所有重大方针政策制定的基本出发点和根本归宿点，是人民是不是"拥护""赞成""高兴""答应"；"三个代表"重要思想的首要内容是，我们党"始终代表最广大人民的根本利益"；科学发展观的核心就是坚持"以人为本"。新时代，人民群众的时代诉求由单纯地追求解决"温饱"问题，进而转向了对"人"和"人类"美好未来的向往。

党的十九大主题定位"不忘初心，砥砺前行"，鲜明印证了"全心全意为人民服务"党的根本宗旨。社会主义核心价值观的本质属性中的"国家是否富强""社会是否公平""人民是否幸福"，已成为人民群众对党执政成败的新时代衡量标准。习近平总书记在党的十九大报告中提出，"永远与人民同呼吸、共命运、心连心，永远把人民对美好生活的向往作为奋斗目标"[1]，这是对新时代人民群众诉求的回应和承诺。"四个全面"从不同方面丰富了对社会主义发展规律、对国家现代化建设规律、对马克思主义执政党建设规律的历史认识。基于这样的理解，在"进行伟大斗争""建设伟大工程""推进伟大事业""实现伟大梦想"[2] 中，就必须牢牢把握习近平新时代中国特色社会主义思想的"民本"思维，坚持人民主体地位，协调推进社会主义核心价值观和"四个全面"战略布局，把人民对美好生活的向往作为奋斗目标，依靠人民创造历史伟业。

第二节　红色资源对大学生社会主义核心价值观教育的现实价值

社会主义核心价值观作为社会主义本质意识形态的理论创新，在高校中深入开展和积极推进，既能够增强大学生对马克思主义理论、中国特色社会

---

① 习近平：《决胜全面建成小康社会 夺取新时代中国特色社会主义伟大胜利——在中国共产党第十九次全国代表大会上的报告》，《人民日报》2017 年 10 月 28 日。

② 同上。

主义道路、民族精神以及时代精神的认识与理解，还有助于大学生将中国特色社会主义的共同理想信念内化为坚定信仰和执着追求，进而不断增强大学生实现中华民族伟大复兴中国梦的理论自信、道路自信和制度自信。党的十八大以来，习近平总书记对社会主义核心价值观进行了一系列重要阐述，他强调："要把红色资源利用好、把红色传统发扬好、把红色基因传承好。"①红色资源是我们党领导人民群众在革命战争、社会主义革命和建设历史进程中，为民族独立、国家富强而进行伟大实践过程中所形成的，能够满足社会进步、人类发展需要的一切物质财富和非物质财富的总和。红色资源的呈现方式鲜活生动，融思想性、艺术性和观赏性于一体，并能够被进一步开发与利用，对大学生有着强大的吸引力、感染力。高校社会主义核心价值观教育如何发挥红色资源的功能优势，是大学生思想政治教育工作中的一项十分现实而又重要的任务。

一　红色资源的内涵与架构界定

在构建高校社会主义价值观教育长效机制中，如何真正发挥红色资源的重要作用，首先需要认真研究红色资源的丰富内涵、历史起源、基本结构等根本性问题。

（一）红色资源的学术释义

当前理论界对于"红色资源"的研究者众多，对其基本概念的界定也有多种表达。比较有代表性的主要有：谭冬发等人于2002年，李实于2005年，徐艳萍于2008年，肖发生于2009年，朱小理等人于2010年分别撰文，对红色资源概念及定义的描述。其中，被引用较多的是朱小理、胡松、杨宇光等人的观点，"红色资源是指中国人民在中国共产党领导下，在新民主主义革命到改革开放前创造和形成的，可以为我们今天开发利用，且必须经过转化才能够彰显出其当代价值的革命精神及其载体的总和"。② 这里也对"红色资

① 习近平：《贯彻全军政治工作会议精神，扎实推进依法治军从严治军》，《人民日报》2014年12月16日，第1版。
② 朱小理、胡松、杨宇光：《"红色资源"概念的界定》，《井冈山大学学报》（社会科学版）2010年第5期，第16页。

源"进行了学术上的界定：其一，"红色"是一种富有政治革命色彩的颜色，象征着中国革命之意，包含着胜利、信念和理想，故红色资源代表着鲜明的无产阶级、中国共产党的阶级属性；其二，"资源"是形成于特定的历史环境与历史条件，必然要为完成特定的历史任务被开发利用的物质和精神的总和。

（二）红色资源的基因溯源

红色资源不是自古就有的，马克思主义基本理论、中国共产党领导的革命实践活动、中华民族优秀传统文化是其生成与发展的渊源。马克思主义是中国革命和建设的理论源头，其中国化的过程不仅使自身从理论抽象转化为实践生动，而且红色资源是它的时代必然产物。在我们党的成长与发展的全部历程中，无论是新民主主义革命时期，还是社会主义建设时期，红色资源见证了以毛泽东思想为代表的马克思主义中国化理论成果的形成过程。同样，红色资源也是对中华民族五千年优秀传统文化的传承、弘扬，"中国共产党人在艰苦卓绝的革命斗争中，在早期的社会主义建设中，除了坚持马克思主义的理想信念外，必然会以丰富的中国传统文化作为自己的精神支持"[①]。

（三）红色资源的时代元素

近年来学界对于"红色资源"进行的研究尽管尚未形成权威定义，但可以肯定的是，在实现中华民族伟大复兴的"中国梦"语境下，红色资源的时代内涵必将随着中国革命和建设实践的发展不断延伸和拓展。具体表述为"一个主体"（中国共产党人），基于"两个客体"（马克思主义基本原理、中国革命和建设的客观实际），在"三个历史时期"（新民主主义革命、社会主义建设及中国特色社会主义建设时期），为了"四个目标"（民族独立、社会主义建设、改革开放和民族伟大复兴），而形成的独具一格、影响深远、内容丰富的宝贵财富。当前，作为中国特色社会主义先进文化的重要组成和集中体现，红色资源将为"两个百年"奋斗目标的顺利实现，发挥其积极的功能优势。

（四）红色资源的多型架构

目前关于红色资源结构的理论成果，认同"红色资源主要包括物质和精

---

① 杨晓苏：《红色文化价值生成的渊源及其核心价值观探究》，《学校党建与思想教育》2014 年第 17 期，第 32 页。

神两个层面"观点的学者比较多，只是在具体表述上有所不同。其中，张颢认为"红色资源的构成包括两个层面的内容：一是物质层面的内容，二是精神层面的内容。物质层面的内容比较简单，主要包括静态的革命遗址、文物、博物馆、纪念馆、展览馆、烈士陵园等。精神层面的内容则比较丰富，它积淀了中国共产党 90 年的奋斗历程和极其珍贵的精神财富"[①]。李实认为，"'红色资源'是由精神内核和物质载体构成的'红色文化'统一体，是民族精神和时代精神相结合的产物"[②]。

这里，笔者认为将红色资源分为红色理论、红色精神、红色文化三个方面，比较能够说明红色资源在中国革命和建设历史进程中特殊的生成形态。其一为红色理论，是指形成于各个历史时期的关于中国革命和建设的理论，当然还应该包括习近平总书记关于治国理政的新思想、改革发展的新论断等。红色理论也是我们党最高意识形态理论体系的重要组成部分，对于培育与践行社会主义核心价值观、贯彻落实"四个全面"战略布局具有指导意义。其二为红色精神，它蕴含于红色资源中，是广大党员和人民群众普遍认同的价值观念和道德规范的总和，在不同历史时期和不同地点的表现形式不尽相同。其中包括新民主主义革命时期的井冈山精神、长征精神等，社会主义建设时期形成的雷锋精神、奥运精神等时代精神典范。其三为红色文化，是我们党和全国各族人民在马克思主义思想的指导下，在中国革命和建设的历史实践中创造出来的文化统一体。红色文化有着强烈的时代性、民族性、引导性的特征，其中包括以革命遗址、标志物、历史文献为代表的物质文化，及以革命历史、革命事迹为代表的精神文化。

二　红色资源应答了大学生社会主义核心价值观教育的时代诉求

借助于合适的载体，红色资源在意识形态、文化传承、道德示范上的功能优势，能够有效地回答核心价值观教育的时代诉求。

---

① 张颢：《红色资源与马克思主义中国化、时代化、大众化论纲》，《马克思主义研究》2011 年第 8 期，第 35 页。
② 李实：《准确认识"红色资源"的丰富内涵》，《政工学刊》2005 年第 12 期，第 23 页。

（一）红色资源的意识形态功能，为大学生社会主义核心价值观教育提供正确的政治引导

红色资源的意识形态功能主要体现在：一是新民主主义革命时期对马克思主义的信念和共产主义的追求；二是中国革命和建设时期形成的马克思主义中国化的两次理论飞跃；三是中国特色社会主义理论体系凝练的形成。社会主义核心价值观作为社会中占主导地位的意识形态，是我们党在新时期各项工作的根本指针和实现中华民族伟大复兴的强大精神支柱。"红色资源是构成中华优秀传统文化的重要组成部分，是学习和宣传我国主流意识形态的有形或无形载体，也是培育大学生社会主义核心价值观的优质文化土壤"，① 从这点上来看，红色资源与社会主义核心价值观同本共源、一脉相承。运用红色资源开展大学生社会主义核心价值观教育，能够促使大学生在党、国家和社会制度等重大政治问题上保持认同，始终坚持正确的政治方向。

（二）红色资源的文化传承功能，为大学生社会主义核心价值观教育奠定坚实的精神基石

红色资源是一个内涵极为丰富的概念，其文化传承功能是连接中国历史和当代现实的一座桥梁，一方面继承了中华优秀传统文化的理念，另一方面结合中国革命和建设的实践不断创新。红色资源把马克思主义作为其指导思想和价值体系的核心，代表着中国先进文化的前进方向，具有鲜活的时代生命力。弘扬和培育以爱国主义为核心的民族精神与以改革创新为核心的时代精神，是大学生社会主义核心价值观教育的精髓，② 更是建设中国特色社会主义，进而实现中华民族伟大复兴的强大精神动力。"红色资源作为一种继承了中华民族优良文化传统，承载了中国共产党波澜壮阔的革命史和建设史的重要文化资源，本身就具有大众所喜欢的中国作风和中国气派"③，因而，在社会主义核心价值观教育中，不断赋予红色资源新的时代内涵，切实将其与当前奋斗目标有机结合起来，并利用发挥宝贵的民族精神和时代精神财富，增

---

① 占毅：《红色资源融入高校思想政治理论课教育教学探究》，《思想教育研究》2016 年第 1 期，第 109 页。

② 邓显超、邓海霞：《十年来国内红色文化概念研究述评》，《井冈山大学学报》（社会科学版）2016 年第 1 期，第 29—37 页。

③ 易金华：《以红色资源推动马克思主义大众化》，《湖南社会科学》2015 年第 6 期，第 32 页。

强青年大学生的民族自尊、自信与自豪，具有深远的历史意义和强烈的现实意义。

（三）红色资源的道德示范功能，为大学生社会主义核心价值观教育培塑生动的榜样典型

在历史发展过程中生成的红色资源，不但包含了道德层面上的中华民族传统美德，同时也包含了当今时代伦理层面上的先进思想和观念。全心全意为人民服务的宗旨，以人为本的原则，自力更生的优良作风，艰苦朴素的社会风尚，无私奉献的革命精神，是红色资源的灵魂和精华所在，必将决定其在高校思想政治教育中发挥十分重要的作用。"红色资源所包含的无数红色先进人物和感人故事，为大学生社会主义核心价值观教育提供了很好的榜样激励和价值标杆，对大学生核心价值观教育有重要的示范激励作用。"[1] 红色人物和红色故事是红色资源的重要组成部分，通过榜样示范教育和具体生动的典型人物形象，能够把社会主义核心价值观中的政治理想和道德规范人格化、具象化，进而使教育具有更强的感染力、吸引力和说服力。

三 当下大学生社会主义核心价值观教育中红色资源运用的现实困顿

作为一种新型的优质教育资源，在大学生社会主义核心价值观教育中，红色资源的运用和实施还存在着诸多问题。

（一）红色资源认识理解的轻漠化

与其他教育载体相比，红色资源的呈现形态主要是以精神和文化为主，即使是物质资源部分大多也是分散的、原生态的，很难直接使用，需要借助其他载体形式、采取多种的教育手段施以运用，这也就是红色资源的潜隐性特征。我国教育界尤其是高等教育界的一些教育工作者，比较注重显性教育，红色资源的潜隐性特征影响了教育者对其当代价值的系统性研究。当前，在高校大学生思想政治教育中对于红色资源存在着一种"过时论"的思想，具体表现主要有：不注重对红色资源当代价值的挖掘和利用，或者挖掘和利用得不够深入系统；对于红色资源研究不能与时俱进性，相当多的观点缺乏新

---

① 胡建、冯开甫：《红色资源：大学生社会主义核心价值观教育的重要载体》，《思想理论教育导刊》2016 年第 1 期，第 102 页。

意，或者过于宏观抽象，无的放矢，没有针对性；最为典型的是关于红色资源理论的研究，往往仅仅围绕和凸显某一特定地区、地域特色，欠缺研究高度的升华，全局性、全国性的教育作用没有得到更好的重视。究其原因，一方面说明高校对于红色资源在社会主义核心价值观教育的马克思主义理论依据的理解不够深入、不够全面；另一方面是对红色资源在社会主义核心价值观教育的时代特性掌握与运用不够系统、不够灵活，这属于教育教学实践方法论的问题。这些问题，不仅会对红色资源本身产生教育资源的浪费，更会直接影响到大学生社会主义核心价值观培育与践行的实效性。

（二）红色资源实施手段的程序化

目前高校开展社会主义核心价值观教育的形式主要有三种：其一，传统意义上的课堂灌输式教育，用单一的形式进行社会主义核心价值观的内涵解读，这种课堂教学方式具有教学内容枯燥、教学模式单一的缺点；其二，开展红色资源融入高校社会主义核心价值观的社会实践活动，实践教育活动的实效性往往会受到红色资源开发市场化、碎片化等因素的影响；其三，运用"互联网＋"网络信息技术和手段开展社会主义核心价值观教育工作是当下的现实，但由于相当一部分高校专题网站专业水平较低、设计过于传统呆板、网页内容简单陈旧，难以满足核心价值观教育对于红色网络的新时代要求。综上，红色资源的实施还有待进一步优化，要切实利用好红色资源，使之与课堂教学、实践教学、校园文化建设相结合，以增强社会主义核心价值观教育的效果。

（三）红色资源开发利用的功利化

开展大学生社会主义核心价值观教育的主要场所是高校。但学校不是与世隔绝的世外桃源，在高校思想政治教育实施过程中，红色资源的运用必定会受到各种社会因素的影响。作为主要责任者，政府与社会在红色资源开发、利用和保护环节中的实际应用效果，会随着经济社会的发展在一定程度上产生一些负面的影响。其一，政府对红色资源的开发、利用和保护缺少整体意识，往往只重视几处主要革命遗址的建设，忽视红色资源的整体规划，必然会影响其整体教育氛围；其二，片面追求经济利益而忽视社会整体效益，相当多的红色资源实行"条块化"的行政管理模式，"分而治之""管办分离"

"地方保护"现象严重，不注重红色资源的公益性和资源共享；其三，也是最为重要的，对红色资源的开发、利用和保护，缺乏可持续发展意识，"重当下轻长久"，"重物质轻精神""重外延轻内核"的现象严重，与高校社会主义核心价值观教育实际需求不相一致。

四　红色资源融入大学生社会主义核心价值观教育的实施路径

大学生社会主义核心价值观教育融入红色资源，是一项长期而系统的工程，需要将社会主义核心价值的三个层面（国家、社会、个人）与红色资源的三维架构（红色理论、红色精神、红色文化）有机结合加以研究和践行。

（一）发挥政府在社会主义核心价值观教育中对红色资源建设的引领作用

在红色资源建设中，各级政府机构要从战略的高度，特别重视和加强红色文化经典品牌的建设和打造。打造红色文化经典品牌，将红色文化中适合用现代传播手段的部分进行品牌化、市场化、产业化运作，并将其作为主导文化产业率先发展。

在红色文化品牌打造的实践中，国家和政府一是要通过精心筛选和公开论证，提炼具有较高开发价值的红色文化符号，因为红色文化经典品牌是红色资源内涵和形象的综合体，突出代表了红色资源中易于为人们所认知的文化特质及形象表述，能够在公众中产生深远的影响力和感召力；二是要注重变红色文化资源为红色文化产业，以文化为魂、旅游为体、商业为力，焕发红色文化的独特魅力；三是要充分利用和依靠高校、科研院所的智力资源优势，组建一支政治强、业务精，包含政治学、历史学、文化学、社会学、传播学、营销学等多学科的综合性人才队伍，着力开发融思想性、艺术性和观赏性于一体的红色文化精品，增强青年大学生对红色文化的感知度和关联想象。

（二）注重社会在社会主义核心价值观教育中对红色资源运用的主导作用

高校要根据当前社会主义核心价值观培育的现实需要，立足学生多性化差异、借助新兴信息载体、调动所有学科平台，主动加强对红色资源的整理、挖掘和提炼，探索构建一套符合时代要求、集理论教育与实践教育于一体的红色资源教育体系，实现核心价值观教育的本质目标。

在理论教育方面，高校要因地制宜地将红色资源融入高校思想政治教育课堂，发挥其社会主义核心价值观教育的主渠道作用。高校要围绕当今的社会生活，提炼红色资源的时代价值，充实和优化现有的课程结构体系。特别是在红色资源的选用上，要注重地域性，以增强教学的亲和力、吸引力和感染力，激发学生的学习热情，增强青年大学生对社会主义核心价值观的理论认同和政治认同。在实践教育方面，高校一方面要积极与红色教育基地建立稳定的合作关系，打造一个可信、可感、可用的社会主义核心价值观实践教育基地；另一方面要精心设计和组织实践活动的内容与形式，把社会主义核心价值观实践活动的思想内涵与丰富多彩的活动结合起来，使大学生在身临其境的实践中从心理上产生对社会主义核心价值观的感知、认同、内化直至践行。

（三）强化学生在社会主义核心价值观教育中对红色资源转化的主体作用

作为一种马克思主义的意识形态，社会主义核心价值观承载了一个民族、一个政党勇往直前、开拓进取的血脉灵魂，蕴含了中国共产党人坚守并为之奋斗终身的伟大信仰。"大学生社会主义核心价值观的形成与提升，归根结底还是受个人因素影响最大。"[1] 当前，在大学生群体中出现了对中国梦的冷漠、对个人理想的茫然，究其原因很大程度上是因为缺乏坚定的红色信仰。要解决大学生的信仰危机问题，必须要坚持以培育共同理想作为引领大学生个人信仰的基础，使他们成为共产主义远大理想的坚定信仰者。

大学生在红色资源融入社会主义核心价值观教育中能够、应该也必须大有可为。其一是采用线上与线下相结合、虚拟与现实相融合、传统与现代相互补的方式，深入农村以及社区等行为，体验中国特色社会主义的建设成效，强化对中国共产党奋斗的理解；其二在学校和社会的指导和帮助下，与时俱进地借鉴流行元素，在红色资源中融入时代风格，如"借助网络阵地，创建

---

① 刘祚玉：《运用地方红色资源提升大学生核心价值观》，《人民论坛》2015 年第 36 期，第 183 页。

融思想性、教育性、知识性、服务性于一体的红色网站，建设具有互动性与开放性的大型图、文、声、像红色文化遗产数字网络平台，实现全球资源共享"①；其三结合家庭教育、学校教育和社会教育，多层次、多渠道、多形式、多领域，主动参与红色资源的宣扬与推广，以此把红色资源育人氛围造浓、声势做大，不断巩固自身的红色信仰。

第三节　儒家伦理文化的现代阐释及其对青年价值认同的意义

在中国传统文化中，儒家伦理文化具有丰富的教育资源，可作为当今青年价值观教育的有益借鉴。挖掘与提炼中华民族优秀传统文化的精华，寻找历史文明与当代文化的契合点，在古为今用中发挥儒家伦理文化智慧的现代价值，并进而构建价值观教育的现实话语体系，对于培育和增强当代青年对社会主义核心价值观的认同具有重要的意义。

一　儒家伦理文化的传统精华

儒家最重视的是教育问题，以塑造人格为首要目的，其起点与底蕴则是"修身"。《礼记》指出："自天子以至于庶人，壹是皆以修身为本"②，不管是天子还是庶人都应该以"修身"为根本，个人的人生目标是齐家、治国和平天下，将博大的胸怀和忧患意识作为人生理想是一种积极入世的人生观；"天下为天下人之天下"③，每个人都应当关注社会的命运与国家的前途，树立国家和社会利益至上的原则。可见，儒家思想强调个人价值与社会价值的统一，其中的基础离不开"内圣""明德"和"尽伦"，要实现的是"外王""新民"和"尽制"；"仁者""爱人"是"仁"的核心范畴，以"爱人"为核心的仁学思想则更是儒家人格修养的具体实践。

---

① 张长虹：《充分发挥红色文化资源的育人价值》，《红旗文稿》2015 年第 12 期，第 24 页。
② 梁海明译注：《大学·中庸》，山西古籍出版社 2001 年版，第 22 页。
③ 刘明武：《重读〈周易〉智慧》，四川出版集团、四川人民出版社 2012 年版，第 11 页。

"仁义礼智信"这五种核心思想理念是古代中国传统道德精神最基本和重要的范畴。从孔子的"仁、义、礼"到孟子的"仁、义、礼、智",再到董仲舒的"仁、义、礼、智、信",儒家伦理文化思想逐渐发展为"五常"。"五常"贯穿于中华伦理文化的发展过程中并成为中国价值体系中核心的要素,是中国传统文化中个人思想道德修养最主要的内容。

（一）"仁"之人本主义

"仁"字从人从二,强调人们在互尊、互助、互爱基础上形成对他人的尊重和友爱。我国儒家伦理文化以"仁"为核心,其提倡的人们之间的尊重与友爱,体现了我国古代的人本主义精神。儒家经典《尚书·金滕》中的"予仁若考"① 是最早提到"仁"的,这里的"仁"是指好的道德。提倡"以德服人"②（《孟子·公孙丑上》）的"王道"政治是儒家仁政理论的基本出发点。孔子提出以"仁"为核心的一套学说,并将其作为儒家最高道德规范。在此基础上,儒家把"仁"施之于政治,形成的仁政学说对中国政治思想发展具有重要的影响。把"仁"落实到政治实践活动中,是孟子对仁政说的重要诠释。其首要之点是"制民之产"③（《孟子·梁惠王上》）,要通过社会治理使百姓得到物质的丰富,并把仁政说与王道政治联系起来,孟子认为只有行仁政,天下才可得到治理。孟子强调以仁政统一天下,进而达到治理天下的目的,他批评暴力和反对战争,提倡社会治理的民主与文明。

《孟子·离娄下》第二十八章中提出"仁者爱人",仁者应该是充满慈爱之心并满怀爱意的人,是有大智慧并具有人格魅力和善心的人,这样的人必定对他人怀有尊重和友爱之心。"仁爱"思想包含忠恕、克己、孝悌、自爱这些丰富的价值与道德内涵,包含"恭宽信敏惠"和"温良恭俭让"等各种美德;为人处世和沟通调解遵循"己所不欲,勿施于人"的原则,并在此基础上建立起和谐的人际关系。人在充满"仁爱"的社会中按照"和"的原则处理人际关系,那么人与人之间必然也会仁爱相亲,社会和谐也将最终达到,

---

① 李民、王健:《尚书译注》,上海古籍出版社2004年版,第237页。
② 万丽华、蓝旭:《孟子》,中华书局2006年版,第65页。
③ 梁海明译注:《孟子》,山西古籍出版社2001年版,第14页。

即"天下之达道也"①（《中庸》）。从孟子"民贵君轻"（《孟子·尽心下》）、"政得其民"的民本思想，到荀子"君舟民水"（《荀子·哀公》）的重民保民思想，以及墨子"兼相爱，交相利"②（《墨子》）的主张国家、人民之间的互爱，这些尊民爱民的思想体现了中国传统文化中关于民本思想的基本价值理念。"仁爱"所宣扬的人本主义精神与仁政说为达到社会的和谐稳定打下了坚实的基础。

（二）"义"与"礼"之公平法制

"义"即"義"，分为"羊"与"我"。"羊"象征"善""美"，即促使个人达到的善和美。"唯无不流，至平而止，义也"③（《管子·水地》）。在儒家伦理文化中，"义"作为立身之本和基本道德规范成为人的根本价值追求。孔子《论语·卫灵公》中的"君子义以为质，礼以行之，孙以出之，信以成之"，④ 最早提出"义"。孟子则进一步阐释"信"和"果"都应当以"义"为前提。孟子阐述："大人者，言不必信，行不必果，惟义所在"⑤（《孟子·离娄下》）。"君子喻于义，小人喻于利"⑥（《论语·里仁》）。最高价值意义上的"义"是"大义"，指正当和正义，是对国家与君王的忠心与忠诚；中间价值意义上的"义"是"中义"，指义务和本分，是对客观事实的尊重和对社会与他人的责任；最小价值意义上的"义"是指义气和厚道，是个人社会交往的原则。儒家伦理文化中的"仁民爱物"（《孟子·尽心上》）"民胞物与"（《西铭》），要求我们要把天下兴亡、百姓福祉与人的安身立命紧密联系，既要具备历史使命感，又要有社会责任感。

"礼"原指祭祀之仪式，强调价值地位的认识。以"礼"为核心而形成的儒家伦理文化，强调人们的行为规范和行为模式，提倡日常生活中所应遵循风土人情、风俗习惯的礼俗；外在形式上应遵循道德规范体系的礼教，应遵循官制、军制、法制、田制等系列政治法律的礼制。广义上的"礼"既是

---

① 梁海明译注：《大学·中庸》，山西古籍出版社 2001 年版，第 86 页。
② （清）毕沅校注：《墨子》，上海古籍出版社 2014 年版，第 60 页。
③ （唐）房玄龄注、（明）刘绩补注：《管子》，上海古籍出版社 2015 年版，第 285 页。
④ 程昌明译注：《论语》，山西古籍出版社 2001 年版，第 172 页。
⑤ 梁海明译注：《孟子》，山西古籍出版社 2001 年版，第 136 页。
⑥ 程昌明译注：《论语》，山西古籍出版社 2001 年版，第 37 页。

守法，也是礼貌，也就是既要知法守法，也要懂礼貌明礼节；狭义上的"礼"指传统道德规范，指的是提高个人的道德素质。儒家的"孔颜乐处"（《论语·述而》），就是"立于礼"（《论语·泰伯》），以道德为立人之本，做到"非礼勿视、非礼勿听、非礼勿言、非礼勿动"①（《论语·颜渊》）。可见，"礼"是人的基本行为规范，是每个人成为社会成员之前必须达到的道德要求，社会人应该自觉承担和履行自己应尽的社会职责和道德义务。

（三）"智"与"信"之诚信友善

"智"在古代汉语中通"知"，即理智、智慧。儒家伦理文化把"智"上升到自然天道、社会公道正义和人生价值认识境界的高度。孔子认为实现"仁"的重要条件是具有"智"；孟子认为人有"智"，才能具备判别是非和善恶的能力，将"智"与"仁""义"和"礼"并称；董仲舒把"智"与"仁""义""礼""信"并称，作为"五常"，强调"必仁且智"，理智地待人处世，明"智"是为达到利国、利人和友善。孟子强调人们在意识中要有一种能力和观念，既可以判断是非对错，又可以分辨善恶美丑，即"是非之心"（《孟子·告子上》）。"智"是"仁""义""礼""信"四德的工具，因为人是在有了理性之后才获得对真理的认识，随后通过理性的认识自觉地指导个人行为，"知"对"行"的指导作用是儒家伦理文化中一直所倡导的。由此可见，所谓知识或认识其本身的"智"只是手段而不是目的，理性知识实现的意义就在于把它落实到实践行动上。

"信"通常与"忠""诚"连为"忠信"和"诚信"。"忠信"就是对人对事的忠诚守信。在《论语·学而》中的"为人谋而不忠乎"②，认为为人办事要尽全力；在《荀子·尧问》中的"忠诚盛于内，贲于外，形于四海"，认为诚信体现了忠于职守的敬业；"信"追求道德上与"善"相一致的"真"，人在人际交往中许下的诺言就要承担责任③。

二 儒家伦理文化对当代社会的影响

在当代社会的发展中，儒家伦理文化没有在历史的尘埃里沉睡，它的传

---

① 程昌明译注：《论语》，山西古籍出版社2001年版，第125页。
② 同上书，第3页。
③ 季明：《核心价值观概论》，人民日报出版社2013年版，第36—45页。

统精华经过长期的积累与沉淀，在历史长河里熠熠生辉，历久弥新。随着经济新常态的发展，人与自然、人与人的关系总体和谐，局部紧张，人们对和谐世界与和谐社会构建的需求越发紧迫；社会总体氛围良好，局部出现不公，人们对公平法治的呼唤越发强烈；人们精神境界的提升，越来越注重个人精神世界的丰富和道德品质的提高，对人与人之间增进诚信友善的向往越发普遍。在面临深刻危机的当今世界，人们纷纷在寻找出路，一些有社会影响力的思想家把目光投向了儒家伦理文化，他们在研究其传统精髓的过程中逐渐获得良多启示。因此，儒家伦理文化受到广泛关注，在全球范围内兴起了"孔子热""汉语热"和"中华传统文化热"，儒家文明的当代价值日益凸显。

在儒家伦理文化的传承过程中，新加坡、中国台湾、中国香港都将儒家伦理文化融会贯通于当代青少年道德教育中。1983 年 3 月，新加坡教育部成立了"儒家伦理课程编写组"，编写供中学使用的"儒家伦理"课本以及相关辅助读本；1984 年，在中学三、四年级的德育教育必修课中增设"儒家伦理"课程，并把"仁、智、勇、义、礼、信"确定为该课程的重要内容，强调修身、齐家、治国、平天下，从个人到家庭、国家、天下的逐层推进。"公民与道德教育"课程中也以个人为道德价值的中心，不断向外延伸，反映了通过对个人道德认知，个人对家庭、社会和国家职责的培养，重新唤起道德伦理。通过加强儒家伦理文化教育，新加坡用儒家伦理道德指导社会道德生活，从而有利于处理社会道德危机，维护社会秩序和国家长治久安。20 世纪90 年代，中国台湾地区也在中小学分别开设"公民与道德"课程，各级学校的校训是：礼、义、廉、耻，并对"礼、义、廉、耻"作了现代诠释："礼"是规规矩矩的态度；"义"是正正当当的行为；"廉"是清清白白的操守；"耻"是切切实实的觉悟①。1997 年回归前后，香港在孔教学院所属的学校，以孝、悌、忠、信、礼、义、廉、耻为德目，开展道德教育；香港公教教研中心着手以中国传统道德的"修身""齐家""乐群""诚实"等德目为基础，融入《圣经》的精神，编辑了德育教材。以儒家伦理文化为依托，有利于为中国台湾地区和中国香港地区培育一代又一代有道德、有信念的青年。

2001 年，随着"百家讲坛"在中央电视台科教频道的开播，从于丹《论

---

① 王殿卿：《文化·道德·德育》，中华工商联合出版社 2004 年版，第 234 页。

语》《庄子》的心得，到《先秦诸子百家争鸣》《解读〈三字经〉》《孟子的智慧》，节目自开播就得到了很好的反响，系列书籍多次荣膺各大实体书城和电商巨头的畅销书榜首。这不仅在人们的日常生活中泛起阵阵涟漪，更是体现了儒家伦理文化在现代的回归。北京师范大学朱小健教授指出，目前许多社会问题产生的根源是道德伦理的崩坏，研究儒家典籍是为了从中寻求处理人与自然、人与人、人与社会关系的智慧。因此，众多专家、学者开始延展对儒家伦理文化的研究深度。浙江大学古籍研究所王云路所长认为，在儒家文明的研究中协同创新可以集中优秀学者的集体力量弘扬优秀的中华文化。2015 年 3 月 21—22 日，山东大学举行了由儒家文明协同创新中心主办的儒学文献整理与研究高端论坛，来自北京师范大学、山东大学、南京大学、浙江大学、四川大学、华东师范大学、南京师范大学、华中师范大学、曲阜师范大学、孔子研究院和孟子研究院等高校和科研机构的近 40 位专家学者参加了该论坛，研讨了《中华礼藏》《儒藏》《朱子文献》《十三经注疏汇校》等项目的进展情况和需要各学校协同研究的部分。这次论坛集中检阅了儒学文献整理的前沿课题，彰显了儒家伦理文化的当代价值[①]。从新加坡、中国香港、中国台湾到中国大陆的实践，学习和借鉴儒家伦理文化的重要意义可见一斑。从中不难发现，儒家伦理文化的传统精华在当代主流价值体系中得到了相当大的重视与继承。对儒家伦理文化进行现代阐释，从现代语境去理解与诠释儒家伦理文化，有利于实现儒家伦理文化的继承与创造性转化。

三 儒家伦理文化的现代阐释对青年价值认同的启示

儒家伦理文化具有重要的历史意义与当代价值，研究和探讨当代青年价值观教育话语体系的构建，必须要实现中国文化从传统到现代的话语模式转换，要站在儒家伦理文化的核心土壤上，感受青年身处新时代，接受新信息，体验新文化，创新话语，这既是对传统话语体系的反思与观照，也是对现实话语体系的补充与拓展。

立足现代对儒家伦理文化进行阐释，可以发现在当代社会主义核心价值

---

① 江传月等：《构建社会主义和谐社会的价值观研究》，中山大学出版社 2009 年版，第 286—287 页。

观与以儒家伦理文化为主的价值观中，传统与现代相容的内容很多，它们具有内在的关联。在现实条件下，社会主义核心价值观的继承发展，可以汲取儒家伦理文化的价值内涵，因此，儒家伦理文化思想对青年价值观教育有着积极的借鉴作用。

（一）儒家伦理文化的现代阐释

"仁爱"所宣扬的人本主义精神与仁政说的治理方式为达到社会的和谐稳定打下了坚实的基础。在中国传统文化中"和谐"是核心理念，其表现出的是一种状态，处于之中的各种事物都处于有条不紊和均衡协调的状态。"和谐"最早来源于中国传统文化典籍《易经》中"天人合一"的观点，表达的是"人物交融，主客浑一，人与自然融合的基本含义"。在中国传统文化的最高伦理中把宇宙看作一个和谐的整体，重"和"的思维方式是和谐、持中价值原则的秉承①。在儒家经典《礼记·礼运》中描绘了通过大道之行而天下为公的"大同"思想，从孔子的"大同"思想到孟子的"人和"社会构想，"大同社会"描绘了广大人民群众对未来社会的美好愿景，传统的"等贵贱，均贫富"思想，则表达了人民群众对于平等、公平与和谐理想社会的向往。建设社会主义和谐社会是对中国传统"和谐大同"社会的继承与发展，既体现人们对美好社会追求的一脉相承，也体现了中国特色社会主义的本质要求，这与社会主义核心价值观国家层面的"和谐"不谋而合。

中华传统文化把人的本质归结于社会性，包含不以贫富、长幼和贵贱区分的合理思想，其体现了人际平等交往理念。在儒家伦理文化中，"义"作为立身之本和基本道德规范成为人的根本价值追求，"礼"是人的基本行为规范，是每个人作为社会成员之前必须达到的道德要求。"义"与"礼"彰显了公平法治的内核，与社会主义核心价值观社会层面的"公平""法治"存在契合。而"公平""法治"的实现，有赖于倡导以集体主义为核心内容的价值观教育，"随着市场经济体制的运行，因个人利益要求回归而导致集体主义的瓦解，加上市场经济的竞争原则、利益原则推动了当代青年从社会本位

---

① 张世英：《天人之际：中西哲学的困惑与选择》，人民出版社 2007 年版，第 2 页。

向个人本位之价值观的偏离"。① 通过集体主义教育，当代青年把国家和集体利益放在首位，树立起集体主义思想，克服个人主义思想，把国家、集体和个人的利益相互渗透，努力实现个人服从集体、小局服从大局、局部服从整体的信条。

在儒家伦理文化中，"智"被上升到自然天道、社会公道正义和人生价值认识境界的高度。而"信"通常与"忠""诚"连为"忠信"和"诚信"。"忠信"就是对人对事的忠诚守信，"诚信"体现了忠于职守的敬业，这与社会主义核心价值观个人层面的"友善""诚信""敬业"遥相呼应。一个社会的责任是由这个社会中各类职业活动所共同承担起的，人们只有各司其职才能使社会正常地运转并创造出社会财富。只有社会中的每个人都恪尽职守做好自己的本职工作，在平凡的岗位上作出自己的贡献，才能既推动社会的发展进步，也实现个人的人生价值。不同职业的人都可以对社会发展作出积极的贡献。

中国儒家伦理文化与社会主义核心价值观具有内在的关联。社会主义核心价值观作为一种社会意识形态，其中蕴含的儒家伦理文化贯穿于中国人的思维习惯和礼仪道德及其他各个方面，从而也成为其建构的文化底蕴和历史支撑。作为社会主义主导价值观理论体系的社会主义核心价值观，其关于国家、社会、个人层面的三个倡导都蕴含了中国儒家伦理文化精髓，是中国传统文化的创新与升华。同时，中国儒家伦理文化的弘扬与社会主义核心价值观的推进是互相促进的，在文化多元化的当今时代，社会主义核心价值观集中体现的理想信念和道德规范，是全社会成员应该共同拥有的。也正是在此基础上，中华民族形成了奋发进取的原动力和团结向上的凝聚力。

（二）当代青年价值观教育话语体系的构建

"价值观认同是青年在价值认知的基础上做出的理性选择，而价值观自信则体现了青年自身觉醒的一种心理满足和主动体验。"② 用社会主义核心价值

---

① 孙亚丽：《当代青年价值观与儒家价值体系的冲突与融合》，《中国青年社会科学》2015 年第 34 卷第 6 期，第 24 页。

② 郝园园：《从价值观认同到价值观自信：论大学价值观教育的使命》，《江苏高教》2015 年第 5 期，第 123 页。

观引领当代青年信仰教育的性质和方向，同时又要注重发挥传统伦理文化在青年价值共识的作用。因此，应该在社会主义核心价值观的引领下，积极发掘和弘扬传统的儒家伦理文化思想中的精华因素，构建青年价值观教育话语体系，增进其价值认同并使之贯穿于自身价值观教育过程的始终。

从价值观的视角来阐释儒家的伦理文化，进而引入青年价值观教育中，可以帮助青年明确认识个人利益、集体利益和国家利益的关系。而构建当代青年价值观教育话语体系，达到的价值认同包括政治意识认同、公民意识认同和担当意识认同，三者不但在以儒家伦理文化为主的价值观教育思想内容中体现得非常丰富，而且顺应了中国当代社会发展的时代特征。

1. 培育青年政治意识认同

对于政治意识认同，在儒家伦理文化的道德思想中，"仁"作为基本的核心价值理念，体现了通过"仁"对个人的要求与约束而达到国家层面的愿景，这一价值理念对中华文明的影响以及国家的治理方向产生了巨大的影响。在儒家伦理文化的道德思想中，"义"作为基本的核心价值理念，体现了通过对个人价值和品质问题的伦理思考与本质揭示达到社会层面的愿景，这一价值理念则在中华文明以及社会的发展进步等方面发挥着举足轻重的作用。在儒家伦理文化的道德思想中，"礼"作为基本的价值理念，体现了通过"礼"对社会秩序的意义达到社会层面的愿景，这一价值理念对人们的行为规范和行为模式提出新的要求。2012 年习近平总书记在参观"复兴之路"展览时，提出了实现中华民族伟大复兴的"中国梦"。中国梦是关于实现中华民族伟大复兴的战略思想，凝聚了中华民族实现伟大复兴的信仰，青年仰望星空，脚踏实地，他们的"个人梦"与"国家梦"的紧密相连，通过对青年进行价值观教育使他们认同社会主义制度，明确中国共产党的领导，以及坚持走中国特色社会主义道路。

2. 增强青年公民意识认同

对于公民意识认同，在儒家伦理文化的道德思想中，"智"作为基本的价值理念，体现了通过人对是非、善恶、美丑的理性把握达到个人层面的要求，这一价值理念对中华文明以及个人行为标准产生了巨大的影响。在儒家伦理文化的道德思想中，"信"作为基本的价值理念，体现了通过人对信念、原则发自内心的忠诚达到个人层面的要求，这一价值理念既推动了社会的发展进步，也促进了个人人生价值的实现。儒家伦理文化虽然产生于过去，但其合理性内核却超越时间与空间，具有现实的存在价值。自改革开放以来，社会主义精神文明建设的伟大成就是现阶段价值观教育最有力的活教材。大力宣传改革开放以来我国精神文明建设的伟大成就，增强人们对社会主义初级阶段路线、方针、政策的能动性和自觉性，可以激发人民群众对社会主义现代化建设的信心和民族自豪感、荣誉感。公民道德建设是当下中国特色社会主义精神文明建设的重要组成部分，其建设情况直接影响青年价值认同的成果。以"八荣八耻"为主要内容的社会主义荣辱观是现代公民道德教育的主要内容，是对中国特色社会主义事业需要的合格公民提出的新要求，为青年的成长树立了看得见、摸得着的道德标杆，对提高青年思想道德素质，辐射先进文化，引领社会潮流，坚实民族进步的道德根基，促进社会整合具有极其重要的意义。在当下价值观教育的现实语境中，公民道德教育显得越发重要，应将儒家伦理文化的核心内涵与现代公民道德教育融合在一起，汲取儒家伦理文化中关于价值观教育和道德教育的精华，并与现代青年的工作、学习和生活紧密联系起来，从而丰富青年价值观教育内容，增强青年公民意识认同。

3. 提高青年担当意识认同

党的十八大报告提出："中国特色社会主义事业是面向未来的事业，需要一代又一代有志青年接续奋斗。"[1] 青年是国家的栋梁和社会发展的先锋，在中国竭力追求与实现一个正义社会的历程中，不可避免地要积极担当参与者、教育者、宣传者、维护者的角色[2]。一是青年要有历史担当。在努力实现中国梦的征程中，青年要主动承担起中国特色社会主义建设者和中华民族伟大复兴推动者的时代重任。二是青年要有社会担当。中国社会处于重大转型期，市场经济带来各类社会思潮导致诸多社会文化现象，冲击着当代社会的思想文化，从而成为影响青年一代价值观的主要动因。青年必须在社会文化传播中担当主体角色，作为推动社会发展和促使社会变革的天然力量，应该走在时代的前沿。青年具有创新和批判精神，是创造和建构社会思潮的重要力量。

---

① 《十八大以来重要文献选编》（上），中央文献出版社 2014 年版，第 44 页。

② 魏雁滨：《中国梦与青年担当：追寻一个正义社会》，《青年探索》2013 年第 6 期，第 41 页。

青年接受社会信息敏锐，思考问题容易走极端，拥有强烈的好奇心与求知欲，必然成为社会思潮的推动力量。青年不但是各类社会思潮的创造者和参与者，更是传播者和实践者，他们在社会思潮的形成、发展和传播中发挥主体作用①。要使青年充分认识到个人价值的实现离不开社会价值，个人利益必须实现与社会利益统一，个体自我完善和全面发展必须以社会价值的实现为前提基础。三是青年要有实践担当。对于价值认同不但要内化于心，而且要外化于行。当代青年应该积极参加社会实践活动，增强社会责任感，通过参加开展集体主义教育活动，克服个人主义的狭隘思想；积极参加勤工助学、社会调查、志愿服务、生产劳动和社会实践活动，提高实践能力；注重培养自身诚实守信的品质；广泛地承担对他人的责任，提高自身的责任意识和担当意识，从而实现青年一代营造引领社会主流价值的浓厚氛围。

社会主义制度是我国的根本制度，中国特色社会主义道路是我国坚持的正确选择，通过价值认同，使当代青年积极抵制资产阶级自由化思潮在社会的蔓延，迎战西方资本主义国家"西化""分化"的挑战。价值认同是信仰教育的时代主题，对青年信仰教育提出了明确的实践要求，其展现了中国特色社会主义的价值信念和理想信仰，建构了当代中国社会发展的价值坐标和评判尺度。由此可见，价值认同既引导着青年树立正确的信仰和价值观，又推动着中国特色社会主义建设，既着眼于价值观教育的必要性，又兼顾青年价值认同的可能性。在当代青年教育中，将价值观教育与信仰教育有机结合起来，可以促使青年更好地实现人生价值。当代青年应通过升华马克思主义信仰追求，从而确定更高的奋斗方向和持续人生目标的推进力量，培育人生价值升华的精神动力，达到求真和至善的人生理想境界，并且将之作为规范自我的内在准则。在当代青年信仰教育中需要充分彰显社会主义核心价值观的凝聚力和渗透性，从而着力培育青年的中国特色社会主义共同理想与科学信仰。

一个国家话语体系的建立体现在这个国家的文化软实力上。习近平同志指出："深入挖掘和阐发中华优秀传统文化讲仁爱、重民本、守诚信、崇正

---

① 包雅玮、刘爱莲：《现代新儒家思潮对青年的影响与应对》，《中国青年研究》2014 年第 7 期，第 38 页。

义、尚和合、求大同的时代价值，使中华优秀传统文化成为涵养社会主义核心价值观的重要源泉。要处理好继承和创造性发展的关系，重点做好创造性转化和创新性发展。"① 儒家伦理文化富含先贤的经典语言，而由其构建成的话语体系，在社会主义核心价值观教育的现实背景下，具有极大的借鉴价值。我们需要汲取儒家伦理文化精华，指导当代青年的思想与行为方式。传承中国古代先贤语脉，构建青年话语体系，对和谐共处、凝聚共识，增进当代青年的价值认同有非常重要的理论价值与现实意义。

第四节　基于传统孝文化的大学生感恩教育

马克思指出，"人的本质不是单个人所固有的抽象物，在其现实性上，它是一切社会关系的总和"②。我们每个人生活在这个世界上，不仅是单纯的自然人，同时也是与周围人和事有着密切相关的社会人。所以，马克思还指出，"一个人活着不只是在为自己而活着，由于一些千丝万缕的情愫，使得人在某种程度上乐意为别人而活着，不得不为别人而活着"③。这里的情愫就包含着恩情。当前，加强大学生感恩教育，既是大学生自身健康成长的需要，也是社会经济发展的需要。

一　大学生感恩教育的内涵

"感恩"属于舶来词，带有浓厚的宗教色彩，在《牛津高阶英汉双解词典》里将其定义为"乐于把得到好处的感激呈现出来且回馈他人"④。斯宾诺莎在其著作《伦理学》里解释为"感恩或谢忱是基于爱的欲望或努力，努力

---

① 习近平：《习近平谈治国理政》，外文出版社 2014 年版，第 164 页。
② 《马克思恩格斯选集》（第 1 卷），人民出版社 1972 年版，第 18 页。
③ 《马克思恩格斯选集》（第 46 卷），人民出版社 1971 年版，第 196 页。
④ ［英］霍恩比：《牛津高阶英汉双解词典》（第 4 版增补本），李北达译，商务印书馆、牛津大学出版社（中国）有限公司 1997 年版，第 650 页。

以恩德去报答那些曾经基于同样的爱的情绪，以恩德施诸我们的人"①。在我国，"感恩"一词最早出自晋朝陈寿的《三国志·吴志·骆统传》，其中的表述为"令其感恩戴义，怀欲报之心"；在《说文解字》里，将"感"解释为"动人心也"，将"恩"解释为"惠也"；在《现代汉语词典》里，将"感恩"定义为"对别人所给的帮助表示感激"。

但是，在中国的传统文化里更多的是通过以"孝"的形式来表现感恩。孝是中国传统文化的源头，也是传统文化的核心。在我国最早的辞书《尔雅》中就有"善事父母为孝"的解释。但孝文化经过几千年的历史演变，孝的内涵也得到了发展，包括了孝、悌、忠、义等丰富的内容，这其实就是我们现在所讲的感恩文化，它所倡导的感恩父母并推恩及人的社会伦理要求都体现着感恩报恩的思想。

所以，大学生感恩教育就是教育者应用有效的感恩教育内容，并通过合适、有效的教育引导方法，对大学生进行认识感恩、懂得感恩、学会感恩并能推恩及人的一种思想道德教育行为。"感恩教育是一种以情动情的情感教育，是一种以德报德的道德教育，也是一种以人性唤起人性的人性教育"②，它是"一种以现实的德育向人的生活世界回归为切入点，以爱、关心、尊重、理解、责任等为价值取向，以大学生的感恩意识的形成为目标，培养其感恩情感，发展个体的感恩行为能力，形成对自己、对他人、对社会、对自然回报的亲和态度和人格特征的教育"③。

二 传统孝文化融入大学生感恩教育的价值

（一）有利于培养大学生的生命意识

早在殷商时代的甲骨文中，就出现了"孝"字，其意义大概就是男女交合，生育子女，可见早期"孝"对生命的敬畏和尊重。在传统孝文化中，对祖先的"慎终追远"是对生命逝去的追思，对父母的孝敬是对生命存在的感恩，对子孙传宗接代的重视是对生命延续的期盼，这三个层面都体现了传统

---

① ［荷］斯宾诺莎：《伦理学》，贺麟译，商务印书馆1983年版，第161页。
② 陶志琼：《关于感恩教育的几个问题的探讨》，《教育科学》2004年第4期，第9页。
③ 郝大勇：《当代大学生感恩教育研究》，硕士学位论文，西南大学，2007年，第6页。

孝文化中浓厚的生命意识。当前，加强大学生感恩教育，最首要的一条就是要教会大学生懂得感恩生命、珍惜生命。一个人如果连自己的生命都不知道感恩、不知道珍惜，那他就难以对他人、对社会、对自然有感恩之情。但是，目前在大学生群体中，因为情感问题、人际关系问题、学业问题、经济问题、心理问题、就业问题而导致的自伤、他伤的情况还时有发生，这从一定程度上反映出大学生生命意识的淡薄，甚至是缺乏。《礼记·祭义》中提出："父母全而生之，子全而归之，可谓孝矣。"① 儒家思想认为，我们的身体是父母赋予的，父母给了我们完整的身体，我们也要以完整无损的身体还与父母，这就可以称为对父母尽孝了。换言之，如果肆意损害自己的身体就是不孝。《孝经·开宗明义》中"身体发肤，受之父母，不敢毁伤，孝之始也"，② 也明确地指出，爱惜自己的身体、珍爱自己的生命是子女对父母尽孝的基础。中国传统孝文化的源头就是基于血亲的人伦关系，这是每个人都要经历、都要面对的。所以，以传统孝文化为切入点对大学生进行生命意识教育，能唤起大学生内心对亲情的珍爱，使他们认识到爱护身体、珍惜生命就是在实践孝道，这种触及内心的教育能够使感恩教育更具有说服力。

（二）有利于构建大学生和谐的人际关系

受到多种因素的影响，"90 后"与"00 后"大学生在人际交往过程中存在着以自我为中心、缺乏主动性、功利化倾向严重等现象，造成人际关系日益冷淡，影响了大学生的健康成长。传统孝文化基于对生命敬畏的本能将生命进行传承，从而形成最纯真的血亲人伦关系，在这个基础之上，孝文化又被进一步拓展为国家治理的工具，这里面都包含着协调人际关系的功能。在封建社会，从家庭层面来讲，孝是调节父母与子女的关系，要求子女善事父母；从社会层面来讲，孝是协调个人与他人、与国家的关系，要求民众泛爱他人，忠于最高统治者。不仅如此，由对父母长辈的"孝"还进一步延伸出来的对兄弟姐妹的"悌"、对朋友的"信"、对上级的"忠"，这些思想对引导当前大学生处理好人际关系都有积极的意义。大学生的人际关系主要是与长辈、与老师、与同学、与朋友的关系，将传统孝文化中所倡导的人际关系

---

① 车吉心：《齐鲁文化大辞典》，山东教育出版社 1989 年版，第 18 页。
② 东方桥：《孝经现代读》，上海书店出版社 2002 年版，第 6 页。

准则内化到大学生的人际交往意识中，引导大学生从爱自己的父母开始，进而推及"一日为师终生为父"的爱老师；从与兄弟姐妹的"悌"开始，进而推及与身边同学交往的"信"，用孝来引导大学生的人际交往行为，将对家人的爱延伸至对老师、同学的爱，这种来源于血缘关系的交往法则使感恩教育更容易为"90后"与"00后"大学生接受，有利于和谐人际关系的形成。

（三）有利于增强大学生的责任意识

人是一种社会性的动物，具有责任性是构成人的社会性的基本要素。马克思曾指出："作为确定的人，现实的人，你就有规定，就有使命，就有任务，至于你是否认识到这一点，那都是无所谓的。"[①] 培养大学生的责任意识是高校大学生思想政治教育的重要内容。2015年1月19日，中共中央办公厅、国务院办公厅印发的《关于进一步加强和改进新形势下高校宣传思想工作的意见》就明确了要"推动文化传承创新""继承和发扬中华优秀传统文化"，"增强学生社会责任感"[②]。在中国的传统孝文化中，孝最早是用来调节父母和子女关系的伦理准则，一个人对父母的孝也是其责任心的源头和最基本的体现；孝后来又被扩展到居下位者对居上位者的忠、百姓对国家的忠，更是鲜明地体现其蕴含的责任意识。更为重要的是，传统孝文化的责任意识是与人的亲情密切联系的，是最能打动人心的，也就更具有亲和力。因此，将传统孝文化融入大学生感恩教育中，挖掘提炼传统孝文化中蕴含的责任意识，并赋予其新的内涵和表达，能够使大学生感恩教育更有温度、更接地气，也就更能贴合学生的心理，赢得他们的认可，提高教育的实效，从而增强大学生的责任意识。

三　传统孝文化融入大学生感恩教育的路径探析

（一）将传统孝文化融入课堂教育，强化大学生的感恩意识

加强传统孝文化的学习是提高大学生感恩意识的一个重要途径。课堂教育是大学生获取传统孝文化知识储备、接受孝文化熏陶的最直接有效的途径。

---

① 《马克思恩格斯选集》（第3卷），人民出版社1960年版，第329页。

② 《制度治党：十八大以来全面从严治党新规定》，红旗出版社2017年版，第234—235页。

在中国古代，历代封建统治者都非常重视通过教育对孝道进行推广。《孝经》就是中国古代传播孝文化的标准教科书，该书以孝为中心，指出孝是德的根本，认为忠是孝的发展和扩大，对如何行孝作出了详细而系统的阐述。由于《孝经》既具有规范家庭伦理秩序的作用，又具有治国理政的意义，所以该书一直受到历代帝王的推崇。汉代是表彰《孝经》、推崇《孝经》最为隆重的时代。在《汉书·平帝纪》中记载西汉的宣帝最早颁发法令要求"在乡聚的庠、序置《孝经》师一人"①。以后，西汉历代君王都在学校里设置《孝经》课程。到了东汉光武帝时，他不仅要求儒士读《孝经》，而且要求宫廷卫士也必须学《孝经》。而从魏晋到隋唐时期，《孝经》的教育普及程度更是大幅度地提高，从皇宫贵族到平民百姓皆学《孝经》。统治者极力推行孝道教育，使其在具体的实践传承中有了认知的理性基础。当前，高校应学习我国古代在孝道教育中的积极做法和成功经验，将优秀传统文化有机地融入课堂教学中去，尤其是在"两课"教学和人文课堂教学中，要重点讲解孝的起源、发展、演变；要将孝文化教育融入生命安全教育、责任教育、感恩教育、三观教育中，在基本的教学原则指导下，使用思想政治教育的说理引导法、寓教于乐法、情感陶冶法等，不断创新课堂教学方法，活跃课堂气氛，进而调动学生参与学习的积极性与创造性，增强人文课堂的学习效果，并最终强化大学生的感恩意识。

（二）将传统孝文化融入社会实践，引导大学生的感恩行为

2012年1月，教育部等七部门联合下发了《关于进一步加强高校实践育人工作的若干意见》。该文件中指出："进一步加强高校实践育人工作，对于不断增强学生服务国家服务人民的社会责任感、勇于探索的创新精神、善于解决问题的实践能力，具有不可替代的重要作用。"② 实践是大学生思想政治教育的重要环节。对大学生进行感恩教育时，在注重传统孝文化理论教育引导的同时，也要将传统孝文化引入大学生的社会实践之中，这不仅是弥补课堂教学的不足，更是促进大学生感恩意识与感恩行为实现"知行合一""学思

---

① （东汉）班固撰：《汉书》，中州古籍出版社1996年版，第62页。
② 教育部思想政治工作司组编：《加强和改进大学生思想政治教育重要文献选编：1978—2014》，知识产权出版社2015年版，第496页。

结合"的重要途径。因为，任何脱离实践的理论教育都会显得空洞，毫无说服力。而且，传统孝文化自古以来作为封建统治阶级治理国家的一个重要工具，其自身也具有强烈的实践可操作性。比如，儒家思想认为"孝悌也者，其为仁之本与"①，而由孝发展而来的悌、忠、仁、义、信又贯穿在"礼"的教育中，以礼的形式表现出来，这都是对实践孝道的具体要求，对大学生文明礼仪素养的教育有很好的借鉴作用。当前，将传统孝文化融入大学生社会实践中，就是要发挥传统孝文化的积极影响，开展一些集思想性、科学性、趣味性、知识性于一体的社会实践活动，尤其要结合大学生自身的发展需要，结合一些重大节日，通过寓教于乐的方式，让大学生在日常生活、文化娱乐中亲身体验、感受、理解传统孝文化的价值，在实践活动中弘扬传统孝文化、践行传统美德，坚定大学生正确的政治方向，激发大学生的社会责任感和历史使命感，增强大学生的民族自尊心、自信心与自豪感。

（三）将传统孝文化融入校园文化，巩固大学生的感恩心理

习近平总书记在全国高校思想政治工作会议上强调要更加注重以文化人、以文育人。文化育人的本质就在于以人类文化的正向价值为导引，教化人走向道德、理性、真善美，从而实现立德树人的目标追求。文化对人的影响不是强制的、有形的影响，却经常是潜移默化、润物无声的。但是这种影响却能够触及人们内心，深入灵魂，使人在不知不觉中受到心灵的感染、情操的陶冶、哲理的启迪，使人的心理发生变化，转变原有的思想并提高到新的高度。当前，高校应结合自身实际情况，将传统孝文化的积极因素融入校园文化建设中，建立长效机制，在精神文化、环境文化、行为文化和制度文化建设中融入孝道精神，在校园建筑、景观设计、绿化美化等物化形态建设中体现孝道文化；同时，还要结合重要节日、特殊纪念日等，开展形式多样、内容丰富的孝文化活动，运用新媒体信息传播快、覆盖面广的优势，加大宣传、扩大影响，弘扬主旋律、传播优秀孝文化，营造积极向上的校风、学风、人际关系和舆论氛围，让学生在校园里通过无处不在的校园物质文化和精神文化的耳濡目染、内心体验和情感熏陶，将孝文化中蕴含的感恩、责任、忠诚、

---

① 程树德：《论语集释》（上），国立华北编译馆1943年版，第11页。

善良的思想慢慢发展、积累，逐渐渗透到他们的内心深处，不断巩固大学生的感恩心理。

第五节　邓小平的信仰观与当代大学生的马克思主义信仰教育

邓小平认为对于一个国家、一个民族和一个政党而言，信仰是非常重要的，表现为它既是精神武器又是精神动力，因此，他高度重视信仰对人们精神的引导作用。在高校信仰教育上，他不仅十分重视对大学生进行马克思主义信仰教育，还对如何实施高校的信仰教育工作提出了一系列行之有效的方案。这些论述不仅丰富了邓小平理论的内涵，而且形成了中国特色社会主义的高校信仰教育理论。在新形势下，深刻认识和理解邓小平高校信仰教育思想具有重大的理论及现实意义。

一　马克思主义信仰是一种动力

作为人类最基本、最深刻的精神现象和精神活动，信仰指的是人们对于代表着自己认定的最高生活价值的某一对象的"始终不移的信赖和执著不渝的追求"[1]。邓小平非常重视信仰对人们精神的引导效果，他认为对信仰的信奉和尊崇是一个国家、一个民族和一个政党必不可少的精神武器和精神动力。

（一）信仰是精神武器和精神动力

信仰源于现实而高于现实，它通过树立崇高的理想、远大的目标使人产生巨大荣誉感和人生意义，从而激发人们的热情和顽强毅力。邓小平非常重视信仰对于人们精神的引导功能，认为坚实的信仰对于一个国家、一个民族和一个政党来说是必不可少的精神武器和精神动力。他从宏观角度阐述了坚定的信仰是凝聚一个国家的重要力量。如他认为，一个强大的国家，需要民族团结起来来维护；一个昌盛的民族，需要各族人民心连心。而将人民团结

---

① 刘建军：《马克思主义信仰论》，中国人民大学出版社1998年版，第1页。

起来的工具就是共同的信仰，即"要团结就要有共同的理想和坚定的信念"①。邓小平回顾了中国共产党建党以来数十年的艰苦奋斗历程，认为在共产党带领和团结全国人民取得一个又一个的胜利的历程中，对共产主义信仰的坚守是取得成功的关键因素。历史告诉我们，坚守信仰能够凝聚力量，凝聚力量才能团结奋斗，团结奋斗才能促进发展。正因为用共产主义信仰团结了全国各族人民，才实现了中华民族的伟大复兴。而如果缺乏对共产主义的信仰，共产党就失去了凝聚力，就不能团结全国各族人民，就不能获得革命和建设的胜利，就没有了一切。这样的言论高屋建瓴，至今仍掷地有声，从而给高校信仰教育工作提供了坚实的理论层面的依据。

（二）马克思主义信仰是科学的信仰

对马克思主义的信仰非常重要，在很多场合邓小平都肯定了其作用。他说，对于马克思主义必然胜利的信仰，是中国革命能够取得胜利的"一种精神动力"②。他本人也一直对这一信仰身体力行，他说自己是一个马克思主义者，他会"一直遵循马克思主义的基本原则"③。他对马克思主义信仰始终抱有深厚的感情和坚定的信仰，在国际资本主义和社会主义意识形态斗争持续不断的情况下，他始终确信，在这个世界上，追随马克思主义的人不会越来越少，而会越来越多，因为"马克思主义是科学"④。他还曾谆谆告诫全党：不要因为当前一些社会主义国家出现严重挫折，"马克思主义就消失了，没用了，失败了。哪有这回事！"⑤ 革命时代，先烈们为了心中的马克思主义信仰，不惜抛头颅洒热血；在社会主义建设过程中，我们同样需要马克思主义信仰，因为它是我们的精神支柱和精神动力。邓小平对这一点有颇多论述。在回顾新中国的建设过程时，邓小平指出，1949 年以后，中国共产党从旧中国接手下来一个烂摊子，工业凋敝，农业产量不高，国内遭遇了恶性的通货膨胀，经济状况十分混乱。中国共产党既要解决人民的吃饭问题和就业问题，又要稳定物价和统一财经，快速地恢复国民经济，并在此基础上进行大规模经济

---

① 《邓小平文选》（第3卷），人民出版社1993年版，第190页。
② 同上书，第63页。
③ 同上书，第173页。
④ 同上书，第382页。
⑤ 同上书，第383页。

建设，可谓是困难重重。而实践证明，这一切中国共产党不仅都做到了，而且还做得很好。而这一切靠的是什么？靠的就是对社会主义和马克思主义的信仰。所以，中国不但要毫不动摇地坚持马克思主义，还要不断发展马克思主义，如果"没有对马克思主义的充分信仰，……中国革命也搞不成功，……对马克思主义的信仰，是中国革命胜利的一种精神动力"①。

（三）高校要永远把坚定正确的政治方向放在第一位

无论在革命时期还是在建设时期，马克思主义信仰都是我们无往而不胜的思想保证和精神动力。邓小平指出，正因为我们"有理想，有马克思主义信念，有共产主义信念"②，所以，中国的新民主主义革命和社会主义建设才能在党的领导下冲破重重阻力而取得成功。对于大学生来说，教育他们掌握马克思主义相关理论也很重要。改革开放后，高校出现了一些非马克思主义的思潮，影响了高校甚至全国意识形态的安全。针对这一情况，邓小平认为要抓紧对大学生进行四项基本原则的教育和马克思主义基本理论的教育，这样"搞几年风气就会变的"③。1978 年 4 月，在全国教育工作会议上，邓小平指出学校教育的目的在于使学生们德、智、体全面发展，使其成为具备社会主义觉悟的、有文化的劳动者，学校教育应该"永远把坚定正确的政治方向放在第一位"④。

1986 年 12 月，邓小平在同几位中央负责人的谈话中讲到，要必须旗帜鲜明地反对高校的资产阶级自由化思想。他指出，中国革命和建设的实践已经充分证明而且将继续证明：中国如果没有共产党的领导、不搞社会主义是没有前途的。社会主义的本质不是贫富两极分化而是实现共同富裕，如果通过经济的发展再达到人均国民生产总值超过四千美元，到时候就能够更好地展示社会主义制度的优越性，不仅能为世界 3/4 的人口指明奋斗方向，而且能证明马克思主义的无比正确性。因此，"我们要理直气壮地坚持社会主义道路，坚持四项基本原则"⑤。

---

① 《邓小平文选》（第 3 卷），人民出版社 1993 年版，第 63 页。
② 同上书，第 110 页。
③ 同上书，第 318 页。
④ 《邓小平文选》（第 2 卷），人民出版社 1994 年版，第 104 页。
⑤ 《邓小平文选》（第 3 卷），人民出版社 1993 年版，第 196 页。

1989 年 3 月 23 日，邓小平在会见外宾时再次强调，中国最近十多年的发展是很好的，但也存在一定的失误，其中最大的失误在于对教育问题不够重视，尤其是"思想政治工作薄弱了，教育发展不够"①。而教育方面存在的失误比通货膨胀等问题更大。

1989 年 6 月 9 日，在接见首都戒严部队军以上干部时，邓小平指出："文化大革命"十年动乱中，我们最大的失误是教育，而这个教育"主要是讲思想政治教育"②。要把四项基本原则作为基本思想来教育学生，反对资产阶级自由化，反对精神污染。

马克思主义理论教育是高校信仰教育的主要内容。它是指教育者为了培养大学生形成坚定的马克思主义信仰，使其树立科学的世界观、人生观、价值观，根据特定的计划和步骤，将马克思主义理论传授给受教育者，帮助其通过自己已有的知识水平，自觉地将理论内化为个人信仰。

二 学校是为社会主义建设培养人才的地方

在高校信仰教育的目标问题上，邓小平先是对"又红又专"问题提出了自己的认识，继而又提出要培养"四有"新人的任务。

（一）探讨了红与专的关系问题

邓小平认为，"红"主要指政治标准、世界观，属于德的范畴；"专"是指做好本职工作的真才实学，属于才的范畴。"红"与"专"不是对立的关系，也不是并列的关系，更不能认为"红"与"专"不分主次可以相互替代。二者是辩证统一的关系。首先，红与专具有属性关系，"专并不等于红"，"又红又专，那个红是绝对不能丢的"③。其次，红与专相互依存、相辅相成。邓小平认为红与专不是相互对立的，是可以相辅相成、相互促进的。如果知识分子能够专心于社会主义的科学事业，并作出一定贡献，这当然是"专"的表现，而从一定意义上来说，这"也可以说是红的表现"④。对于"红"的

---

① 《邓小平文选》（第 3 卷），人民出版社 1993 年版，第 290 页。
② 同上书，第 306 页。
③ 《邓小平文选》（第 2 卷），人民出版社 1994 年版，第 290 页。
④ 同上书，第 92 页。

要求与对科学文化的要求不仅不相互排斥，相反，"红"与"专"是并行不悖的，可以相互促进的，因为一个人越"红"，政治觉悟越高，他为祖国的社会主义事业而"学习科学文化就应该越加自觉，越加刻苦"①。邓小平还进一步指出："专并不等于红，但是红一定要专。"② 所以，要做到又红又专。

（二）培养"四有"新人

继红专辩论之后，邓小平认为高校信仰教育的目标就是要培养有理想、有道德、有文化、有纪律的"四有"新人。这"四有"包含广泛，相互联系，共同构成大学生培养的系统目标。其中"有理想"位于核心地位，贯穿于"有道德、有文化和有纪律"之中；而"有道德、有文化和有纪律"又是实现"有理想"的必然要求。邓小平总结了自己长期从事政治、军事活动的经验，认为共同的理想和坚定的信念起到了很大的作用，所以，"四有"的核心是"有理想"，我们"最强调的是有理想"③。邓小平深知大学生树立崇高理想的重要作用，他指出，要特别教育子孙后代们，"一定要树立共产主义的远大理想"④。各级各类学校必须加强政治、形势、思想（包括人生观和道德）教育，只有这样才能完成培养"四有"新人的任务。

三 教育要与生产劳动相结合，理论联系实际

理论联系实际是党的思想政治教育的优良传统，也是高校信仰培育的一条重要经验。理论联系实际是培养"全面发展"人才的实现途径，是信仰培育所应遵循的基本方针及增强其针对性和实效性的根本保证。

在 1985 年的党代会上，邓小平强调说，改善社会风气要从教育入手，而教育一定要联系实际。对于影响社会风气的思想问题不能进行简单片面武断地处理，而要经过充分的调查研究之后，再由思想政治教育者进行周到细致、有充分说服力的教育。思想政治教育要关注百姓关心的实际问题，据实讲解，纠正群众反映的不合理现象，告诉他们党和政府的种种努力，提高马克思主

---

① 邓小平：《邓小平文选》（第 2 卷），人民出版社 1994 年版，第 104 页。
② 同上书，第 262 页。
③ 《邓小平文选》（第 3 卷），人民出版社 1993 年版，第 190 页。
④ 同上书，第 111 页。

义信仰对群众的说服力，以增强马克思主义信仰教育的实效性。

邓小平强调教育要与生产劳动相结合，理论联系实际。现代经济技术的迅速发展，又要求教育质量和效率也随之提高，相应地，"我们在教育与生产劳动结合的内容上、方法上不断有新的发展"①，要认真考虑在新的条件下，怎样更好地贯彻这一方针。改革开放后通过的一系列关于高校思想政治教育法规中都体现了这一思想：1978 年教育部颁发的《关于加强高等学校马列主义理论教育的意见》中专门提到理论联系实际问题；1984 年中宣部、教育部颁布《关于改进和加强高等院校马列主义理论教育的若干规定》，指出要贯彻理论联系实际的方针；1985 年中共中央发出《关于改革学校思想品德和政治理论课程教学的通知》，指出对于马克思主义思想理论课教学的改革关键在于坚决执行理论联系实际的方针。1986 年国家教育委员会发文再次强调：要努力克服脱离实际、脱离时代的弊病，坚持理论联系实际的方针，积极地投入教学改革。1991 年的《关于加强和改进高等学校马克思主义理论教育的若干意见》中专门用了一个大标题来阐述其重要性："认真贯彻理论联系实际的指导方针，增强理论教育的思想性和说服力。"② 1993 年通过了《关于新形势下加强和改进高等学校党的建设和思想政治工作的若干意见》，文件指出：要坚持理论联系实际的方针，密切联系中国改革开放、现代化建设和高校改革和发展的实际。1998 年的《关于普通高等学校"两课"课程设置的规定及其实施工作的意见》提出："要认真贯彻理论联系实际和'学马列要精，要管用的'原则"③。2004 年颁布了《关于进一步加强和改进大学生思想政治教育的意见》，指出要弘扬理论联系实际的优良学风。2005 年中宣部、教育部《关于进一步加强和改进高等学校思想政治理论课的意见》中提出要坚持理论联系实际，贴近实际、贴近生活、贴近学生。2008 年《关于进一步加强高等学校思想政治理论课教师队伍建设的意见》中强调要培养一批政治方向正确、理论功底扎实、善于联系实际的教师队伍。

---

① 《邓小平文选》（第 2 卷），人民出版社 1994 年版，第 107 页。
② 教育部思想政治工作司组编：《加强和改进大学生思想政治教育重要文献选编：1978—2014》，知识产权出版社 2015 年版，第 113 页。
③ 同上书，第 179 页。

四 全社会都应关心青少年思想政治进步

邓小平认为信仰培育工作不只是学校的事情，全社会都应该予以重视，各个部门都应该重视学生的思想政治工作，共产党应该来管，青年团也应该来管，主管部门也应该管，而学校的校长教师等人更应该来管。他说，社会上所有的人，无论是教育工作者，还是相关主管部门，或者是全社会的人民群众，都应该共同来关心高校信仰教育，"关心青少年思想政治进步"①。要在中国共产党的带领下，形成思想政治教育齐抓共管的局面，有关部门应各负其责，全社会要大力支持，以便能够有效地打破部门界限，形成全社会共同支持大学生信仰教育的强大合力。事实上，自新中国成立后，中国共产党领导下的人民政府就对思想政治工作具有明确、强烈、自觉的使命感。思想政治工作是党和政府部门与学校共同管理的重要领域。此后，中共中央、国务院、共青团中央、中宣部、教育部等部门先后对加强学生思想政治工作、改革政治理论教学、加强劳动教育、开展勤工俭学活动等问题发出过一系列重要指示，形成了全社会共同关注高校信仰培育的局面。

五 加强高校的马克思主义信仰培育

近年来，中国的政治局势稳定，经济持续健康增长，社会各项事业得到前所未有的发展。党和国家高度重视大学生的信仰教育工作，继续强调高校信仰培育工作不可动摇的战略地位。一方面创新马克思主义理论，增强其时代特征和吸引力；另一方面用强大的国家形象进行正面教育，增强大学生对马克思主义的认同。在这一大环境的影响下，高校的信仰教育工作取得了良好效果。大学生的信仰积极、稳定、健康、向上。他们对党和政府充满信心，对国家和民族的未来充满信心，对坚持走中国特色社会主义道路和全面建设小康社会充满信心。他们信仰马克思主义、信奉社会主义道德。他们乐观自信，能从"小我"中走出来，把"自我"融合到关注国家的发展和民族的富强上，以国家社会的主导目标引领个人的人生发展方向。

现在，中国正处于改革的攻坚阶段和社会发展的关键时期，社会环境复

---

① 《邓小平文选》（第2卷），人民出版社1994年版，第105—106页。

杂多变，多样化情况日趋明显，这给高校信仰培育工作带来大量新情况、新问题。除了马克思主义信仰之外，大学生的信仰也逐渐出现了多元化趋势，一些人开始追求虚幻的或物性的东西如金钱、权力等；而一些大学生出于功利或从众心理，信仰那些能够理解、或半知半解、或不能理解的观念和思想。应该指出的是，大学生更多的是从满足自我需要的角度出发来选择信仰，选择信仰的过程则彰显了他们自主选择、独立思考的批判精神。但世俗化和庸俗化的信仰又在不同程度上代表了他们在信仰上的迷失与危机。

因此，面对 21 世纪的新形势、新情况，对大学生进行信仰教育是一项迫切的任务，国家更加重视对大学生的信仰教育。2002 年 11 月，党的"十六大"把"三个代表"重要思想确立为党的指导思想；之后，以胡锦涛为总书记的党中央对加强和改进大学生信仰教育作出了战略部署，高校马克思主义理论课程的新一轮改革，成为实施这一战略部署的重要环节；2003 年秋以"邓小平理论"和"'三个代表'重要思想概论"课取代了原来"邓小平理论概论"课。2004 年 1 月通过《关于进一步繁荣发展哲学社会科学的意见》，强调了马克思主义理论学科建设的重要性，提出力争用十年左右时间，形成完整的马克思主义理论的教材体系。与此同时，"马克思主义理论研究和建设工程"也开始实施。2004 年 8 月通过《关于进一步加强和改进大学生思想政治教育的意见》，明确了高校信仰教育的内容，决定要在高校以理想信念教育为核心，以爱国主义教育为重点，以基本道德规范为基础，为使大学生全面发展，培养其正确的世界观、人生观和价值观，培育和弘扬民族精神，深入进行公民道德教育和素质教育，将"马克思主义理论课和思想品德课"正式命名为"思想政治理论课"。2005 年 2 月 7 日通过《关于进一步加强和改进高等学校思想政治理论课的意见》，3 月 9 日通过《〈关于进一步加强和改进高等学校思想政治理论课的意见〉实施方案》，12 月 23 日通过的《关于调整增设马克思主义理论一级学科及所属二级学科的通知》，将马克思主义理论增设为一级学科（包括 5 个二级学科：马克思主义基本原理、马克思主义中国化研究、马克思主义发展史、国外马克思主义研究、思想政治教育）。2008 年 4 月，国务院学位委员会在马克思主义理论一级学科下增设了"中国近现代史基本问题研究"二级学科。至此，高校思想政治理论课形成了完善的学科支撑体系。2008 年 8 月 6 日，教育部决定用"毛泽东思想和中国特色社会主义理论体系概论"这一名称来替代原来的"毛泽东思想、邓小平理论和'三个代表'重要思想概论"。这一调整沿用至今。党的十八大以来，以习近平总书记为核心的党中央更是多次强调了信仰教育的重要性，提出高校要将马克思主义作为必修课，并成为学习、研究和宣传马克思主义的重要阵地；新时代的大学生要抓好理论学习，坚定理想信念，并要学会用马克思主义的立场、观点和方法来发现问题、解决问题；要立足现实，脚踏实地，把对马克思主义的信仰落实到学习和生活中去，落实到具体的社会主义建设实践中去。

另外，高校还通过不断优化信仰培育的渠道和途径，形成了比较完整的高校信仰培育网络体系。重视课堂教学在信仰教育中的主导作用，深化社会实践活动，优化校园文化，利用网络媒体，加强心理健康教育等途径，在向纵横方向、宏观微观领域不断拓展的过程中，构建起多渠道、多层次、全方位实施思想政治教育的综合育人体系。

总之，邓小平对于高校信仰问题的阐述对高校信仰教育工作有着重大的指导意义。当前，在经济全球化的影响下，民粹主义、狭隘民族主义、自由主义和无政府主义等错误思潮对大学生产生着越来越多的负面作用。高校的思想政治教育者必须要以邓小平的高校信仰教育理论为指导，加强马克思主义信仰教育，让大学生深入地了解、懂得、信仰马克思主义，这也是高校青年教育的当代主题。

第二章　大学生社会主义核心价值观培育的载体与方法

贯彻党的教育方针，落实党的十九大关于培育和践行社会主义核心价值观的新要求，遵循大学生成长成才规律，发挥思想政治教育载体、创新创业实践载体、文化消费引导载体、大众媒体载体以及志愿服务活动载体在大学生教育教学中的作用，探索培育大学生社会主义核心价值观的有效载体和方法。

- 以社会主义核心价值观匡正大学生创业认知误区
- 铁军精神与当代大学生思想政治教育内容体系的优化
- "90后"大学生文化消费的现状及引导
- 大学生媒介交往的行为特点及其社会价值

第一节　以社会主义核心价值观匡正大学生创业认知误区

推进"大众创业、万众创新"，是党中央、国务院实施创新驱动发展战略的重要战略部署。习近平总书记反复强调，抓创新就是抓发展，谋创新就是谋未来。适应和引领我国经济发展新常态，关键是要靠科技创新转换发展动力。大学生的创新创业教育是"大众创业、万众创新"的重要组成部分，正在得到国家、社会和学校的普遍重视。而现实中由于各种主客观的原因，大学生创业呈现出创业热情高涨与创业成功率低下的现象。因此，如何化解这一矛盾、突破窠臼，真正实现大学生创新创业能力的提升，主要在于纠正社会、高校与大学生在观念上对创业理解的偏差，而社会主义核心价值观可以对这些偏差作出思想上的匡正。因此需要从价值观层面进行深入剖析，并在本质上提高大学生创业的质量。

一　现实困境：大学生、高校与社会对大学生创业的观念误区

在"大众创业、万众创新"的号召下，大学生群体作为时代的先锋，充分发挥其创新意识和开拓精神，开启创业的"微时代"。然而，在现实中，大学生创业却面临着学生自身对创业的认知困惑、高校学生管理者对创业的认知误区，以及社会对创业的误解误读等困境，导致大学生创业质量不高。

（一）大学生对创业的认知困惑

大学生创业在认知方面的困惑主要体现在以下两个方面。一是就业观念相对局限，对创业的内涵认知、认同不足，对自己创业的角色定位缺乏正确的认识。部分高校学生在大四面对就业抉择时，才开始谈论关于未来职业发展规划的话题，没有明确的奋斗目标和清醒的个人认识，来不及思考是否存在更适合自己的发展空间和优势领域，在对高校创业教育一知半解的情况下，便匆匆地投入"创业大军"；还有，在校低年级大学生看到身边的同学创业，阶段性创业成绩不错，在不甚了解的情况下也盲目加入创业队伍，在"学业"与"创业"的时间分配中难以权衡，在"学生"与"商人"的角色扮演中难以拿捏，在"休学创业"与"在校创业"的抉择困惑中左顾右盼。有些大学生认为自己开始创业了，学业就可以置身事外了。从历史唯物主义角度探讨，绝对地放弃理论学习只谈实践创业，这是在静止地、主观地、零散地、片面地观察问题、分析问题、解决问题，没有专业的积累和沉淀，创业犹如坐而论道，必然止步于短暂的思维。二是创业观念相对狭隘，对创业困难预估不足。大学生没有经过社会的历练，看到无数宣传成功的先例，往往会将创业过程看得过于简单，认为创业便是简单地创办企业，客观因素足够了，就可以开始创业的实践，成为教学案例中的管理者，指挥自己的员工工作，往往倾向于追求热门行业，这表明大学生的创业观念还处在相对模糊的状态，这种认识误区导致其对创业困难认识不足，既缺乏理性和计划性，又缺乏社会

经验和心理准备，一旦在创业过程中遇到困难与挫折便会陷入沮丧消沉或一蹶不振。智能化管理是未来的一个大趋势，对创业者来说，最好选择人工智能领域创业，而其需要大学生拥有敢为人先的创新意识和不畏艰难的求实精神。由此可见，亟须高校开展有针对性的创业教育，引导大学生树立正确的创业观。

（二）高校学生管理者对创业的认知误区

高校学生管理者对创业的认知误区表现在以下三个方面。首先，对于高校大学生创业认识的不足。一些高校对大学生创业的重要性认识不足，并未将大学生创业纳入高校教育教学的顶层设计中，因而在创业教育过程中，过分强调学科教育而忽视创业的实践教育。在高校，一些管理者认为创业不是大学人才培养的主要目标，科学精神和学术价值追求才应该是主要提倡的；另一些人认为对于一般大学生而言，将科研成果转化存在着诸多的难题①。其次，对于大学生创业专业性塑造缺失。高校创业教育必须以系统理论为支撑，然而在事实上，高校创业教育投入力度不足的现象仍然不在少数。一方面，高校创业指导教师本身拥有的创业教育知识不够系统全面，缺乏一体化的学科体系，将创业教育等同于普通的学科教学，导致高校在实践过程中难以体现创业教育的特殊性、时代性和实践性；另一方面，一些高校仅仅是将大学生创业的有关文件生硬地张贴出来或传达下去，并未作出相关说明或结合学校具体实际，没有将大学生创业话语体系融入普通大学生群体的学习和生活中，致使大学生难以理解创业教育的必要性，从而在一次次阅读文件的形式化过程中丧失加入创业队伍的兴趣，进而使高校创业教育浮于书面和流于形式，无从落到实处。最后，对高校创业教育的定位模糊。与西方发达国家相比较，我国的创业教育起步相对比较晚，即使现在有了快速的发展，但仍处于"摸着石头过河"的探索阶段。而在探索过程中，形成了"窄化"和"泛化"两种定位倾向。"窄化"是把狭窄的"企业家教育"推向全体学生，而"泛化"是将创业教育定位于素质教育②。这两种定位都是对创业教育没有进

---

① 朱健：《以创业精神推进高校创业教育》，《思想理论教育》2015 年第 4 期，第 87 页。

② 杨晓慧：《我国高校创业教育与创新型人才培养研究》，《中国高教研究》2015 年第 1 期，第 40 页。

行深入研究的表现。事实上，我国高校的创业教育应该是通过一定的价值观引领来指引大学生坚持马克思主义意识形态的指导地位、社会主义核心价值体系的合理内核和社会主义市场经济的健康发展方向，从而培育出更为现代社会需要的"创新型人才"。

（三）社会对大学生创业的误解误读

大学生创业的发展，需要来自社会和市场更多的公益支持和有效的资源配置，良好的社会生态环境有利于推进大学生创业的发展。随着大学生创业服务体系的逐渐形成，以及资金使用效益的不断优化，市场资本和社会公益支持大学生创业的力度也在不断加强。但是，市场"道德人"和"经济人"之间的对立没有明显消除，能够协同服务大学生创业的市场机制尚未完全建立，社会公益配置的力度和效度仍然存在较大不足，创业资金资源缺乏仍然是大学生创业者的首要"拦路虎"[①]。与此同时，传统纸媒和新媒体对大学生创业的解读均未到位，过分渲染报道个别创业项目的阶段性成果，对大学生创业社会效益的长期性关注缺失，加之受"学而优则仕"传统就业思维模式的影响，一直存在的求稳畏惧冒险的惯性思维严重左右着大学生的价值取向，社会整体支持、鼓励学生创业的氛围还未形成[②]，导致大学生创业的发展"重心不稳"。也有一些社会人士及评论家对大学生创业并不持认同态度，他们更多地认为大学生相对于社会青年，创业成功的概率更低。另外，创业需要履行的流程和手续过于烦琐，也没有专门机构提供技术上的支持，这些都阻碍了大学生创业的激情，从而影响其发展。

二　理论基础：社会主义核心价值观与高校大学生创业本质上内合

以社会主义核心价值观引领高校大学生创业，基于高校创业教育的需要获得对社会主义核心价值观内涵的共识，体现在社会主义核心价值观与高校大学生创业本质上的内合。

---

① 王伟忠：《大学生创业指导服务的三维联动与要素协同》，《教育发展研究》2015 年第 23 期，第 62 页。

② 杨吉春：《大学生创业教育问题与对策研究》，《东北师大学报》（哲学社会科学版）2016 年第 1 期，第 181 页。

（一）国家层面：体现创业战略构想

近年来，国务院连续发布了多项关于大力发展众创空间、"互联网＋"行动等支持性政策，进一步助推我国的大众创业、万众创新；通过推动移动互联网、大数据、云计算、物联网等与各行各业的深度融合，形成新兴产业，并最终将其培育成主导产业。除此之外，国家还设立了 400 亿元新兴产业创业投资引导基金，从而为"互联网＋"创业提供资金支撑。互联网应用已由过去的娱乐为主转向如今的实用经济产业方面，而"互联网＋"时代的到来则提供了更多的创业机会，关于人工智能（AI）的讨论也为大学生创业提供更多的思路与构想。"通过互联网的去中介化、扁平化、平等化作用，打破了品牌式垄断和信息不对称的垄断"①，以及大数据的积累与集聚，这一系列的政策措施都体现国家重视创业、鼓励创业和藏富于民的战略构想。这一战略构想不是被束之高阁的"月亮"，其既需要仰望星空，又需要脚踏实地。而其实现在社会层面有赖于创业氛围的营造，在个人层面有赖于创业意识的树立，这些都呼唤着正确的价值观。

社会主义核心价值观凝练了社会主义核心价值体系的核心理念，用社会主义核心价值观引领大学生创业意蕴深远。"富强"的价值目标，从顶层设计的层面赋予大学生创业深刻内涵，其可以是个人通过创业成就自身事业的"富强"，更高层次的则是为实现国家的"富强"作出个人的贡献，而这样一种深层目标的实现，需要高校加强创业教育。这既需要国家加强对高校创业教育的资金投入，又需要高校对创业教育的理念渗透。创业教育不能拘泥于传统的教育形式，思维的创新是滋养的甘露，要想大学生创业"茁壮成长"，在高校大力开展创业教育的同时，需要国家为其提供"民主"的政治环境、社会为其创设"自由、平等"的发展背景，"法无禁止皆可为"，简化与畅通大学生创业的手续和程序。大学生创业也需要将社会主义核心价值观中的爱国精神、敬业原则、诚信品德、友善态度融入创业教育的全过程。诚然，创新与自由都是有限度的，创业必须要在"文明"与"法治"的框架内，这样大学生创业才能实现"富强"的目标，实现高校创业教育"和谐"的局面。

---

① 亓传伟、陈佳：《"互联网＋"时代下的大学生创业》，《教育与职业》2016 年第 2 期，第 76 页。

从建设社会主义现代化国家的战略性高度出发，从推进人的自由而全面发展的人本视角入手，积极渗透参与全球化竞争的创业教育理念，来指导具体的创业活动，从而促进国家核心竞争力的提升和高校人才素质培育目标的实现。

（二）社会层面：营造创业和谐氛围

社会层面的价值取向倡导"自由、平等、公正、法治"，表征了中国特色社会主义的属性特色。关于自由的话语，作为马克思主义长期以来执着追求的社会价值目标，强调了人的意志、存在和发展的自由，而平等是人们在精神上互相尊重与理解，作为一种人生态度，也是人类的终极理想之一，公正是社会公平和正义的精练，同时也是国家繁荣昌盛、社会和谐稳定必要的价值理念①。要积极指导大学生创业者实现和谐创业，并自觉将兴趣爱好、专业学识、发展目标与社会需要有机统一起来，在通过创业实现自我价值的同时，推动和谐社会的发展。通过创新创业氛围的营造，推进青年大学生自主成才。用社会主义核心价值观引领大学生创业活动，就是把大学生的创业行动与中国特色社会主义建设的共同理想结合起来；把大学生创业的必要性和当前的国情教育结合起来；把大学生创业实践与全面建成小康社会的伟大目标结合起来；把大学生的创业梦想与祖国的繁荣富强、中华民族的伟大复兴结合起来②。无论是创业设计、创业启动，还是创业管理、创业风险应对，都需要体现社会主义核心价值观的精神内核。自从创新创业的话语体系在中国逐步构建，其成功的案例不在少数，阿里巴巴、搜狐、新东方、京东商城等，都是创业的典范。诚然，他们的成功都是不可复制的，但可以学习。一方面，他们抓住了时代的每一个发展契机；另一方面，在他们身上都有着相同的精神品质，在"特色理论"指导下把握时机、在"共同理想"鼓舞下奋发有为、在"两种精神"激励下敢为人先、在"八荣八耻"规范下追求卓越，这些都铸就了他们的成功。可见，通过社会主义核心价值观的引领，高校大学生在激发爱国热情中，能凝聚理想信念，提高明辨是非的能力，推进国家、社会

---

① 包雅玮、刘爱莲：《刍论高校学生党建与社会主义核心价值观教育联动创新》，《理论导刊》2015 年第 4 期，第 69 页。

② 任拓：《论核心价值观指导下的大学生创业教育》，硕士学位论文，中南大学，2012 年，第 10 页。

和个人层面的价值认同，从而提高自身的创业素质能力。高校大学生处于世界观、人生观逐步明确的重要阶段，他们对新鲜事物充满好奇，不少大学生满怀创新精神但诚信意识淡薄，缺乏社会责任感，这些使高校创业教育越发显得紧迫而复杂。同时，要重视社会舆论的导向作用，借助报纸、广播、电视、网络等媒体，一方面大张旗鼓地宣传既勇于承担社会责任又取得良好经济效益的创业成功典型；另一方面行之有效地宣传国家与地方相关大学生创业扶持政策。做好这两方面的宣传和教育，既有助于典型引路、正向引导和激励大学生的创业热情，又可以充分发挥政策引导、政策激励和政策保障的协同作用，形成政策合力，从而使大学生创客们切身感受到个人的创业与社会良好创新创业环境和氛围的营造有着密切的关系，人生价值的实现始终孕育于社会发展进步之中。

（三）个人层面：培育创业价值共识

社会主义核心价值观具有社会价值和个体价值两大取向。社会价值主要表现为政治认同的培育，在于传播政治意识、培养政治情感、引导政治行为、整合政治关系；个体价值主要为公民教育，在于引导政治方向、激发精神动力、调控品德行为、塑造个体人格。社会价值认同是社会主义核心价值观教育最为核心的功能与职责，价值多样化的事实和价值个体的张扬与价值共识并不矛盾，高校可以通过社会主义核心价值观融入创业教育的全过程，在培育社会理性中达到大学生创业者在国家、社会与个人三个层面的价值共识，而这样一种价值共识的实现，有利于提高大学生创业的质量和水平。无论在何时，价值信仰都深刻影响着一个人的总体发展方向和职业生涯规划。一般大学生对自己未来发展都有一定的规划、设想与准备，并在此基础上为实现个人抱负设置合理的目标，同时为实现此目标而努力创造条件。就价值目标而言，高校需要超越对创业教育基于"实用主义"的狭隘认识，不能将创业简单地看作解决就业困难退而求其次的选择，更不能为了创业而创业。现阶段，高校创业教育不能仅仅停留在单纯的理论教育灌输与实践模式探索的层面，而需要将社会主义核心价值观的现实语境与其结合，这样既可以体现当代中国特色社会主义的本质特征，也为高校创业教育注入浑厚的精神力量。此外，大学生创业由于自身的局限性，需要运用团队的力量，用社会主义核心价值观凝聚共识。"创业"二字的落脚点在于"创",这就要求青年大学生具有创新的精神和开拓新市场的洞察力。同时,创业都具有一定的风险,比如财务风险、市场风险、技术风险、法律风险等因素,在创业前期要考虑周到,不能畏惧和逃避风险,必须要勇敢面对风险带来的责任分担。在市场竞争的状态下,也要充分考虑波特的"五力"竞争模型,分析某一行业的基本竞争态势并了解企业基本竞争战略。因此,创业是一个复杂的过程,青年大学生在创业之前既需要通盘考虑创业计划的可行性,也需要有可以应对市场变化的灵活性和面对创业实践风险的承受能力。就个人层面,高校创业教育要围绕"爱国、敬业、诚信、友善"八字箴言,注重诚信创业与公益创业,最终将社会主义核心价值观落实到大学生创业的理论与实践全过程。

三 路径指南:社会主义核心价值观匡正大学生创业观念误区的具体策略

以社会主义核心价值观纠正大学生创业观念误区需要一定的方法策略,在大学生个人层面,需要通过社会主义核心价值观引领其树立正确创业观,并提倡符合道德规范的创业实践行为;在高校层面,需要通过社会主义核心价值观来提高创业教育队伍素质;在社会层面,则需要用社会主义核心价值观来营造创业文化氛围。

(一)以社会主义核心价值观来引领大学生树立正确创业观

如今的大学生基本上是"90后"和"00后",是伴随着互联网成长起来的一代人,他们与互联网有着天然的高度融合性。他们运用互联网的能力强并且高度关注互联网的发展变化,能够灵敏地发现并捕捉其中蕴含的商机[①]。与此同时,网络讯息繁冗复杂、良莠不齐,各种与社会主流意识形态相悖的话语也在"互联网 +"的放大效应下,越发迅捷而准确地投射到大学生的思维世界中。大学生群体正处于世界观、人生观、价值观逐渐确立并形成的关键时期,任何一种不完整、不全面的价值观念都会对他们产生一定的影响。因此,需要通过社会主义核心价值观来引领高校创业教育,运用社会主义核

---

① 董伟:《大众创业、万众创新背景下的高校创业教育》,《教育与职业》2015 年第 12 期,第 89 页。

心价值观的价值导向功能来匡正大学生错误的、不全面的价值观念，在此基础上，促使大学生树立正确的创业意识，思考为何而创业这一重要命题，同时需要秉持诚实守信的品质并将其贯穿创业过程的始终。无论是单纯地想要缓解毕业的压力，响应国家"大众创业，万众创新"的号召，还是发自内心纯粹地想要成就一番事业，都需要明确自身创业的动机，运用所学知识也好，兴趣使然也罢，都需要不忘初心，保持青年的赤子之心。大学生需要明确这样一种观念，那就是创业的成功与否并不重要，重要的是能否始终如一地坚持正确价值观念的指引。当创业者仅仅向成功看齐，唯物质论，坚持金钱导向，内心缺乏正确的价值观指引，而对贪念委曲求全，选择放弃内心纯粹的信仰，摒弃中华民族"诚实守信"的光荣传统，然后堂而皇之地粉饰太平，兜兜转转，最终也逃不掉良心的拷问，只会踏上一条不归路。通过社会主义核心价值观引领高校创业教育，在促使大学生树立正确的创业意识、明确时代赋予的主体角色定位的同时，需要更加明确创业时机与创业方向，引导创业大学生提前进行职业规划并明确创业方向，既不退缩也不麻木，提前思考适合自己的发展空间和优势领域，根据学生个人特点与实际情况分层分类指导他们真正解决"学业"与"创业""学生"与"商人""休学创业"与"在校创业"的实际困惑问题。另外，大学生在创业实践过程中，要充分考虑个体的心理特征、年龄层次和专业特点等方面的差异，制定适合自己的发展规划并融入其中。

（二）以社会主义核心价值观提高高校创业教育队伍素质

在高校创业教育中，高校创业指导教师是与大学生创业群体接触最多的指导群体。一方面，他们所具备的理论知识直接决定高校创业教育的成果；另一方面，他们对创业内涵的理解与诠释也较大地影响着大学生对创业的认识态度。高校教师拥有较高的学科素养和较为丰富的专业知识，培养社会主义事业的接班人和创新创业的时代弄潮儿是他们肩负的重要责任。教师群体在大学生创业中的主导作用，体现于率先垂范，积极成为创业的理论渗透者、价值认同者、积极传播者和模范践行者，满足时代对人才的需要、履行教育职责的同时，实现自身的价值追求，立足高等教育这一特殊领域，将创业的内涵在实践中进一步发展、完善、辐射和深化。教师群体作为高校创业教育中坚力量，应该在社会主义核心价值观的指引下，加强创业理论知识的学习并促进知行转化，才能逐步实现"导之以行"。要将社会主义核心价值观内化的精神内核深入对大学生创业教育研究的方方面面，并了解青年大学生的现实需要，把握青年大学生身心发展的规律，积极培育他们良好的创业行为习惯。美国教育家布鲁贝克指出，对于教学来说，任何形式的开展都必须深入地分析课程筛选、结构以及内容的逻辑这几个重要方面。[①] 大学生创业教育一定要把握时代的脉搏，抓住社会发展方向，坚持正确价值导向，并且必须通过有针对性的锻造。将社会主义核心价值观中关于社会主义合格人才应当具有的思想道德品质要求的理论化内容融入高校创业教育中，提倡高校大学生规范创业实践行为。在此基础上，努力跳出创业教育形式与内容的狭隘视野，发挥社会主义核心价值观凝聚共识的功能，积极鼓励青年大学生将创业活动与社会实践、专业学习和公益服务等方面相结合，从而在提高创业教育队伍素质的基础上，实现社会价值的整合。

（三）以社会主义核心价值观营造高校创业文化氛围

现阶段，高校作为社会多元思潮的集聚地，教育主体意识的模糊和道德品质的淡薄，致使高校大学生敬业、诚信、担当等观念淡化，而在大学生创业过程中，这些观念又深刻影响着创业实践的成功与否，很多关于创业实践的"教科书"，可以阐释来自客观方面的风险管理和融资方式等创业教育理论知识，却未能将来自主观因素的影响详尽阐明，而正是这些主观原因更多地影响并决定了每个个体创业的实效性。因此，必须在社会主义核心价值观引领下，积极开展创业教育并不断营造大学校园的创业氛围。社会主义核心价值观是社会主义意识形态的核心部分，社会主义核心价值观引领高校创业教育就是要引领我国大学生创业教育的文化发展方向。信仰对一个国家和民族的发展至关重要，如果说国家机器是"肉"，那么价值信仰便是"灵"，而一个国家的长足发展不仅需要国家的经济发展和国防的安全稳定，更重要的是价值信仰的坚定和上层建筑的构建。社会主义核心价值观引领高校创业教育就是通过凝聚中国特色社会主义共同理想信念，确立以创新为核心的时代精

---

① ［美］约翰·布鲁贝克：《高等教育哲学》，王承绪译，浙江教育出版社 2001 年版，第 103 页。

神，明辨社会主义荣辱观，促动大学生始终坚守信念、树立诚信意识、培养社会责任感，并将自己的创业梦与中国梦紧密相连，将个人荣辱与民族复兴融为一体，用激情与勇气规划创业，用创业的实践点亮人生与梦想，从而在创业实践的道路上走得更稳更远。同时，通过将创业先进典型的榜样力量和社会主义核心价值观教育相结合，并在青年学生中推荐辐射，共同营造高校创业教育的主流价值文化氛围。

总之，随着全球经济发展的日新月异，大学生创业得到了国家和社会更多的鼓励和支持，因此，各种创业形式层出不穷，创业者的数量以加速度的形式递增。然而，关于提高创业活动质量的要求应运而生。诚然，当前在大学生实践发展的过程中，出现了一些理解上的偏颇和行为上的失重，但对大学生创业重要性的认识仍是不断深化的。以社会主义核心价值观匡正大学生创业认知误区，就是在社会主义核心价值观凝聚共识功能的指导下，促使大学生坚持马克思主义意识形态的指导地位、社会主义核心价值体系的合理内核和社会主义市场经济的健康发展方向，解决目前大学生创业过程中遇到的理解偏差和实践瓶颈；就是促使大学生在正确的价值导向下，作出更有利于自身、他人和集体发展的创业选择，并将自身的创业梦融合在中国梦的实现过程中，从而推动大学生创业内涵式发展。

第二节　铁军精神与当代大学生思想政治教育内容体系的优化

大学生思想政治教育的内容是高校对大学生实施思想政治教育时在思想、政治、道德、心理素质等方面的要求，是决定大学生素质的重要方面。当代大学生所处的历史环境有了新的变化，在他们身上不同程度地呈现出理念信念单薄、艰苦奋斗精神缺乏、自我约束能力较弱、团队协作意识欠缺以及开拓创新精神不足的现象。而这些品质不仅是大学生健康成长的需要，也是社会主义事业建设者必须具备的素质。所以，根据社会发展的要求，以及当代大学生思想状况的现状，相应地，对高校思想政治教育的内容体系进行优化改革就显得迫切而又重要。

铁军精神是新四军在北伐战争、游击战争和抗日战争中孕育和铸造出来的，在理想信念、拼搏精神、大局精神、自律精神、创新精神等方面，形成了自身特有的精神特质，是大学生思想政治教育的生动教材，对优化当前大学生思想政治教育内容具有重要的意义。

一 铁军精神的基本内涵

（一）信念坚定、理想远大的爱国精神

铁军精神的核心是信念坚定、理想远大的爱国主义精神。铁军精神的重要内涵之一就是要有铁一般坚定的信念，最主要、最根本的就是要坚定中国共产党对军队的绝对领导权，要始终坚定共产主义理想。追寻新四军的历史渊源，我们会发现，新四军虽然在名义上属于国民革命军，而实质上却是由共产党人创建并直接领导的革命军队。不管是国共合作的北伐战争时期，还是艰苦卓绝的三年游击战争和抗日战争时期，新四军始终保持坚定的革命信念，坚持共产党的正确领导，取得了一个个辉煌的战绩。正如《新四军军歌》里唱的"为了社会幸福""为了民族生存""一贯坚持我们的斗争远大理想"[1]。

（二）艰苦奋斗、坚忍不拔的拼搏精神

新四军的历史是艰苦奋斗的历史。"千百次抗争，风雪饥寒；千万里转战，穷山野营"[2]，这是《新四军军歌》对当时新四军所处斗争和生活环境的生动描述。新四军最初建军时只有 10300 余人，武器装备很差，主要活动地区是被敌人封锁的华中敌后，没有根据地，也没有政权。而在华中地区的日军、国民党政府和汪伪政权的驻军总数却达数十万人，武器装备也比新四军精良。陈毅就曾说过："三年游击战争，是我一生中经历的最艰苦的战争。"[3]他在《赣南游击词》中更是形象地描述道："天将午，饥肠响如鼓。粮食封锁已三月，囊中存米清可数。野菜和水煮。"[4] 新四军就是在这样人少、装备落

---

① 李诗原：《军歌史谱》，解放军出版社 2009 年版，第 62 页。
② 同上。
③ 陈毅等：《回忆中央苏区》，江西人民出版社 1981 年版，第 580 页。
④ 何云春：《中华红诗精选》，线装书局 2013 年版，第 22 页。

后、被封锁的恶劣环境里，凭着坚忍不拔的精神，与数十倍于自己的敌人进行了不屈不挠、艰苦卓绝的斗争，一步步地走向胜利。

（三）相忍为国、海纳百川的大局精神

新四军从 1937 年 10 月 12 日成立，到 1947 年 1 月撤销番号，共存在 9 年多时间。在此期间，新四军始终以民族和人民的根本利益为重，发扬了相忍为国、海纳百川的大局精神。1937 年日军开始全面侵华战争，民族矛盾上升为当时中国的主要矛盾。由红军游击队改编的新四军，以民族大义为重，捐弃前嫌，由反蒋变为联蒋，共同抗日。但是，在抗战期间，国民党蒋介石集团却别有用心，仗着其得天独厚的执政地位，肆意下达命令，在新四军将士浴血抗战的时候，却私下里秘密调遣兵力，于 1941 年 1 月，在安徽省泾县茂林以东山区，对奉命北移的新四军部队进行大举围攻，残杀参加抗日的将士，造成震惊中外的"皖南事变"。但是，即使在这种情况下，新四军仍然相忍为国，采取有理、有利、有节的既团结又斗争的方针，使国共两党团结抗日的局面一直维持到抗日战争取得彻底胜利。

（四）纪律严明、作风优良的自律精神

新四军的前身是大革命时期的国民革命军第四军独立团，其是在"建国陆海军大元帅府铁甲车队"的基础上，从黄埔军校抽调一批共产党员做骨干组建而成的正规化革命军队，而铁甲车队又是由黄埔军校第一期毕业生中抽调的部分共产党员、青年团员为骨干组成的[①]。所以，新四军最早就是有着严明纪律的正规化军队，拥有纪律严明、作风优良的扎实基础和传统。1937 年新四军建立后，军队一切行动听指挥，严格遵守三大纪律八项注意，全军上下官兵一视同仁。新四军还严守群众纪律，特别注重保护老百姓的利益，不论情况多么艰难困苦，官兵宁愿自己多吃苦，也不侵占群众的利益；同时，新四军还颁发《关于拥政爱民运动的指示》，在官兵中开展拥政爱民教育活动。新四军这种严格遵守纪律、一心为民爱民的作风，赢得群众的拥护，也成为军队得以不断发展壮大和夺取政权的重要保证。

---

① 刘以顺：《铁军和铁军精神的历史渊源》，《党史纵览》2007 年第 11 期，第 39 页。

（五）审时度势、勇于开拓的创新精神

新四军的主要活动区域处于被封锁的华中敌后地区，与人数武器装备都明显优于我的日、伪军顽强作战，斗争就更加复杂、更加尖锐。在这种情况下，新四军要想突出重围、取得胜利，就必须跳出常规、出奇制胜。所以，周恩来对新四军今后如何发展，提出了三个原则："（1）哪个地方空虚，我们就向哪里发展；（2）哪个地方危险，我们就到那个地方去创造新的活动区域；（3）哪个地方只有敌人伪军而友党友军较不注意没有去活动，我们就向那里发展。这样可以减少磨擦，利于抗战。"① 在作战方式上，新四军在调查研究的基础上，因时就势，善于抓住时机，勇于打破常规，创造了一些新的作战形式和斗争方法。比如，在抗战初期，日军由于还没有遇到强烈的抵抗，他们警惕性不高，针对这种情况，新四军就采用伏击、夜袭等战法，攻其不备、出其不意地打击敌人；针对华中平原水网地区的地理环境，新四军创造性地开展游击战争，有效打击敌人，发展自己，也是抗日战争中的一大特色。新四军将领粟裕在战术上就大胆地提出了"敌进我退、敌驻我扰、敌打我避、敌小我欺、敌疲我打、敌退我追"的24字方针。

二 弘扬铁军精神，优化大学生思想政治教育内容体系

（一）加强理想信念教育，是当前大学生思想政治教育的核心任务

理想信念不仅是人类精神生活的一种内在需求，更是一种巨大的精神能量，是人们世界观、人生观、价值观在奋斗目标上的集中反映。邓小平曾经指出："为什么我们过去能在非常困难的情况下奋斗出来，战胜千难万险使革命胜利呢？就是因为我们有理想，有马克思主义信念，有共产主义信念。"② 新四军由弱到强，面对艰难困苦永不退缩，对革命事业无比忠诚，在艰苦卓绝的斗争中，始终有坚定不移的革命信念，这是铁军精神的精髓，也是战胜一切困难的精神动力。党的十八大以来，习近平总书记先后就理想信念的重要性提出了新的观点和论断。他在十八届中共中央政治局第一次集体学习时

---

① 《周恩来选集》（上卷），人民出版社1980年版，第105页。
② 《邓小平文选》（第3卷），人民出版社1993年版，第110页。

强调，"理想信念就是共产党人精神上的'钙'，没有理想信念，理想信念不坚定，精神上就会'缺钙'，就会得'软骨病'"。大学生作为社会主义事业的建设者和接班人，必须坚定为社会主义事业奋斗的理想信念。当前加强大学生理想信念教育，要紧紧围绕党的中心任务和时代背景，使理想信念教育与时俱进，具有鲜明的时代特点；要遵循大学生的思想行为规律和特点，突出他们在理想信念教育中的主体地位，了解他们的思想困惑和心理诉求，把组织需求与学生的个人需求结合起来，进行个性化、差异化的教育引导；要把新四军的奋斗史作为大学生理想信念教育的必修课，用铁军精神感染大学生，增强大学生对共产主义必胜的信念。

（二）培养艰苦奋斗精神，是"90后"大学生自身现状的现实需求

艰苦奋斗是中华民族的传统美德，也是新四军革命时期的优良作风和制胜法宝。邓小平曾指出："艰苦奋斗是我们的传统，艰苦朴素的教育今后要抓紧，一直要抓六十至七十年。"[①] 当前，高校的大学生以"90后"为主体，他们出生和生长在我国经济快速发展的时代，以独生子女为主，有着较为优越的生活环境和富足的物质条件，在他们的成长过程中，主要是学习的压力，进入大学后才面临着就业的压力，而很少体会到劳动的艰辛、创业的艰难和生活的苦涩。同时，当前的社会是一个各种思想观念交织碰撞的时代，享乐主义、拜金主义等有害思想以及贪图享受、追求奢华等不良现象对大学生都产生了一定的负面影响，使得在他们身上普遍缺乏艰苦奋斗的精神。当前，运用铁军精神来教育引导当代大学生，培养他们吃苦耐劳、艰苦奋斗的精神具有十分重要的现实意义。这样的教育培养不是一时之需，也不是一时之计，而是要长期坚持，持之以恒，把艰苦奋斗精神的培养融入学习、生活、工作、创业之中，赋予艰苦奋斗精神新的时代内涵。

（三）提升自我管理能力，是大学生健康成长的重要保障

心理学家 Shapiro 等认为："人类的最大恐惧之一就是恐惧失去控制，最强的驱动力之一就是在生活中拥有控制感。"[②] 这一论断揭示了自我管理对个

---

① 《邓小平文选》（第3卷），人民出版社1993年版，第306页。

② Deane H. Shapiro, John A. Astin. *Control Therapy: An integrated Approach to Psychotherapy, Health, and Headling.* John Wiley & Sons, Inc. 1998: 9 – 14, 18 – 36.

人的重要意义。在我国，"修身、齐家、治国、平天下"是中国历代仁人志士的人生追求目标，而"修身"在此过程中位列第一，可见自我修身管理的重要性。自我管理能力是当代大学生不可或缺的重要品质，是大学生人格发展中的一个基本能力，对大学生的自我认知、自我管理、自我提升，保证其健康成长具有重要的保障作用。对于一支军队来说，严明的纪律更是其生存和制胜的法宝。新四军在恶劣的自然环境和斗争环境里，始终严格遵守组织纪律和群众纪律，做到一切行动听指挥。在处理与普通百姓的关系上，新四军严格自律，坚决执行一系列民族政策和纪律，树立铁军爱民形象，赢得了当地群众百姓的信任和支持。当前，用新四军纪律严明、作风优良的自律精神培养大学生的自我管理能力，就是要以大学生自身为主体，从培养大学生在日常学习、生活中的良好行为习惯入手，教育大学生自觉遵守校纪校规，遵纪守法，严明组织纪律性，提升自我管理控制能力，努力把自己培养成有理想、有道德、有文化、有纪律的社会主义"四有"新人。

（四）增强团队协作意识，是大学生获得成功的关键因素

人的本质属性是社会性。只要生存在这个社会上，每个人就不可避免地要与他人进行交往。同时，伴随着生产社会化的不断发展，社会分工会越来越细，专业化程度会越来越高，人与人之间的交流合作起着越来越重要的作用。可以说，在当代社会，团队协作是人们取得成功的重要保证，是一种解决问题的方法，也是一种良好的道德品质。而当前的在校大学生以独生子女为多数，他们从小生活在家人的呵护和宠爱之中，自我意识较强，为人处事容易以自我为中心，缺乏与他人交流合作的意识，不能正确地处理个人与他人、个人与集体的利益关系，阻碍了大学生的成人成才。所以，结合当前的社会发展要求和大学生的思想现状，高校要继承和弘扬新四军相忍为国、海纳百川的大局精神，引导他们树立以集体主义为核心的社会主义价值观，正确处理好个人利益和集体利益的关系，把祖国和人民的需要与个人的成长结合起来；要加强对大学生团队协作意识的培养，提升他们的沟通协调能力和团队协作能力，教育和引导他们在学习和工作中要善于发挥集体的智慧和力量。

（五）培养开拓创新精神，是适应时代对大学生素质要求的必然选择

21世纪是以知识的创新和应用为主要特征的知识经济时代，创新已经成

为当今社会的主旋律，国家和社会需要大批具有创新精神和创新能力的高素质人才。高校作为国家创新教育体系的重要组成部分，培养具有创新精神和创新能力的高素质人才是义不容辞的责任。大学生思想政治教育在高校人才培养过程中起着非常重要的作用，创新人才的培养首先必须关注大学生的思想政治教育，只有思想上具有创新精神，才有可能培养出创新人才。当前，高校的思想政治教育必须适应并服务于国家和社会发展对创新型人才的需求，继承和发展新四军审时度势、勇于开拓的创新精神，解放思想、克服旧观念的束缚，树立开拓创新的新观念，思想政治教育应该在实现目标综合化、内容系统化和结构完整化的基础上，注重培养学生的创新人格，培养学生善于打破常规、崇尚变革的个性精神，充分尊重学生的个性发展，激发学生的创造性；要改革优化思政类教育课程，实现教学内容和教学方法的创新，在课堂上培养他们的创新意识和创新精神；要搭建科技类创新实践平台，挖掘大学生的智力和潜力，在实践中锻炼他们的创新能力。

在当前全国人民为"实现中华民族伟大复兴的中国梦"而努力奋斗的征程中，铁军精神并未过时，铁军精神所蕴含的思想政治教育思想依然值得我们学习和借鉴。大学生是祖国的未来和希望，是社会主义事业的建设者和接班人。学习老一辈无产阶级革命者的光荣传统，继承和发扬铁军精神，树立为社会主义事业奋斗的理想信念，发扬艰苦奋斗的优良传统，不断提升自我管理能力，增强团队协作意识和开拓创新精神，是当代大学生成人和成才的必需。在新的历史时期，大学生思想政治教育通过借鉴学习铁军精神的内涵和时代意义，将其运用到教育实践之中，可以更新、优化教育体系，不断增强大学生思想政治教育的实效性。

第三节　"90 后"大学生文化消费的现状及引导

随着信息时代的到来，互联网已经渗透到大众的工作生活中，手机、电脑、网络的快速发展，在给人们的物质生活带来方便并让生活愈加丰富的同时，也对人们的精神生活产生了一些威胁。尤其是"90 后"大学生，他们眼界开阔、思想开放、思维活跃，容易适应新形势，接受新事物，面对新挑战，已经习惯从网络上获取信息、学习知识，并在互联网背景下进行文化消费，特别是2014年以来，移动通信和互联网二者紧密结合形成的移动互联网呈现了井喷式发展趋势，便携、智能的手机成为"90后"大学生生活、学习、消费的重要工具，甚至可以说已经成为他们身体的一部分。一般而言，每所高校对学生学习活动都有一整套严谨明确的学分考核等制度规定，对学生从事社会活动也有专门的组织和层级化管理模式。但在新常态下，"90后"大学生的思想状况究竟如何，可以从他们自主、自发或自动参与的文化消费中见其端倪，因此有必要对"90后"大学生的文化消费现状进行分析并正确引导，从而解答一些青年研究专家提出的"在互联网时代还能放得下一张平静的书桌么？"的困惑。

一 "90后"大学生文化消费现状

"文化消费是指对精神文化类产品及劳务的占有、欣赏、享受和使用等。……文化消费是人类享用文化产品和服务的消费活动"①。当前面向"90后"大学生的文化消费产品数量越来越繁多、内容越来越丰富、形式越来越多样，为他们文化消费的选择提供了更多的可能。在多种因素的综合影响下，"90后"大学生的文化消费表现出主流化、高科技化、大众化和全球化的特点。但是，在看到大学生文化消费发展欣欣向荣的同时，我们也必须冷静地看到，随着社会意识形态范式的调整，市场逻辑与消费优先的理念对"90后"大学生产生了巨大影响力，再加上移动互联网的便捷，"90后"大学生的文化消费呈现"浅薄"的表象，具体表现在如下方面：

（一）"90后"大学生文化消费的心理特征

一方面，受社会无意识心理的影响，"90后"大学生文化消费并没有跳出大众文化消费的窠臼。尽管政府、高校等社会各界一直在努力满足"90后"大学生多层次、多样化的文化需求，并引导其健康向上的消费选择，但在文化的市场准入和商业化浪潮的推动下，风起云涌的大众文化更加容易得

---

① 范周、齐骥：《中国城市文化消费报告》（总卷），社会科学文献出版社2010年版，第2页。

到大学生的认同。显然，这让因缺少基本的人文素养而造成文化批判力缺失的"90后"大学生"难以抵抗"，停留在满足其低层次精神需求和生存需求上，且感官娱乐需求和功利化倾向日益明显，具体的表象是喜欢观看无厘头的喜剧片和动作为主的嬉闹剧。另一方面，就业压力的增大迫使他们寻找发泄的渠道和出口，减压的需求刺激了"90后"大学生的娱乐需求，而与短期利益重合度较低的发展需求则被置于文化消费的边缘地带。这种群体选择对个体选择的巨大影响，从侧面反映了"90后"大学生文化消费存在的盲目和从众心理，缺乏必要的理性，亟须科学引导。

（二）"90后"大学生文化消费的产品特征

文化消费的产品品种繁多，对于"90后"大学生来讲，有些文化产品可以在学校免费获得，如校园图书馆的纸质和电子图书、丰富多彩的校园文化活动；有些则需要通过支付一定对价的方式才能获得，如旅游、影剧院等。当前，整合了生活、工作、学习、娱乐、购物、出行、健康、理财等多种多样服务功能的智能手机已经成为"90后"大学生文化消费的主要产品和方式，而且在进行高档文化消费时，文化产品的附属作用常常取代其重要功能而占据主要地位，"90后"大学生拥有智能手机更多的是对其娱乐消遣功能的使用，而并非查找资料、收集信息等实用功能的运用。可见，"90后"大学生利用技术实现娱乐之风远远胜过其他年代的大学生，娱乐替代学习、娱乐至上风潮盛行，碎片化、娱乐化、速食化已经成为"90后"大学生文化产品需求，大尺度、感官刺激、无厘头的文化产品最受欢迎。有些"90后"大学生已经出现文化产品超前消费的现象，这种由外来消费主义思潮引起的消费误区，隐有蔓延和加重的趋势，必须引起重视。

（三）"90后"大学生文化消费的平台特征

在互联网时代，"90后"大学生的触角可以延伸到世界的任何地方，各种文化消费主要是通过网络甚至是移动互联网等平台来实现。迅速崛起的信息高速路、优越的物质条件使得可以连接网络的智能手机、笔记本电脑等电子设备成为"90后"大学生的必备之物，他们可以随时获取信息①。所以，

---

① 张逸如：《"90后"大学生思想特点与教育方法创新》，《理论学习》2012年第3期，第59页。

"90后"大学生成为"低头一族",不论走在路上、等地铁的空闲,还是排队时间……他们时时刻刻都习惯性地、轻松自如地通过手机工具接收各种网络信息,存在网络成瘾、手机依赖、信息焦虑等诸多心理问题。同时,发达的信息服务会使大学生们习惯于简化的思维模式,从而影响到人与社会的发展。

二 "90后"大学生文化消费"浅薄"的原因分析

（一）客观原因:"90后"大学生所处的时代

前工业时代人们过着田园式的慢生活,文化交流基本是口耳相传,所以就有中国古代孔子与弟子们坐而论道,古希腊城邦的民间歌手和民间艺人在公众集会的场合吟唱《荷马史诗》,通过壁画、雕刻等来记录或展示的各种文化产品;工业时代,蒸汽机的发明和工业革命,社会生产力水平得到充分的发展,人与人之间交流方式、交往模式都发生着变迁,人们喜欢深阅读,容易进入聚精会神的状态,从而促进深度思维和创造性思维的发展;中国当代社会正处于转型期,进入后工业时代,浮躁和忙乱并存、社会资源分配失衡,享乐主义、自由主义、虚无主义、功利主义、拜金主义等思潮开始侵袭大学生的思想。面对社会上一些诚信缺失、自私自利、消极堕落的现象,加上社会竞争压力加大、独生子女抗挫折能力较弱,全媒体背景下人人都有可能成为"麦克风",一些别有用心的人肆意传播负面信息,令"90后"大学生们疲于甄别、茫然无奈,导致极个别大学生把追求个人享乐作为人生目的。

（二）主观原因:"90后"大学生的思维习惯

现阶段屏幕媒介基本传输的是可视听信息,信息传播速度快并且数量巨大,"90后"大学生完全是新生代,对计算机、移动互联网等绝对是主宰者,他们依赖"百度"等搜索引擎,蜻蜓点水地从多种信息来源中广泛收集碎片化的信息,如此便捷获取信息的结果必然导致"90后"大学生怠于思考,导致"90后"大学生产生"晕轮效应"①,不愿为学习花费更多的时间,不愿意进入深阅读的状态,闲暇时光中他们宁愿沉溺于网络游戏,或者去KTV,在

---

① 边晓飞:《浅析晕轮效应对大学生人际交往的影响及解决对策》,《辽宁工业大学学报》（社会科学版）2014年第2期,第77页。

虚拟或轻松的世界里消磨时光、释放压力，也不愿深刻思考，因为便捷的网络让他们觉得一切文化都是虚无缥缈而无须根基和积累的。

三　"90 后"大学生文化消费引导措施

大学教育者要运用互联网思维，从教育的有效性出发，正确对待"90 后"大学生的文化消费现状，不能简单粗暴地反对驳斥他们的文化消费倾向，不要轻易地给他们戴上"浅薄"的帽子，不要认为"90 后"大学生不爱思考他们老师那一代偏好的深刻问题，而要看到"90 后"大学生的思维更加直观更加具体更加直白，容易一针见血地指出问题所在。要客观分析"90 后"大学生成长的客观氛围对他们思维的影响，根据每一位"90 后"大学生的个性特点，尊重他们小众的选择。更何况中国的改革本身就是摆脱"深刻"的教条而尊重"浅薄"的实践并取得成功的范例①。因此，真正考验高校、老师或者社会的，就是努力将工作对象变为工作力量，要考虑采取什么样的教育模式，运用什么教育载体对他们进行引导，把可以正确指引他们成长的人生观、世界观、价值观内化为指导"90 后"大学生言行举止的具体措施。

（一）树立思想引领教育为先的理念

黑格尔曾经说过："人之所以为人，就在于人能够脱离直接性和本能性，因此人需要教化。教化的本质就是使个体的人提升为一个为普遍性的精神所在。"② 人有一种理论的本能，这也是人类超脱于动物本能的意识形态。因此，应该通过行之有效的方式对"90 后"大学生进行思想引领，要充分利用好文化消费活动和产品，将他们引向精英教育。"90 后"大学生所处的后工业时代中存在现代性征候，因为他们接触到的是技术的现代性与人文现代性之间的制衡。一般而言，索取得越多，物质追求得越多，精神层面的追求就会下降，就会为物所困。要通过教育将"90 后"大学生从困顿的物质文化中重新解放出来，摆脱物质的驾驭。学校应该提供一个良好的文化消费环境，同时兼顾面向未来的超越性维度和指向当下的现实性维度。要用社会主义核心价

---

① ［美］卡尔：《浅薄：互联网如何毒化了我们的大脑》，刘纯毅译，中信出版社 2010 年版，第 7 页。

② 叶朗：《创建世界一流大学的人文内涵》，《中国大学教学》2002 年第 11 期，第 44 页。

值观来引领大学生文化消费，要将"三个倡导"融入校园文化系列或主题活动中，采用学生喜闻乐见的方式，将有意义的事变得有意思。就个人方面而言，"90 后"大学生需要提高自制力，增强对自身的塑造，充分认识大学时期在整个人生中的重要地位，对未来需要有明确的规划和长远的目标，提高自身的辨别能力，自觉抵制拜金主义、享乐主义等不良文化的影响，增强社会责任感和主人翁意识。

（二）提供品位高雅内涵丰富的文化产品

文化产品不能因为追名逐利而丧失本质的内涵。习近平总书记在 2014 年文艺工作座谈会上指出，低俗不是通俗，欲望不代表希望，单纯感官娱乐不等于精神快乐[1]。这对"90 后"大学生文化消费具有很强的针对性和指导性。大学生的文化消费是校园文化建设的重要组成部分，因此要旗帜鲜明地拒绝低俗媚俗庸俗，不要当浮躁浅薄低劣文化的帮凶。文化消费市场的主体培育、主流引导和市场建设离不开政府的引导，政府层面要大力推动、鼓励优秀文化产品生产，满足"90 后"大学生多样性文化需求，逐步提高消费的文化品位和档次；同时要坚决抵制不良低俗的文化产品，依法取缔违规文化企业，净化文化市场。如果不能把握文化产品的价值观，就会削弱产品的价值性，最终失去消费者尤其是"90 后"大学生的信心。"90 后"大学生对文化产品感性体验更胜于理性认识，要认真分析他们所处的时代特征和自身的心理特征，有针对性地提供有深刻思想内涵和一定高度的文化产品，如励志电视连续剧《平凡的世界》、央视的语言服务、回归公益的栏目《梦想星搭档》等就是很好的创作。同时，针对过多的喜剧、闹剧或娱乐节目充斥文艺市场，可以选择适当创作悲剧作品。因为悲剧作品容易引发人的怜悯之心和敬畏之心，"90 后"大学生在这方面尤其需要修炼涵养。另外，要探索文化消费政府补贴的全新方式，建议采取终端消费为导向的模式，让大学生只有消费时才能享受到补贴。

（三）采用 O2O 模式线上线下实时互动

O2O 即 Online to Offline，是指将线下商务的机会与互联网结合在一起，

---

① 习近平：《在文艺工作座谈会上的讲话》，《人民日报》2015 年 10 月 15 日，第 2 版。

让互联网成为线下交易的平台①。笔者认为，它是一种商业模式，体现一种独特的思维模式，其实质就是线上营销、线下消费。网络时代，我们不能因为新媒体会造成人对机械的依赖、会使人与人之间变得疏离冷淡，就要求"90后"大学生抗拒新技术，逃离网络空间，应该引导他们反思技术与人文的关系，找到适合自己的科技使用方式，让科技为人所用。"90后"大学生文化消费的特征提醒我们教育工作者，应当采用线上线下相结合的方式对他们进行理性引导，注重结合现实与虚拟的关系进行教育。我们理解并尊重"90后"大学生利用网络进行娱乐消遣的行为，但网络是把"双刃剑"，高校必须就虚拟世界中如何塑造多重自我等问题开展专题性研究，并争取得到社会各界的协助，以期有效引导"90后"大学生从根本上扭转文化消费的后现代趋势，通过线上线下实时互动使"90后"大学生"深刻"起来。如受互联网浅阅读的影响，深度阅读已成为难题，为了让"90后"大学生坚持"会读书、读好书、读经典"，一方面，鼓励他们在图书馆借阅纸质书本，也可以阅读电子书，不能唯"纸质"论。另一方面，可以通过在微博微信等线上平台引介推荐，引导他们在线下寻找相关的原著。近两年来就有这样的现象，很多"90后"大学生从一些由文学作品改编的影视作品里了解到该作品的内涵和精神，进而回过头展开阅读，这不失为一种传播文化的方法，即通过屏幕吸引"90后"大学生的关注，然后进一步引导他们进行深刻思考，并通过线下的沙龙交流分享读书心得。可见，深度的阅读是需要教育者层层引导的。

（四）追求市场供给、高校提供和"90后"大学生自身需求三者之间的平衡

市场为"90后"大学生的文化消费提供了形式多样的文化产品，但其质量不高。而高校所提供的公共文化产品则重内容而轻形式，大学生既欢迎市场所提供的丰富多样、趣味性很强的文化产品，又渴望得到高校提供的有深刻内涵的文化产品。为了使这三者之间达到某种平衡，探索一种新的文化产品生产方式是一个可以尝试的方法。对于文化产品的生产，高校和市场可以尝试进行合作。高校参与到文化产品的生产过程中，对产品的文化内涵进行

---

① 王志军、王智慧：《O2O＋精细化管理》，机械工业出版社2015年版，第60—61页。

把关和筛选，市场方面则可以融入其丰富多样的形式，增加其趣味性，提高大学生对产品的接受度。如《蒋公的面子》一剧，是纪念南京大学建校110周年时该校文学院所创作的学生话剧作品，特殊的题材与对人物入木三分的刻画及适当的市场运作，令该剧破天荒地连演35场，创造了校园戏剧演出奇迹①。通过这种全新的生产方式，使得文化产品既有内容的充实又有形式的多样，既满足了大学生对知识的渴求，又兼顾了大学生的心理特点，达到这三者之间的平衡。

根据"90后"大学生文化消费的现状和原因分析，可以看出"90后"大学生基本是信息化思维方式，对他们的文化消费引导可以从浅显入手，用看似简单的现象来吸引他们的注意，再用深刻丰富的内涵来让他们认同并内化为其前行的力量和动力，春风化雨，以文化人。

第四节　大学生媒介交往的行为特点及其社会价值

马克思主义社会交往理论认为，每一个文明国家以及这个国家中的每一个人需要的满足都依赖于与整个世界的"交往"，因此，人类社会的历史既是生产的历史，也是交往的历史。人类的"交往"消灭了以往自然形成的孤立状态，是民族、国家和地区间的历史向世界历史转变的重要发展动力，使得相对落后的区域、民族和国家得以更快速地发展。同时，马克思主义社会交往理论把物质交往看作第一性和本质性的交往，其他一切形式的交往均以物质性交往为基础和前提等，这些都为我们进一步归纳大学生媒介交往的行为特点和再认识其社会价值，提供了重要的理论视角。

一　网络时代大学生媒介交往面临的新问题

21世纪是网络的时代，大学生栖居其中在所必然，由此产生了一系列有

---

① 韶静、梁翙：《〈蒋公的面子〉零赠票底气何来》，http://roll.sohu.com/20130322/n369788478.shtml，2015年5月4日。

关大学生与网络传播的新问题：大学生与网络的关系究竟如何？网络时代大学生之间的关系又发生了什么新变化？网络带来的大量信息如何取舍？网络是否会冲击现实的课堂上的专业学习？上述新问题的提出，显而易见，却不见得有人深思。本书试图从大学生媒介行为的特点和社会价值的再认识入手，对以上问题作出一个初步而略显笼统的回应。本书是特点的归纳和价值的发掘，更是一种期待和引导，以期对廓清大学生与媒介的关系、激发大学生创新内力的觉醒、助推科技文化的传播和促进人的全面发展有所帮助。

二　现阶段大学生媒介网络交往行为的特点

首先，高质量的大学生媒介交往的行为具有实践性原则与社会性原则相统一的特点，具有一定的概括性，下文论及的两个分论点（同样是特点概括）分别是其深入化和具体化。马克思主义交往理论认为，"交往"虽然主要针对各种主体之间的关系，但因为主体之间的交往是以各种实践对象为中介的实践活动，所以"交往"也反映了主体和客体的关系，同时，也说明交往行为不可避免地带有实践性，以及更进一步说明没有具体的物质生产实践，交往就失去了其存在的基础。进一步而言，因为"客体"种类不同，"交往"又有不同的分类。比如，我们从对实践对象的分类入手，定义"大学生媒介交往行为"：大学生媒介交往首先指媒介技术消费（报刊、电视、手机和网络技术等），具有物质交往的属性，其次才指媒介文化消费（大众文艺、宗教、宣传、新闻等），具有精神交往的特征。其中，物质交往是根源，精神交往则是其直接的产物，两者共同冲破了传统的时空樊篱，构成大学生媒介交往的活动系统，扩大了高校校园与外部社会乃至全世界的物质和精神交往范围，凸显大学生媒介活动行为的社会性，有助于提升大学生精神交往的质量，同时，也日益成为大学生开展创新实践活动重要的物质基础和精神保障。表面看，大学生媒介交往的实践行为是大学生以媒介、媒介技术为实践对象的主体与客体之间的交往。但其实，从本质上而言，与人类其他交往活动相似，大学生媒介交往的活动也主要针对的是主体之间的关系。大学生身份的各种内涵（知识性、创新性）依旧只有在大学生之间（比如实验小组、学术团队）、师生之间、大学生与社会之间的交往和协作关系中才能得以彰显和完善。因而，从这个层面而言，大学生媒介交往又不可避免地带有社会性，高质量的大学生媒介交往的行为势必更为凸显实践性与社会性融合互通的特点，展示出非凡的社会价值。

其次，高质量的大学生媒介交往的行为具有物质性与历史性原则相统一的特点。马克思主义交往理论认为，物质交往是基础性的、本原性的，它决定了其他一切交往活动及其形式。《共产党宣言》认为，"资产阶级由于一切生产工具的迅速改进，由于交往的极其便利，把一切民族甚至最野蛮的民族都卷到文明中来了"①。有鉴于此，我们把马克思主义哲学意义上的物质性以及大学生群体对媒介技术的物质性占有作为考察大学生媒介交往的行为的出发点，并在开篇就提及。相比上文实践性与社会性统一的原则，物质性与历史性统一原则的归纳一方面主要强调带有物质属性的媒介技术本身的历史性传承与创新（上文提及的物质性还指物质属性的媒介消费行为）；另一方面，强调这种物质性技术的传承和创新对媒介精神文化产品的形式和内容的继承阐发的推动作用。

最后，高质量的大学生媒介交往的行为具有价值原则与科学性原则统一的特点。马克思主义认为："审美领域可以开阔相关的社会经济发展前提，而一些特殊的美学价值则可以渗透入社会生活其他领域。"② 笔者深以为然，因而认为大学生媒介交往的价值性主要体现在推进了科学美、技术美的意识以及日常生活审美化意识的觉醒。然而，这个过程并非一蹴而就，必须经历长期的主体与主体、主体与客体之间相互制约、相互影响以及相互渗透才得以实现。这充分展现了大学生个体价值的发生和变化过程，是从人的价值的实际发生的阶段性状态来把握未来的人的价值的应然状态，体现了高质量的大学生媒介交往的科学性原则。具体而言，追求科学美是大学生未来投入科学研究的重要动力。理由主要是：美的东西必定是真，由美可以引真；科学创新必须依赖知觉和想象。比如杨振宁就肯定在科学中存在着美，认为理论物理学存在着三种美：一即现象之美，比如彩虹美和元素周期表之美；二是理

①《马克思恩格斯全集》（第4卷），人民出版社1958年版，第470页。
② 李·巴克森德尔、斯蒂芬·莫拉夫斯基著《历史语境、审美经验与人的创造力——〈马克思主义美学文档〉第1卷前言及绪论》，安宁译，《马克思主义美学研究》2015年第1期，第21页。

论描述之美，比如热力学定律就是对自然界的某些基本性质的很美的理论描述；三是理论架构之美，比如牛顿的运动方程、爱因斯坦的狭义相对论等物理学理论架构的骨干，达到了科学研究的最美的境界，是造物者的诗篇，在它们面前会感受到哥特式教堂想要体现的那种崇高美、灵魂美、宗教美、最终极的美。与偏重具体理论和理性精神的科学美不同的是，偏重具体制作工艺的技术美意识的觉醒同样体现了大学生媒介交往的社会价值，即借由媒介技术赋予更多工业产品更多审美的价值，使得人们在日常生活中能享受到一些真正的美观而又实用的产品，这也是大审美经济时代的要求。在大审美时代里，审美体验的要求越来越广泛地渗透到日常生活的各个方面。进一步说，虽然媒介消费产品的商品性属性决定了任何媒介产品都是文化工业的产物，是一种制作技艺，但并非就全部都是伪艺术，并使得更多作品因为技术美意识的渗透成为融合了功能美、生理快感、美感和某种精神快感的复合体，给人以愉悦。这在很大程度上显示了与大机器生产的对抗价值，因为机械化的大工业时代带来了更加精细的分工，提高了劳动生产率，但是产品变得粗糙了，手工业时期手工制品各部门之间的有机和谐美和田园牧歌式的情趣被破坏了。黑格尔也认为精良的制作工艺对于任何产品来说都不是坏事："一个艺术家必须具有这种熟练的技巧，才可以驾驭外在的材料，不至因为它们不听命而受到妨碍"①。

三 大学生媒介交往的社会价值再认识

首先，高质量的大学生媒介交往的实践激发大学生创新内力的觉醒。具体而言，大学生媒介交往的行为既能满足大学生群体向他人展示自己的需要，又能在满足他人需要的活动中获取自己的需要以弥补自身欠缺，并强烈地意识到自身相对于社会，乃至整个外部世界的主体意识，自发地产生改造外部世界需要，因而，有助于激发大学生创新内力的觉醒，凸显实践性与社会性密切融合的特征。本文之所以标榜"再认识"，因为论述中往往会与其他已经"蔚然成风"的一些"认识"进行比较，并提出建设性意见。

笔者以为，现阶段与其大张旗鼓反对、遏制大学生媒介消费行为的发生，

---

① ［德］黑格尔:《美学》（第 1 卷），朱光潜译，商务印书馆 1979 年版，第 35 页。

不如引导他们肯定科学美、技术美，拥抱科学和技术，深入投入其中、深度感知外部未知的世界以及媒介交往带来的自由感，真正体会到自己和外部世界的联系，有信心在实现自己本质的过程中生产和创造人的社会联系以及社会本质，逐步具备科研创新的敏感性和自信力，从而自觉产生更多"创新需要"以及逐步具备创造性思维。这个引导过程是对现阶段涌现出来的大批量高质量大学生媒介行为实践性与社会性相融合特点的总结，然而，更指向未来，表达了对现阶段国内大学生媒介交往行为的殷切期待。

目前，国内媒介技术存在的积极意义，以及大学生群体相对互联网而存在的特别优势，事实上均没有得到完全的呈现，甚至饱受诟病。毋庸置疑，无论是从技术平台的支持还是互联网意识觉醒方面，无论是当年的"60末""70后"大学生，还是现在的"90后"大学生群体都有得天独厚的优势，相比他们的家长、社会其他行业的领导干部和职工，各大小企业主甚至任课教师，他们一直是人群最先最多具有网民身份的群体。然而，现阶段，国内社会各界普遍认为现代媒介技术和媒介文化在满足国内大学生精神生活，促进文化产业发展的同时，消解了民族、国家文化本身的意识形态特征和美的属性，事实上导致娱乐的过度化、低俗化和感官化倾向。社会舆论普遍认为，即便国内已经启动"互联网＋"的发展模式，在校的大学生网民这个群体依旧没有在为国内工业和实业的发展，以及在传统企业向智能制造企业的转型升级的历史阶段中，发挥应该发挥的作用。对群体自身而言，这显然浪费了大量的机会和成本，亟须改变。以上论调在国内此起彼伏，加之西方社会频频就"技术工业的悲剧性否定了社会性"等发声，认为工业文明的进程早就证明了悲剧重生于技术精神。抛开这些言论的科学性不谈，事实上，更加助长了国内对各种媒介技术发展和革新的抵制情绪。比如德国著名哲学家和社会学家西美尔认为，当人类把技术产品的无限进步看作永不停歇的创造物的时候，劳动分工随之发达起来，劳动分工带来的对象化过程最终侵入人们的日常生活领域，客观文化领域逐步扩大，即便是最日常的生活用品也变得如艺术品一般美丽，还经久耐用，人与人之间的合作与接触似乎变得越来越没有必要，一切似乎都可以足不出户完成。这客观上埋下了技术文化异化以及与外界社会、自然冲突的种子，在很大程度上否定了人类自身存在社会性，致使更多人的创造力越来越无用武之地，大部分人不再享受到创造的乐趣，生活单调得只需要在少部分人创造的"完美的"客观技术世界里享受即可。对此，韦伯称之为"未来的牢笼"。

那么，以上种种否定媒介技术、持媒介文化低劣观和否定大学生媒介交往的质量的论说是否真的适合中国目前的国情呢？笔者以为，鉴于马克思主义社会交往观，我们应当意识到以上论调是把媒介交往的发展看作静态的社会关系的总和的一种错误的认识表现，不符合现阶段国内大学生媒介交往的现实。马克思主义指出："要研究精神生产和物质生产之间的关系，首先必须把这种物质生产本身不当作一般范畴来考察，而是从一定的历史的形式来考察，例如，与资本主义生产方式相适应的精神生产，就和与中世纪生产方式相适应的精神生产不同。如果物质生产本身不是从它的特殊的历史形式来看，那就不可能理解与它相适应的精神生产的特征以及这两种生产的相互作用。"①也就是说，在物质技术实践活动过程中，动态地呈现出来的主体间的协同活动及其结果才是科学的，意即在不同的历史时期，在交往领域会产生不同的矛盾冲突的表现形式和内容。就现阶段我国国情而言，不少地区的科技还没有发展到西方国家那么高端和普及的程度。因此，那种认为国内媒介交往的行为与西方同步，已然陷入技术悲剧的泥淖是没有实际针对性的，只能说，目前国内媒介交往的行为普遍带有西方后现代的症候（具有与传统迥异的瞬间性、流动性和眩惑性特征）。我们相信，即便有一天国内科技文明普遍发展到西方发达国家那个程度，鉴于西方之前车，中国也有能力在保持已创造出来的生产力的基础上，获得文化大发展与人的全面发展，实现高效益与高情感的完美统一，建构有中国特色的社会主义文化发展模式。

诚然，现阶段大学生媒介交往的行为确实普遍存在过度依赖媒介交往的娱乐功能去缓解就业和学业压力的情况。这必然是饮鸩止渴的短期行为，容易导致大学生养成疏远社会和他人以及放弃读书和阅世的习惯。这也就从根本上与人的社会本质（与人交往的需要）相冲突，取消了媒介交往的社会性原则，当然也破坏了主体与实践客体之间的和谐关系，反而被客体牵制，丧失了主体的能动性。从长远的角度看，我们宁可认为这是现代性社会和文化

① 《马克思恩格斯全集》（第 26 卷下期），人民出版社 1973 年版，第 296 页。

发展过程中的一个阶段，或者说是另一面，这种冲突正如马克思所言是根源于生产力与交往形式之间的矛盾，也正是这种自主活动和其交往形式的矛盾运动导致了人类历史的进步。

其次，高质量的大学生媒介交往的实践推助了科技文化的传播。鉴于目前我们国家科技发展水平还不平衡，并没有普遍遭遇到西方国家所谓"科技—人文"或者"理性—感性"纠葛的困境，因此上文重点强调大学生媒介交往行为物质性与历史性统一原则，对媒介技术或者技术理性精神的重视而非否定态度，这相比现阶段国内高校呼吁冲破科技异化的阴霾走向精神制高点等因为针对性弱而流于空谈的论调，具有较强的社会价值再认识的倾向。在作为媒介技术更替重要策源地的高校，为了不致失去已有的成果，以及有利于继承和调整之前的技术生产力，一直在积极发展媒介交往，这势必有利于助推媒介科技的进步和传播。

最后，高质量的大学生媒介交往的实践行为对促进人的全面发展有帮助。现阶段国内高校媒介交往的社会价值，主要在其与"大机器生产"以及"西方后现代症候"的对抗中得以体现。这不仅概括了当下国内高校媒介交往的生态境遇，也从一个侧面反映了当前国内媒介交往的实践行为的"导引"作用和"凝聚力"。只不过，现阶段这种"导引"和"凝聚"的负面影响明显，已经严重束缚了当代大学生主观创造力的发挥，不利于大学生个人以及社会价值的实现，比如这些"导引"对大学生媒介交往行为中的消费性、商品性的否定。确实，当下国内大学生的媒介交往行为确实在较大范围内出现了偏差，相当数量的媒介产品生产商出于对市场份额的谋图，有故意把大学生的审美趣味引向低下的倾向。但是，我们也不能一味否定媒介交往的价值。殊不知，消费性和商品性并不影响其媒介交往实践的社会价值显现，甚至可以这么说，唯有基于消费性和商品性，科学美、技术美的意识以及日常生活审美化意识等才得以觉醒和普及。这个实现路径是建立在科学性之上的，显示了马克思主义交往理论的科学性，日益显示出强大的生命力和实践价值，也在很大程度上助推了高校校园文化和人的全面发展。需要指出的是，以上所述较之前的研究提出了不同的看法，偏重把现阶段国内大学生媒介消费的困境描述为历史性、阶段性呈现出后现代症候，并在否认"国内工业文化与西方发达国家已同步发展为后现代文化"论调的基础上，依据马克思社会交往理论，把现阶段国内大学生媒介交往的行为归纳为具有实践性与社会性、物质性与历史性、价值原则与科学原则统一的特点。这是特点的归纳和价值的发掘，更是一种期待和引导，以期廓清大学生与媒介的关系，激发大学生创新内力的觉醒，助推科技文化的传播和促进人的全面发展。

第三章 大学生社会主义核心价值观培育的策略与路径

　　培育大学生的社会主义核心价值观是一个巨大而长远的系统工程，需要社会、学校和学生个人各尽其责，共同努力，为大学生健康成长成才创造有利条件，营造良好环境。

　　学校要通过课堂教学、社会实践活动、新媒体以及校园文化等多种路径把社会主义核心价值观的深刻内涵渗透到大学生的思想意识和行为规范之中。大学生要通过自我教育和社会实践以及行为体验等路径把社会主义核心价值观真正内化于心，外化于行。社会要为大学生践行社会主义核心价值观提供良好的环境与氛围。

　　通过内部路径和外部路径的有机统一，综合施策，达到培育大学生践行社会主义核心价值观的育人目的，实现立德树人的根本任务。

- “四个全面”视域下大学生社会主义核心价值观的培育与践行
- 责任伦理视域下大学生社会主义核心价值观的培育
- 红色资源与高校大学生社会主义核心价值观培育——基于江苏地区红色资源的优势分析
- 新媒体下大学生社会主义核心价值观培育路径——以江苏高校为例
- 新时代大学生对周恩来精神的传承与践行

第一节 "四个全面"视域下大学生社会主义 核心价值观的培育与践行

党的十八大以来，党中央明确提出了"四个全面"战略思想和布局。作为社会主义核心价值观的集中体现，"四个全面"立足于我国社会主义现代化建设的基本国情和全面深化改革的时代要求，系统、全面地总结了中国特色社会主义事业伟大进程中的成功经验和既得成就。"四个全面"以其独特的视角，紧紧抓住我国当前社会发展时期的"根本利益关切点、矛盾问题聚焦点、思想认识共鸣点、社会共识集合点"[①]，更加鲜明地指出了党和国家今后一段时期的主攻方向、战略目标以及重点领域，是我们党和国家对中国特色社会主义的新认识。同样，"四个全面"战略布局为社会主义核心价值观的培育与践行拓展了新视野，提出了新任务，因而大学生社会主义核心价值观培育与践行应放在"四个全面"战略布局中加以认识和推进。高校既是知识和人才汇聚的高地，又是传播主流价值观和重要思想的主阵地，承担着立德树人的根本任务。高校如何在经济全球化、思想多元化、信息网络化等时代背景下，积极推进大学生社会主义核心价值观的培育和践行，是摆在我们面前的现实而又紧迫的问题。这既需要厘清"社会主义核心价值观"与"四个全面"的相关概念及相互关系，又需要对"四个全面"背景下社会主义核心价值观的现实表达及其逻辑机理进行深入阐述。这对于高校大学生群体的社会主义核心价值观培育与践行有着极为重要的现实指导意义。

一 逻辑源头："四个全面"对于社会主义核心价值观培育与践行主体的启示

（一）来源于人，以凸显人的发展为要旨的理论价值

价值观是主观存在于人们心中的信念、信仰，是人们世界观和人生观的

---

① 何金定：《在"四个全面"中推进社会主义核心价值观建设》，《经济日报》2015 年 7 月 9 日，第 14 版。

重要内容，在人们的实践活动中发挥价值导向、激发鼓励和衡量标准的作用。以"三个倡导"为主要内容的社会主义价值观，即倡导"富强、民主、文明、和谐"、倡导"自由、平等、公正、法治"和倡导"爱国、敬业、诚信、友善"，这三个各自独立又互相关联的基本内涵是社会主义最根本、最核心、最重要的价值理念，始终围绕"人"的本质规定，既充分体现出其源自人，又揭示出其主旨在于凸显人的发展，符合人类历史发展的规律，合乎社会实践需求，贴近民情，顺乎民意，有着十分强大的凝聚力、广泛的感召力和持久的引导力。换言之，社会主义核心价值观的价值取向和最高目标就在于实现人的全面发展。因此，践行社会主义核心价值观必须坚持"以人为本"，突出人的主体地位，时刻着眼于人的日常生活，使之日常化、常态化。唯有如此，才能将其转化为全社会共同遵循的价值标准和共同追求的价值取向。"四个全面"战略思想中的每个"全面"都是与人的发展息息相关的重大命题，它从独特的视角抓住了人在发展过程中利益的关切点、矛盾的聚焦点、思想的共鸣点以及共识的集合点，并以鲜明的价值立场展示了当代中国实现发展目标的战略举措和战略布局。"四个全面"战略布局不仅在宏观上表达了社会主义核心价值观在国家层面上的价值目标，还从微观上表达了人在发展层面上的价值准则，清晰地展示了践行社会主义核心价值观的着力点与落脚点。

（二）依靠于人，以体现人的创造为要旨的历史价值

社会主义核心价值观与中国特色社会主义发展要求相契合，践行社会主义核心价值观的逻辑起点是以人为本，其内涵主要在于坚守并尊重人民群众的主体地位。作为国家和社会的主人翁，人民群众是践行社会主义核心价值观的主力军，主体地位应该得到足够重视，其所具有的能动性的社会实践是"四个全面"战略布局下实现和检验社会主义核心价值观的不二路径。"四个全面"论述是符合当前中国国情和发展需求的战略部署，其中全面建成小康社会的战略目标和社会主义核心价值观的追求，其出发点和落脚点都在于实现"人的自由而又全面的发展"。作为中国特色社会主义伟大实践的价值取向，社会主义核心价值观是社会的凝聚力和前进的内驱力，对实现"四个全面"战略布局具有根本性导向作用。特别是在当前"全媒体时代"背景下，人们处在形形色色的信息和思想中，社会主义核心价值观在各类社会实践中

发挥着"弘扬正能量、宣传主旋律"的独特功用。

（三）执政为民，以实现人民利益为要旨的现实价值

一个政党，其阶级立场和政治立场的理论表现就是价值立场，这一立场所要回答和必须解决的是服务的价值取向问题，也就是为何种人服务的价值取向问题。"四个全面"战略布局是中国共产党立足于我国最广大人民利益，并旨在为最广大人民服务的科学理论，是马克思主义理论在中国的新发展。中国共产党始终把让人民过上幸福美好生活作为自己的中心任务和奋斗目标，把不断增进人民福祉作为自己的价值取向；坚持社会的改革发展要依靠人民，改革发展成果要惠及人民；以促进社会公平正义为己任和担当，着力保障全体人民当家作主的权利，切实维护全体人民的根本权益。"四个全面"战略布局始终贯穿着马克思主义的群众观和"以人为本"思想，凸显出鲜明的民本立场和价值取向；紧紧抓住执政为民、执政惠民的执政规律，把民之所望作为自己的施政方向，以民之所恶为整治对象，绘就了人民群众所向往的美好生活蓝图，并致力于实现人民群众所向往的美好生活，促进党群心连心、同呼吸、共命运。可见，践行社会主义核心价值观，就是要时时刻刻扎根于人，依靠于人，并把促进人的全面发展作为重要目标。

二　逻辑思维："四个全面"对于社会主义核心价值观培育与践行条件的启示

（一）整体推进与重点突破相结合的系统思维，为培育与践行社会主义核心价值观提供理论支撑

当前，我国已经进入发展的黄金期、改革的攻坚期和矛盾的高发期，社会发展既迎来了难得的机遇和环境，又面临着诸多突出的矛盾和问题。"四个全面"战略布局正是在这一大背景下提出的。"四个全面"是我们党灵活运用系统思维认识和把握中国的发展规律，把化解矛盾作为打开工作局面的突破口和切入点，强调在工作中坚持注重整体性、协同性和可行性，坚持宏观把握下的整体推进和协同发展。从马克思主义哲学视阈看，社会主义核心价值观以"三个倡导"为主要表现形式，重视国家、社会和个人三个层面的协同推进，注重三个层面的共同发展，其系统而又全面地反映出人们的整体意愿

和价值诉求的"最大公约数","实际上回答了我们要建设什么样的国家、建设什么样的社会、培育什么样的公民的重大问题"①，充分体现出"四个全面"逻辑思维的整体性和层次性的内在统一。同时，社会主义核心价值观的总体要求，适时体现在社会生活和党的建设等各个领域。这就要求我们必须清醒认识到，只有把社会主义核心价值观谋划在"重点领域、重要群体、关键环节中抓出成效，着力解决事关全局、群众反映突出的问题"②，才能真正实现全社会、全领域、全行业相互促进，统筹协调，整体落实。只有坚持和践行整体推进和重点突破有机结合的系统思维，才能真正把社会主义核心价值观的引领作用、时代价值充分发挥并彻底凸显出来。

（二）价值引领与制度规范相结合的辩证思维，为培育与践行社会主义核心价值观提供有力保障

"四个全面"战略布局特别注重运用矛盾分析法解决问题，体现出辩证思维的重点论和两点论，抓住关键环节，明确主攻方向。事实上，核心价值观本身也可以简要概括为"制度精神"，其得以实现的重要途径之一就是精神文明的制度化。在践行社会主义核心价值观的过程中，要设法将核心价值观成功转化为"制度精神"，要在把控好顶层设计和宏观布局的前提下，将其细化到每个领域、每个环节，以确保这种"制度精神"的具体化和可行性，并最终在各种制度中得到充分体现和有效实施。换言之，就是要把"四个全面"战略布局和社会主义核心价值观的基本内容和具体要求完全体现在制度设计、政策法规的制定和社会管理中去，用制度形式落实到社会实践和社会治理中，使社会主义核心价值观的践行有章可循。当然，践行社会主义核心价值观的制度建设既不能孤立进行，也不能一蹴而就，而需要综合运用行政、经济、教育、法律等诸多手段，从国家、社会、个人等不同层面制定并逐步完善相关的制度和政策。

---

① 习近平：《习近平谈治国理政》，外文出版社 2014 年版，第 169 页。
② 张兆文、杨建义：《培育和践行社会主义核心价值观的方法论透视》，《思想教育研究》2015年第 2 期，第 38 页。

（三）历史方法与现实逻辑相结合的历史思维，为培育与践行社会主义核心价值观提供坚实基础

"四个全面"论述以历史为前提和基础，是在正确认识和主动适用历史新阶段新特点的前提下提出来的战略布局，是对以往探索规律、积累经验的整合，与改革开放以来所形成的党的路线、方针、政策是一脉相承的，体现出一种继往开来、承前启后的思维方式。与此相应，在这种历史思维引领下的社会主义核心价值观的践行既要坚持历史方法，又要立足现实。前者需要我们运用辩证唯物主义的观点和方法，认识和促进社会发展；后者则需要我们从我国和国际现实形势出发，充分认识"四个全面"所描绘的中国发展的新蓝图、新愿景、新目标，深刻理解"四个全面"所汇集的实现伟大中国梦的新思想、新论断、新举措，真正懂得"四个全面"战略论述不仅是实践创新，也是制度创新。为此，在这一战略指导下的社会主义核心价值观的培育与践行，不仅要彰显中国特色社会主义的本质内涵和终极目标，更要凸显中国特色社会主义建设的新特点和新要求。

三　逻辑引导："四个全面"对于社会主义核心价值观培育与践行着力点的启示

（一）宏观着眼，立足于人的现实世界

"'四个全面'的四项基本工作贯穿了一条以人民主体思想为核心的逻辑主线，只有坚持从人民主体思想出发对四个全面加以解读，……才能更为准确地把握'四个全面'战略布局的精神实质。"① "四个全面"战略布局紧扣人们的生活实际，关注人们的生活世界，将人们的物质利益和精神利益并举，把全面实现小康社会作为总目标，赋予践行社会主义核心价值观以生命价值和生活意义，将追求人们生活的完整性和幸福度作为其终极目的。因此，践行社会主义核心价值观的重要着力点是人们的实践活动，是人们将"制度精神"融入现实中去的具体实践。只有将社会主义核心价值观与现实生活世界紧密结合，与现实生活以及人们的各种具体精神观念、行为方式有机融合，

---

① 石寅：《"四个全面"战略布局中的人民主体思想》，《理论与改革》2015年第6期，第29页。

并在现实生活中不断提高和完善，人们才能真切感受到社会主义核心价值观的科学性和合理性，才能真正领会其精神实质和价值所在。

（二）中观引领，致力于人的精神家园

从本质上看，社会主义核心价值观属于人的精神世界，体现人的精神活动，因此，其培育和践行需要遵循精神世界的发展规律。首先，提升国家文化软实力是践行社会主义核心价值观的战略抉择，同时也是"四个全面"论述的战略目标。其次，全面建成小康社会的目标实现既包括物质文明的极大丰富，也包括精神文明的真正提升；全面深化改革是一种全方位的改革，既包括政治经济体制的改革，也包括文化价值观的改革；全面依法治国和全面从严治党实质上都是当前建立在政治基础上的文化层面的战略选择。最后，为实现伟大中国梦，必须紧紧抓住文化价值观中的践行社会主义核心价值观这一核心要素，因为它决定了我国文化软实力的根本发展方向。社会主义核心价值观的基本功能是维护社会稳定，防止外部异质文化的渗透和侵蚀，其践行有利于增强人们对社会主义制度的信心和认同。对于高校而言，就是要通过强化内涵建设、注重素质教育和弘扬优秀传统文化等举措，正确引领大学生践行社会主义核心价值观。

（三）微观入手，扎根于人的社会实践

在培育和践行社会主义核心价值观过程中，"培育是基础，践行是根本。……以教育引导实践，以实践深化教育"①。当前，面对新的形势、新的发展环境、新的机遇，党中央治国理政方略在建设社会主义的伟大实践中切实得到全面实施和大力推进，要求在全面建成小康社会的实践中体现新的发展要求。对"四个全面"战略论述的认识是在生动的社会实践中不断完善、不断凝练、不断升华，并在全面总结我国改革开放历史经验的基础上，基于我国现实发展需要和广大人民群众的热切期盼而提出来的，是马克思主义相关理论与中国具体实践相结合的新产物、新飞跃。

---

① 黄中平：《培育和践行社会主义核心价值观是提升文化软实力的根本》，《新湘评论》2014年第7期，第33页。

四　以"四个全面"战略布局推进大学生社会主义核心价值观的培育与践行

（一）教育理念主体化，充分发挥践行主体的能动性

高校是培育和践行社会主义核心价值观的重要阵地，其"内化于心、外化于行"的教育价值导向，只有得到大学生发自内心的接受和认同，才能够真正得以实现。为此，高校要真正实施"科教兴国"和"人才强国"战略，科学整合办学资源，切实发挥办学优势，促进自身科学发展。同时，要充分尊重大学生在践行社会主义核心价值观中的主体地位，也就是要坚持"主体间性"，亦即使受教育者享有与教育者平等的共同体关系。只有大学生在践行社会主义核心价值观的实践中的主体地位得到充分尊重，其价值取向、思维方式、心理特征以及情感需求等被社会接纳，其个体差异性和自我选择权被社会认同，社会主义核心价值观的价值目标和道德追求才能植根于大学生的内心深处，进而内化为长久的精神动力。针对传统价值观教育模式的被动接受倾向，高校应更加注重培养学生个体的思想情感、价值观以及接受和理解能力，因为只有充分挖掘践行主体的主动性和创造性，沟通大学生的情感世界和生活经验，突出践行社会主义核心价值观的人本价值，方能使得践行主体在知行合一中健康发展。

（二）教育内容生活化，不断增强践行客体的感染性

大学生的生活世界是践行社会主义核心价值观的现实场域，高校的核心价值观教育要基于大学生的"现实生活过程和活动"，并与大学生的生活实践有机结合，才能实现社会主义核心价值观的规范和要求。这就要求高校要坚持以育人为本、以人才为本、以创新为驱动的办学理念，深化教育体制改革，培养高素质的创新型人才，真正提高教育质量。同时，还要充分认识到，高校社会主义核心价值观教育的终极目的不是简单的传授知识，而是指导大学生的生活实践，关注他们的生活体验和个人感受，提高他们的生活质量。因此，作为践行社会主义核心价值观的根基，大学生活需要融入价值观教育的内容，需要充实文化尤其是优秀传统文化教育的内容，以克服核心价值观悬空化的时空缺场，增强核心价值观的公信力和感染力，提高其在青年中的话语权，凸显其理论价值的创新性。社会主义核心价值观的践行实效，必须要

通过大学生的现实生活才能发挥作用。

（三）教育活动情境化，努力体现践行途径的创新性

社会主义核心价值观作为社会主义核心价值体系的高度概括和凝练，具有一定的抽象性，因而通常情况下很难被践行主体所直接接受和认同，如仅仅采用简单灌输的方法，就更难达到预期的成效。而那种脱离生活实践的知识化、理论化教育，不仅会造成理论价值与生活关系的断裂，还会直接导致大学生对社会主义核心价值观认识和实践的断层。这就要求教育者要认真解读和正确领会教育活动的情境化，要能紧贴大学生的生活实际，由虚而实，注重启发，勤于探索，不断创新践行社会主义核心价值观的有效路径和科学方法。这是由于社会主义核心价值观是价值规范和价值理论的实践化，大学生只有在将知识性的价值观念、规范、准则及抽象的价值理论转换为实际行动，只有将教育活动与他们的现实生活紧密贴合，深度挖掘教育的情境性，才能在实际活动中领悟价值理论的真谛。

（四）教育方式多样化，切实提高践行效果的有效性

社会主义核心价值观体现的是人们的精神状态，引导大学生践行社会主义核心价值观，其实质就是通过科学路径重塑大学生的思想价值观念。这就要求高校在继承传统教育方式的前提下，勇于创新，拓展针对性强、行之有效的多样化的教育方式。20世纪80年代迄今，我国的大学生价值观教育取得了丰硕成果，积累了丰富经验，如坚持以理想信念为核心、重视主流价值观的引领作用、不断创新践行大学生价值观的路径等，这为当代大学生的社会主义核心价值观教育提供了可贵启示和必要借鉴。同时，"学校、社会和大学生三者的需要密切结合，不断创造出来的大学生社会实践新途径、新模式，将极大地丰富当代大学生社会参与的生活内容"①。有鉴于此，高校应从以下几方面着手，增强社会主义核心价值观教育的成效。一是要继续深入开展极具生活化的实践活动，包括各级各类实践创新竞赛和技能比赛，注重以此陶冶大学生的情感，锤炼其意志。二是重视网络在大学生社会主义核心价值观教育中的重要作用。通过建设价值观教育特色网站，为大学生搭建交流互动

---

① 杨德广、晏开利：《中国当代大学生价值观研究》，上海教育出版社1997年版，第135页。

的平台，拓展交流渠道。三是注重先进典型的示范效应。如进行大学生"年度人物""道德标兵"等评选活动，以此为载体，对大学生践行主流价值观教育施加有益影响。四是注重志愿者活动的引领作用。通过开展形式多样的志愿服务，增强大学生的社会责任感和爱心。

综上，"四个全面"战略布局作为党的宏大的战略思想，是体现社会主义核心价值观灵魂的战略思想，符合我国社会主义现代化建设的新形势，符合我国深化改革开放的新要求。正如刘云山所说："'四个全面'战略布局体现了我们党治国理政方略的与时俱进，蕴含着科学统筹的思想方法，贯穿着改革创新的时代精神，彰显着法治引领的实践指向。"[①] "四个全面"战略布局的逻辑机理既对高校切实践行社会主义核心价值观有着重要的启发作用，又对创新性认识和发展中国特色社会主义理论、实现伟大中国梦作了坚实的铺垫。

第二节　责任伦理视域下大学生社会主义核心价值观的培育

人类社会文明的起源和发展，必然存在着与其经济基础相适应的思想观念、价值原则及道德规范。当下的中国，正处于实现中华民族伟大复兴"中国梦"的关键历史时期，党的十八大报告以"三个倡导"论述了"社会主义核心价值观"的精髓，同时也鲜明、直接地回答了"中国梦的实现需要以怎样的价值观来引领"的根本问题。大学生是社会主义事业建设者和接班人，他们是否牢固树立社会主义核心价值观，将直接关系"两个一百年"和"中国梦"奋斗目标的实现。党的十八届五中全会指出，国家要"加强思想道德建设和社会诚信建设，增强国家意识、法治意识、社会责任意识，倡导科学精神，弘扬中华传统美德"[②]。在改革开放日益深化和社会主义市场经济不断

---

① 刘云山：《紧紧围绕"四个全面"战略布局，锲而不舍推进精神文明建设》，《党建》2015 年第 4 期，第 7 页。

② 《中国共产党第十八届中央委员会第五次全体会议公报》，《共产党员》（河北）2015 年第 28 期，第 6 页。

发展的过程中，大学生的社会责任在伦理维度和价值层面上存在的缺失现象日益凸显，引发了全社会对社会主义核心价值观培育过程中大学生"责任伦理"相关问题的深入反思。

一 大学生社会主义核心价值观培育与责任伦理履行的趋同互动

对于大学生而言，社会主义核心价值观与责任伦理看似是两个关联性不大的逻辑概念，但从主体选择、理论内涵及实践意义等角度对两者关系进行理性分析，我们可以看出，大学生的责任伦理履行与其核心价值观培育有着深刻的内在关系。

（一）主体同一性

在哲学语境中，特定社会的价值观或者伦理道德，都是由该社会的基本经济关系所决定的意识形态。任何社会都需要作为社会共识、共同追求与精神支柱的核心价值。习近平总书记指出，"核心价值观，承载着一个民族、一个国家的精神追求，体现着一个社会评判是非曲直的价值标准"①。社会主义核心价值观根本目的在于，要实现以国家、社会和公民为代表的"人"的自由全面发展。即社会主义核心价值观的主体在人，它在巩固马克思主义在我国意识形态领域的主导地位和共同思想基础的同时，对于促进人的全面发展、引领社会全面进步，具有重要现实意义和深远历史意义。

对于一个社会的责任伦理，古罗马著名政治家和思想家马库斯·图留斯·西塞罗（Marcus Tullius Cicero）的阐述是，"生活的全部高尚寓于对责任的高度重视，生活的耻辱在于对责任的疏忽"②。一般来讲，责任与伦理是密不可分的两个名词，自古至今责任伦理都是思想家和理论界研究的重要内容。社会主义社会的"责任伦理"，其基本规定是"责任主体"为了"社会目标"而进行"伦理实现"的过程。

从逻辑概念上比较，社会主义核心价值观与责任伦理落脚在大学生群体，我们可以清晰地看到其培育和履行呈现出主体同一性的基本关系，社会实践

---

① 习近平：《习近平谈治国理政》，外文出版社 2014 年版，第 168 页。

② 唐亚阳、杨超：《社会主义核心价值观视域下当代大学生社会责任感培养研究》，《思想教育研究》2014 年第 6 期，第 47 页。

中可以达到主体基础的逻辑互动和有机统一。

（二）内涵一致性

社会主义核心价值观以"国家、社会、公民"层面上的"三个倡导"，对中国特色社会主义建设、现代化的阶段性转换以及当前国家治理现代化起着决定性指导作用。关于社会主义核心价值观的内在本质，习近平总书记有着十分精辟的论述，"社会主义核心价值观，其实就是一种德，既是个人的德，也是一种大德，就是国家的德、社会的德"①。从"德"的层面和视角看大学生社会主义核心价值观的培育和践行，其实就是要求人们认清人的本质社会属性、认清社会主义道德原则、认清中华优秀传统文化，进而完成对中国特色社会主义价值目标的认同。

责任是一个相对宽泛的概念，伴随着人类社会的出现而出现，并且不以人的意志为转移。伦理范畴上的"责任"，是指社会个体主观意识到的、客观自愿履行的对"国家、社会、集体和他人"的道德义务，这点与社会主义核心价值观的三个层面是不谋而合的。

对于大学生而言，"就践行核心价值观而言，我们增强社会责任感面临的主要任务，就是要在思想和行动上把践行核心价值观作为自己主要的社会责任"②。也就是说，要厘清大学生的责任伦理意识与社会主义核心价值观之间的内涵关系，就是要将大学生的责任伦理意识从教育理念层面，有效地转化为个体行为实践层面，内化为个体的思想信念，外化为价值实践活动，进而使社会主义核心价值观真正成为大学生的责任伦理所倡导的价值取向，增强对社会主义核心价值观的自觉认同和共同遵循。

（三）践行趋同性

社会主义核心价值观是对国家综合国力增强、社会公民共同富裕、个人全面自由发展等价值目标的能动反映。社会主义核心价值观重在培育、贵在践行、难在坚持，其根本落实必然要经过价值认同和价值践行的过程。宏观层面上，需要将价值观抽象的理论予以明确化和具体化，并整合到具体的工

---

① 习近平：《习近平谈治国理政》，外文出版社 2014 年版，第 168 页。
② 江畅、林季杉：《社会责任感与核心价值观践行》，《光明日报》2013 年 7 月 27 日，第 11 版。

作中；微观层面上，需要完成价值观思想体系在全社会的内化，并通过人的个体行为予以表达。

人的行动不是本能活动，必须要靠思想指挥、意识引领、行为校准。当然，能够直接指挥人们行动的并不是价值观本身，而是社会角色赋予的责任担当。从这个意义上说，社会主义核心价值观的实践过程，一方面是与生活相容、与思想相融、与信念互动的过程，更为重要的是个人责任意识培育和责任伦理履行的过程。

对于大学生的责任伦理和社会主义核心价值观的践行关系，以下两点是不言而喻的：一是大学生责任伦理必然会与社会主义核心价值观的践行产生交叉与融汇；二是社会主义核心价值观的培育和践行，必须要有机融入大学生的社会责任意识培育中。只有这样，大学生才会在思想和行动上将核心价值观培育与践行转化为他们主要的社会责任，才会自觉地将核心价值观的要求转化为推动成长成才、社会发展、国家富强的精神动力。

二 大学生社会主义核心价值观培育中的责任伦理缺失问题透视

当代大学生无论是对责任的伦理认知，还是在责任的践行担当方面都出现了诸多的问题，这不仅制约了他们个人理想的真正实现，还严重削弱了整个社会的责任向心力，进而影响了社会主义核心价值观的培育与践行。

（一）过度追求自我存在，主体意识淡漠化

大学生的社会责任是对自身全面发展、社会和谐进步、国家繁荣昌盛、民族和衷共济等担负的义务和使命。当今时代，大学生的社会责任又被赋予了的特定内涵，即特指大学生为全面建成小康社会、实现中华民族的伟大复兴"中国梦"而自觉践行的任务、使命和担当。在社会主义核心价值观培育和践行过程中，大学生责任主体意识是关键，也是内在驱动力，主要包括大学生对自己社会责任角色的认同，对自己应承担的责任和义务的自觉意识、体验和担当。社会主义核心价值观教育要落地生根，就必须着力构建"人人培育、人人践行"的全方位推进格局，才能形成其广泛的影响力、持久的引领力。

当前经济社会形态结构的剧烈变化，利益主体的多元化，造成了大学生

社会责任主体意识明显缺失。主要体现为，大学生对自身应承担的责任和义务认识上模糊不清，片面地认为"成才是我们大学生的首要任务，是一种社会责任"，部分学生甚至认为社会主义核心价值观应当由"当官的""有钱人"等社会群体践行，产生与己无关的片面认知。

（二）脱离社会发展语境，价值认知表面化

目前，我国高校在校大学生以"95后"为主体。这一代人由于受到市场经济发展和利益主体多元化的影响，其基本的价值取向已悄然发生变化。"合理利己主义"及"个人本位主义"在大学生中有着相当大的市场，并有逐步泛化的趋势。"大学生中出现了一些疏离主流价值观的现象，如他们只注重个人利益，片面追求自我存在感，以种种新奇方式对抗主流价值观"①。特别是在"互联网＋"时代，部分学生将目光定格在个人的具体目标上，对"我"之外的事物缺乏应有的责任意识，对国家、社会、学校及教师所实施的价值观教育不以为然，对社会主义核心价值观的内容缺乏认同。他们认为，自身社会阅历的丰富、文化知识层次的提升、专业综合素质的增强，根本上是为了满足自身物质和精神享受的现实需求，与社会主义核心价值观这一社会"共同追求"无关。

大学生责任伦理具有鲜明的个人价值指向性，这也是社会主义核心价值观对大学生群体价值取向的具体要求。脱离全面建成小康社会和实现"中国梦"的社会发展语境谈论个人的发展，极易导致大学生社会主义核心价值观教育在高校流于形式或沦为空谈。

（三）缺乏知行合一约束，价值践行情绪化

大学阶段是一个重要的人生成长期。这一时期要求大学生对于个人未来和理想追求进行精心设计，并做好为之长期不懈奋斗的充分准备。自古以来，"知行合一""知行互发"哲学思想和教育理念，要求我们一方面要树立崇高伟大的理想信念和人生追求，更要求我们必须用道德践履和实际行动，持之以恒地去努力实现。真正地能领悟"知"与"行"和谐统一的辩证关系，是

---

① 邬强：《中国梦视野下的大学生社会历史责任培育路径思考》，《毛泽东思想研究》2015年第2期，第128页。

一种极高的精神享受和道德境界。

但由于新旧道德伦理观念的冲撞、责任担当教育的缺失，大学生社会主义核心价值观教育并没有真正与其社会生活、学习、实践有机结合，形成了理论的"知"和实践的"行"相互脱节的问题。部分学生片面注重个人利益和价值的实现，没有将个人奋斗目标与社会理想紧密联系起来，难以将"自己想做的"与"社会与国家需要的"实现有机融合，出现责任目标"情绪化"的现象。主要表现在，大学生在外界环境中消极现象的影响下，一方面为了个人利益的达成，践行社会主义核心价值观的积极性和主动性不强，核心价值观教育的"人气"不足；另一方面因为没能得到"应有的回报"，进而产生对践行社会主义核心价值观这一社会责任的抵触情绪。

三 责任伦理向度下大学生社会主义核心价值观培育的基本要素

社会主义核心价值观的培育和践行，有着时代紧迫性和现实必要性，需要我们以辩证的思维，从"人本""资源""效益"三个责任伦理向度，深入理解其本质和特征，进而探究社会主义核心价值观培育的可行性路径。

（一）"人本"向度：社会主义核心价值观培育的主体性

唯物史观认为，人是社会的主体，更是价值观的主体。社会主义核心价值观是关于现实"人"的价值观，体现了社会主义的本质要求，其"以人为本"的终极价值取向，也是为了促进和实现人的自由全面发展。正如党的十八届五中全会指出的，"坚持共享发展，必须坚持发展为了人民、发展依靠人民、发展成果由人民共享"[①]。社会主义核心价值观，无论是国家层面上的"富强、民主、文明、和谐"、社会层面上的"自由、平等、公正、法治"，还是公民个人层面上的"爱国、敬业、诚信、友善"价值目标，人是当然的、更是必然的实践主体。

大学生社会主义核心价值观教育，是一个对立统一的辩证过程。在教育主体与受体、教育环境与教育目标等方面始终存在着矛盾的现实状况下，我们一方面必须坚持马克思主义的人本发展观，着眼于培育社会主义事业的合

---

① 《中国共产党第十八届中央委员会第五次全体会议公报》，《共产党员》（河北）2015 年第 28 期，第 7 页。

格建设者与可靠接班人，另一方面要通过深入细致的思想教育和宣传，以正确的内化和外化引导方式，不断提高教育的针对性和实效性，使社会主义核心价值观在潜移默化中成为大学生自觉遵守的行为规范和道德准则。

（二）"资源"向度：社会主义核心价值观培育的创新性

社会主义核心价值观是马克思主义基本价值理论与中国社会发展实际相结合的产物，继承和发扬了中国乃至世界合乎规律的思想文化与价值观念。社会主义核心价值观采纳了传统价值观的一些思想要素，凝聚着中华优秀传统文化最深沉的利益追求和价值共识。但它不是对传统文化的简单继承，而是对中华传统文化的理论升华和再度创新。

当前，我国社会形态呈现出思想文化的多元化，而社会主义核心价值观的基本指导思想只能是马克思主义，必须是一元的。这就要求，在大学生社会主义核心价值观教育中，要重视核心价值观培育践行的资源配置问题，必须紧紧要围绕"两个一百年"、中华民族伟大复兴的"中国梦"的奋斗目标实现，深度挖掘道德礼仪、红色基因、传统文化、民族精神等资源，为践行社会主义核心价值观提供坚实的文化基础和丰厚的思想源泉。

（三）"效益"向度：社会主义核心价值观培育的内驱性

唯物史观认为，社会中任何一个成员都不是也不可能是历史的旁观者，他们一定是历史的"剧中人"和"剧作人"。这给我们推进社会主义核心价值观落细、落实、落地带来了深刻启迪。习近平总书记指出："青年要从现在做起、从自己做起，使社会主义核心价值观成为自己的基本遵循，并身体力行大力将其推广到全社会去。"① 社会主义核心价值观教育不是简单的理论说服与思想教育，也不是纯粹的知识传授与技能复制。它必须是在具体的社会实践活动中开展的，还是教育者与受教育者的相互交往中进行，在相互作用中深化。凝聚力量、形成合力、达成共识，是培育和践行社会主义核心价值观的内在动力。

那么如何在大学生群体中形成这种合力和动力？这就要求高校自觉地成为培育社会主义核心价值观的主阵地，使之融入教育、管理、教学、科研、

---

① 习近平：《习近平谈治国理政》，外文出版社 2014 年版，第 172 页。

服务等各个环节，并注意对实践的效果进行深度分析和总结，不断改进实践质量，提升实践水平。同时，我们还应站在新的时代高度，充分挖掘提炼传统文化中的积极意义和优秀养分，赋予其合乎时代潮流和现实要求的新内容、新内涵、新方式，使其成为社会主义价值体系中的重要组成部分，进而促进价值观向更完善和更体现中华民族特色的方向发展。

四　责任伦理视域下大学生社会主义核心价值观培育的实施路径

社会主义核心价值观的培育必然是一个由外及内、循序渐进的过程。从大学生主体角度看，社会主义核心价值观的培育，必须要通过课堂引导、实践养成、文化熏陶，经历由学习、内化到践行的循序渐进的转变过程。

（一）学习认知：大学生社会主义核心价值观培育的责任前提

建构主义关于知识建构及逻辑关系的基本理念是，知识的传授不是单向的，也不是简单地从教师传授给学生，而是学生依据自身已有的知识与经验，能动地加以建构。对于大学生而言，学习是其人生道路上成长与进步的首要任务。在社会主义核心价值观培育的理论学习过程中，当代大学生有着得天独厚的条件。因为，社会主义核心价值观作为马克思主义中国化、中国特色社会主义的最新理论成果，以"三进"方式有机地纳入思想政治理论课教材，并成为高校教师与思想政治工作者教育的重要任务。当代大学生一要通过理论学习深入了解社会主义核心价值观的历史形成、科学内涵与践行路径；二要主动学习和理解社会主义核心价值观科学内涵的内在逻辑；三要在人生理想的实现过程中，不断地自觉践行社会主义核心价值观。

对于高校而言，必须充分尊重大学生的主体性，回答好学生普遍关注的三个热点问题，一是积极回应学生对网络信息的诉求，二是主动回应学生对就业创业的诉求，三是有效回应学生对人文情怀的诉求，[①] 实现社会主义核心价值观从教学认同到价值认同的升华，帮助学生主动选择接受社会主义核心价值体系理论。

---

① 李丽娜、边宏广：《高校核心价值观教育的三个着力点》，《光明日报》2015 年 8 月 22 日，第 7 版。

（二）内化认同：大学生社会主义核心价值观培育的责任关键

从价值取向和自觉价值追求上，社会主义核心价值观的培育需要依靠两个方面支撑。一是靠内化，二是靠认同。所谓的内化，就是要让责任主体从内心深处真正地对社会主义核心价值观予以认可，也就是"内化于心"。"培育和践行社会主义核心价值观既要把握大学生的特性，对话语体系进行顺畅的转换，又要在传播途径和输入方式上更加贴近大学生的学习和生活。"①"内化"的基础是"入耳"，关键在"入脑"，根本在"入心"。同时，我们还需要在认同上下功夫，因为只有内心认同才能自觉践行。青年大学生要积极主动参与国家、社会和学校开展的形式多样的活动，增强学习和践行社会主义核心价值观的实效性。更为重要的是要把社会主义核心价值观真正转化为自觉的理想信仰、精神追求，进而转化为认识问题、处理问题和解决问题的根本立场、观点和方法，增强道路自信、理论自信和制度自信，增进自身的政治认同、思想认同和理论认同。

开展社会主义核心价值观教育，高校中人人是主角。要培育好三个责任主体：一是各级党员领导干部和师生，二是思想政治理论课教师和思想政治辅导员队伍，三是对大学生影响最大的高校教师群体。

（三）践行自觉：大学生社会主义核心价值观培育的责任归宿

对于一种思想意识形态来说，自觉践行是指由教育的传授、疏导到理解、接受，并从抽象理论上升为具体信条的实践过程。作为社会意识形态的重要组成部分，占据社会主导地位的核心或者主流价值观，必然会经历形成、发展、完善与成熟等必备阶段，需要靠有针对性地思想教育和知识灌输，也需要靠全社会成员自觉、自愿地践行。

社会主义核心价值观的理论体系，是对中国共产党长期历史经验的升华，其培育和践行的过程，聚焦在精神层面、落脚在实践层面。习近平总书记在与北大师生交流时强调，"于实处用力，从知行合一上下功夫，核心价值观才能内化为人们的精神追求，外化为人们的自觉行动"②。在这句话中，习近平

---

① 王春明：《大学生践行社会主义核心价值观的内涵与路径》，《中国高等教育》2014 年第 19 期，第 40 页。

② 习近平：《习近平谈治国理政》，外文出版社 2014 年版，第 173 页。

总书记具体阐述了"知行合一"在社会主义核心价值观践行中的内化与外化的逻辑关系。青年大学生要积极自觉地投身于建设"两个一百年"和实现"中国梦"的伟大实践中，真正发挥社会主义核心价值观内化于心、外化于行的指引作用。在这点上，高校可做的工作很多：一是充分发挥课堂教学优势，做到专业教育和核心价值观教育相融共进；二是充分发挥教育资源优势，挖掘学校长期形成的办学传统、校园文化在价值观教育上的功能作用；三是充分发挥各类教育平台载体优势，使大学生在社会实践中深化对践行社会主义核心价值观的理解。

第三节　红色资源与高校大学生社会主义核心价值观培育

——基于江苏地区红色资源的优势分析

"培养什么样的人、如何培养人以及为谁培养人"是高等教育必须解决好的根本问题。习近平总书记在 2016 年 12 月 7—8 日全国高校思想政治工作会议上强调："要坚持不懈培育和弘扬社会主义核心价值观，引导广大师生做社会主义核心价值观的坚定信仰者、积极传播者、模范践行者。"[1] 大学生社会主义核心价值观的培育是精神层次的培育，属于意识形态领域的活动。有效的精神培育需要让认识主体从体验和感受中加深对培育内容的认识，需要借助合适的载体使认识主体对培育内容产生共鸣和认同，进而内化为认识主体的思想和行为准则。党的十八大报告中指出，"要牢牢掌握意识形态工作领导权和主导权，坚持正确导向，提高引导能力，壮大主流思想舆论"。[2] 红色资源是中国共产党及其领导的中国人民在革命、建设和改革实践中共同创造的宝贵思想政治教育资源。它内涵丰富，是中国特色社会主义先进文化的集中体现，能够承载和传递大学生社会主义核心价值观教育的内容和要求；它的呈现方式鲜活生动，融思想性、艺术性和观赏性于一体，能够增强对大学

---

① 习近平：《习近平谈治国理政》（第二卷），外文出版社 2017 年版，第 377 页。
② 胡锦涛：《坚定不移沿着中国特色社会主义道路前进 为全面建成小康社会而奋斗——在中国共产党第十八次全国代表大会上的报告》，人民出版社 2012 年版，第 32 页。

生的吸引力、感染力，促进大学生在对红色资源感性认识的基础上实现对社会主义核心价值观的理性认同。在文化多样、价值多元的今天，依托红色资源进行社会主义核心价值的培育，能够增强大学生对马克思主义理论、中国特色社会主义道路、民族精神以及时代精神的认识和理解，有助于大学生把中国特色社会主义的共同理想信念化为内心的坚定信仰和执着追求，不断增强大学生践行社会主义核心价值观的道路自信、理论自信和制度自信。江苏地区有着悠久的革命历史，红色资源数量和内涵极为丰富，能够满足高校大学生社会主义核心价值观教育的实际需要，能够增强和促进大学生在对红色资源感性认识的基础上，实现对社会主义核心价值观的理性认同。

一　红色资源的内涵释义

有关"红色资源"最早的研究，学术界比较统一的观点是认为开始于谭冬发、吴小斌 2002 年在《老区建设》第七期上发表的《"红色资源"与扶贫开发》一文。在该文章中最早提出了"红色资源"这一概念，并从狭义和广义两个方面对其含义进行了表述①。此后，对红色资源的研究逐步为更多的学者所重视，并从不同的角度对红色资源的概念和内涵进行了积极的学术探讨，但迄今为止仍没有统一的定论。

在《辞海》里，"红色"一词除了表示色彩之外，还被赋予了新的意义，"红色，除了象征温暖、欢乐、吉祥外，还具有以下几种含义：（1）共产主义的；（2）与中国共产党有关的；（3）革命的；（4）'左'的政治的；（5）强烈信仰的；（6）新民主主义时期的；等等"②。在马列主义经典著作以及毛泽东等老一辈革命家的著作中，"红色"也是频繁出现的词汇，如中国共产党领导的政权叫作"红色政权"，创建的军队叫作"工农红军"，选择的革命道路叫作"红色革命道路"，建立的社会主义国家叫作"红色江山"。可见，在中国的现当代史中，"红色"一词已经成为中国共产党的政治色彩和意识形态色彩，代表着中国共产党及其领导的无产阶级政权的阶级属性色彩。

①　胡松、朱小理：《近十年来关于红色资源研究述评》，《江西科技师范学院学报》2011 年第 1 期，第 56 页。

②　辞海编委会：《辞海》，上海辞书出版社 1999 年版，第 1686 页。

而"资源"一词在《辞海》的解释是"资财的来源,一般指天然的财源",主要从自然的角度对资源进行了定义。而马克思的著作里又认为"劳动和自然界在一起它才是一切财富的源泉,自然界为劳动提供材料,劳动把材料转变为财富"①。在这里,马克思认为资源包括自然材料和社会财富两个方面。笔者认为,资源应该是在一定历史条件下产生,能够被人们所开发利用并服务社会与人类的一切自然要素和社会要素的总和。

至此,笔者认为,红色资源是指中国共产党及其领导的中国人民在革命战争时期和社会主义建设时期,为民族独立、国家富强而进行伟大实践的过程中所形成的,能够满足社会发展、人类需要并能够被人们开发利用的一切物质财富和非物质财富的总和。概括来讲,它包括红色物质资源、红色文化资源和红色人物资源。

二 红色资源与社会主义核心价值观的耦合关系

党的十八大以来,习近平总书记围绕培育和践行社会主义核心价值观作出了一系列重要论述,他强调:"要把红色资源利用好、把红色传统发扬好、把红色基因传承好。"② 而如何发挥红色资源独特的优势,开展内容生动的主题实践活动,进而丰富社会主义核心价值观的实践路径等问题,首先需要认真研究红色资源与社会主义核心价值观之间的相互关系。

(一)红色资源与社会主义核心价值观同宗共源

社会主义核心价值观是中国共产党人以马克思主义为指导,在凝练中国特色社会主义文化和国外先进文化的基础上,紧密联系中国时代特征和人民愿望所形成的重大理论成果。它集中反映了共产党人的历史责任和中国特色社会主义的共同理想。红色资源是中国共产党人创造性地运用马克思主义基本原理,带领广大人民群众在新民主主义革命和社会主义建设时期,为实现民族独立和国家富强,在长期的革命斗争和改革实践中形成的宝贵财富。红色资源中的革命遗存、制度文化、革命精神生动地体现了共产党人热爱祖国、

---

① 《马克思恩格斯选集》(第4卷),人民出版社1995年版,第373页。
② 习近平:《贯彻全军政治工作会议精神,扎实推进依法治军从严治军》,《人民日报》2014年12月16日,第1版。

英勇奉献、开拓创新的优良作风，体现了共产党人为了建设新中国、实现共产主义理想而奋斗的崇高理想和信念，这与社会主义核心价值观以爱国主义为核心的民族精神和以改革创新为核心的时代精神息息相关，它们共同成为促进中华民族伟大复兴的力量源泉。

（二）红色资源的发展与社会主义核心价值观的形成一脉相承

社会主义核心价值观是中国特色社会主义先进文化的精髓，它的形成是一个不断发展的动态过程。红色资源作为中国特色社会主义先进文化的重要组成和体现，是共产党人在新民主主义革命战争时期和社会主义改革建设中逐步发展形成的。在新民主主义革命时期，以毛泽东为核心的共产党人团结带领全国各族人民，完成了民族独立和人民解放的历史任务，创立了马克思主义中国化的指导思想——毛泽东思想，并形成了井冈山精神、长征精神、延安精神、铁军精神等革命精神。在社会主义建设时期，共产党人继续把马克思主义与我国的改革开放和社会主义建设的伟大实践相结合，使得中国的经济和综合国力得以快速提升，创立了邓小平理论、"三个代表"重要思想、科学发展观等马克思主义中国化的理论成果，并形成了雷锋精神、"两弹一星"精神、抗洪精神等具有新的时代特征的精神典范。在中共十八大报告中明确提出"倡导富强、民主、文明、和谐，倡导自由、平等、公正、法治，倡导爱国、敬业、诚信、友善，积极培育社会主义核心价值观"，至此，社会主义核心价值观得以明确地概括和形成。可以说，红色资源的发展过程也是社会主义核心价值观的形成过程，它们的形成与发展是相互交融的。

（三）红色资源的运用与社会主义核心价值观目标一致

当前，在全社会培育和践行社会主义核心价值观，其目的就是要进一步巩固中国共产党的执政地位，凝聚全国各族人民为实现中华民族伟大复兴而奋斗的共同理想，不断促进人的全面发展、引领社会全面进步。红色资源是中国共产党领导中国人民在改造社会的伟大实践中形成的独具一格、影响深远、内容丰富的宝贵财富，也是开展思想政治教育的宝贵资源。它不仅是中国特色社会主义先进文化的集中体现，更是国家软实力的重要组成部分。红色资源见证了中国共产党与中国社会的发展历程，证明了中国共产党的执政地位是历史和人民所赋予的，昭示了共产党执政的合法性和合理性。在当今文化多元、价值多元的国际环境中，挖掘红色资源就要以其丰富的内涵、生动的感染力和深远的影响力，营造健康积极的社会舆论氛围，引领正确的社会舆论导向，维护我国社会主义意识形态的安全，教育引导人民群众继承和发扬崇高的爱国精神和奋斗精神，积极投身到实现中华民族伟大复兴的实践中去。这与当前在全社会进行的社会主义核心价值观培育的目标是完全一致的。

三　江苏区域红色资源的丰厚积淀和独特优势

（一）江苏区域红色资源的丰富性

江苏有着悠久的革命历史，拥有丰富的红色资源。据相关统计，全省13个省辖市拥有红色资源近300处，且分布较广，苏南、苏中、苏北均有分布。根据我国制定的《旅游资源调查、分类和评价》（GB/T18972—2003）中的标准，江苏区域红色资源包括了近现代人文活动、近现代革命建筑和设施、近现代遗址与遗迹3个主类，以及社会经济文化活动遗址、综合人文旅游地、单体活动场馆、景观建筑与附属型建筑、居住地与社区、归葬地、地方旅游商品7个亚类，和包括历史事件发生地、军事遗址、军事观光地、展示演示场馆、碑碣、名人故居与历史纪念建筑、陵区陵园、墓群等在内的13个基本类型，可以说呈现形式多样、蕴含内容丰富。

（二）江苏区域红色资源的独特性

与其他地区相比，江苏地区红色资源有其自身独特的优势。一是新四军抗日战争的主战之地，黄桥战役、沙家浜军民鱼水情、新四军重建军部都发生在这里，目前江苏地区的镇江、泰州、盐城等地都有新四军革命遗址和纪念馆；二是解放战争中大型战役的重要遗址遗迹，被称为三大战役中解放军牺牲最重、歼敌数量最多、政治影响最大、战争样式最复杂的淮海战役就是以徐州地区为核心展开的，其形成的淮海决战精神激励了一代又一代人；三是革命英杰辈出之地，周恩来以及被称为"常州三杰"的瞿秋白、恽代英、张太雷等杰出的老一辈无产阶级革命家都诞生于江苏，此外，刘少奇、邓小平、陈毅、刘伯承、粟裕等著名革命先辈也均在江苏地区从事过革命活动；四是革命烈士永垂与遇难同胞共眠之地，南京雨花台烈士陵园长眠着从1927

年到 1949 年中华人民共和国成立前夕，被国民党杀害的近十万的共产党人、工人、农民、知识分子等革命志士，侵华日军南京大屠杀遇难同胞纪念馆则反映了日本侵华战争初期日本军国主义在南京犯下的大规模屠杀、强奸以及纵火、抢劫等战争罪行与反人类罪行；五是革命统一战线见证之地，梅园新村纪念馆就展示了我党与各民主党派在白色恐怖中携手合作、结下深厚情谊的经历。

（三）江苏区域红色资源的可利用性

新中国成立以后，江苏省委、省政府及各级地方政府、党委十分注重红色资源的挖掘和开发，通过革命历史文化遗产保护和利用，进一步加强和改进不同时期的爱国主义教育。同时，江苏地区的红色资源具有体量大、价值高的特点，其中重点的、有代表性的红色资源已逐步"捆绑"发展，通过"抱团式"发展、"品牌化"打造，形成了资源共享平台。如徐宿地区的淮海决战红色资源，淮安地区的周恩来精神，盐阜地区的新四军铁军文化，南京地区的抗日战争和解放战争中的重大历史罪证见证地、史实和人物资料，苏锡常地区以反映敌后斗争的沙家浜革命传统教育基地等，都是极其珍贵的红色资源，既是进行革命传统教育的优质教材，也是具有教育功能和经济价值的旅游资源，更是社会主义核心价值观教育的特色专题资源。

四 红色资源融入大学生社会主义核心价值观培育的有效路径

（一）挖掘红色资源当代价值，推进红色资源进课堂

马克思曾指出，"观念的东西不外是移入人的头脑并在人的头脑中改造过的物质的东西而已"[①]。加强大学生社会主义核心价值观教育，优质的教育资源是必不可少的。红色资源具有融思想性、艺术性和观赏性于一体的特点，蕴含着丰富的革命精神和红色文化内涵，生动体现了革命先辈们对崇高理想信念的追求和坚守、对开拓创新精神的践行和发扬。高校可以以此为基础素材，概括引申为对大学生进行理想信念教育、政治信仰教育、民族精神教育、日常行为规范教育，而这些正是大学生社会主义核心价值观培育的重要内容。

---

① 《马克思恩格斯全集》（第 23 卷），人民出版社 1972 年版，第 24 页。

同时，红色资源表现形式的多样性，也极大地丰富了教育的方式。通过开发挖掘江苏区域红色资源，并将其融入高校的思想政治教育理论课中，向大学生讲述江苏地区的革命故事、英雄传说、名人轶事，让他们直接了解所在区域红色资源的相关内容，增强学生对家乡的热爱和自豪之情，进而使大学生在潜移默化中接受社会主义核心价值观；通过组织学生参观革命遗址等红色资源教育基地，拉近历史和现实的距离，让学生在直观的、感性的认识中，了解、接受红色资源中所承载的革命精神、爱国情感和高尚品格，增强对社会主义核心价值观的认同。

（二）重视校园红色文化环境建设，发挥文化的隐性育人功能

校园文化具有广泛的参与性和渗透性，能够对学生的思想、行为产生潜移默化的影响。高校应积极主动地将红色资源融入校园文化建设中，充分发挥校园文化的隐性育人功能，使大学生在校园红色文化环境的浸润和熏陶下，树立远大的理想目标、高尚的道德情操，在行动上自觉践行社会主义核心价值观。一方面，要进行校园红色物质文化环境建设，将有地方特色的红色资源渗透到校园建筑、环境规划以及文体设施等硬件的改进和建设上，将红色资源所蕴含的先进文化体现在校园物质文化景观中，使其成为传播的载体；另一方面，要进行校园精神文化环境建设，通过网络、专家讲座、校园广播等宣讲的方式，加强对红色文化在校园的宣讲力度，同时还要积极开展有学校特色的校园红色文化学术、艺术、文娱活动，调动学生参与的积极性和主动性，增强红色文化的主体参与度，营造浓厚的校园红色文化氛围，使学生置身红色文化环境之中，实现红色精神的渗透。

（三）加强实践基地建设，突出体验式教育的作用

习近平同志指出："道不可坐论，德不能空谈。于实处用力，从知行合一上下功夫，核心价值观才能内化为人们的精神追求，外化为人们的自觉行动。"① 可见，实践在培育和践行社会主义核心价值观中的重要作用。中宣部等部门出台的《关于加强和改进爱国主义教育基地工作的意见》中指出，紧紧抓住教育基地建设、管理和使用三个关键环节，贴近实际，贴近生活，贴

---

① 习近平：《习近平谈治国理政》，外文出版社 2014 年版，第 173 页。

近群众，更好地为爱国主义教育、弘扬和培育民族精神服务，为青少年思想道德建设服务，为实现全面建设小康社会的奋斗目标服务。高校要依托地方红色资源优势，加强红色教育实践基地建设，通过有计划地组织学生参观红色教育基地、志愿服务、勤工俭学等社会实践活动，让学生在实地的参观、实践中，去体验、感受、理解革命先辈的爱国精神，进而升华为对社会主义核心价值观的认同和践行。同时，要结合课堂教学，围绕学生关注的现实问题、热点问题，组织学生开展各类社会实践活动，如调研红色革命史实、体验革命生活、征文演讲、读书报告等活动，让学生更加深刻地理解红色资源的精神内涵与社会主义核心价值观的内在联系，使学生从对红色资源的感性认识上升到对社会主义核心价值观的理性认同。

第四节　新媒体下大学生社会主义核心价值观培育路径
——以江苏高校为例

党的十八大凝练了社会主义核心价值观的基本内涵，即"倡导富强、民主、文明、和谐，倡导自由、平等、公正、法治，倡导爱国、敬业、诚信、友善"①。培育和践行社会主义核心价值观是推进中国特色社会主义建设、实现中华民族伟大复兴的战略任务。中共中央办公厅印发的《关于培育和践行社会主义核心价值观的意见》中强调："要把培育和践行社会主义核心价值观融入国民教育全过程。"② 习近平总书记强调："青年的价值取向决定了未来整个社会的价值取向，而青年又处于价值观形成和确定的时期，抓好这一阶段的价值观养成十分重要。"③ 因此，在青年大学生中开展社会主义核心价值观的培育和践行活动，是高校一项重要且迫切的工作。

一　江苏大学生社会主义核心价值观认知现状调查与分析

为了解江苏大学生对社会主义核心价值观的认知状况，选取省内 10 所高

---

① 《十八大以来重要文献选编》（上），中央文献出版社 2014 年版，第 24 页。
② 同上书，第 380 页。
③ 习近平：《习近平谈治国理政》，外文出版社 2014 年版，第 172 页。

校的不同专业、不同年级的大学生作为样本开展调查研究。高校类别包含本科、高职和独立院校，学科结构兼顾文科、理工科和艺术类，地域分布上兼顾了苏南和苏北，保证数据的科学性。

本次调查共发放问卷 500 份，收回 491 份，其中有效问卷为 485 份。有效问卷中，高职生 128 人，占比 26.4%；本科生 272 人，占比 56.1%；研究生 85 人，占比 17.5%；女生 223 人，占比 46%；男生 262 人，占比 54%。

调查发现：在社会主义核心价值观的知晓认同方面，有 97.9% 的大学生选择知道社会主义核心价值观，仅有 2.1% 的大学生选择不知道；对社会主义核心价值观的三个层面 24 字内容有 28.1% 的大学生选择能够说出，56.3% 的大学生知道分为国家、社会和公民三个层面但对具体内容不能完整说出，还有 15.6% 的大学生对社会主义核心价值观的内容不清楚。从知晓途径和方式来看，有 72.9% 选择的是通过网络，而通过电视、报纸等传统媒体和课堂教学了解到的分别是 14.9% 和 12.2%。这也充分说明，当代青年大学生的信息获取渠道主要为以网络为代表的新媒体，新媒体对大学生成长的影响极大。关于社会主义核心价值观对大学生的成长所起的作用，有近八成（78.1%）的大学生选择有作用，12.8% 的选择作用不大或者没有作用，另有 9.1% 的大学生选择不知道。说明社会主义核心价值观在大学生中的认可度较高，绝大多数学生认为社会主义核心价值观对其成长会有帮助作用。

在青年学生认同的社会主义核心价值观学习的有效形式调查中，34% 的青年学生偏向于动漫 FLASH、青春故事会、读书会等思辨活动，其次是先进典型事迹报告会（17%）和文艺演出类活动（17%），而传统的课堂灌输学习的选择比例最低。说明，青年学生对自己社会主义核心价值观的学习有渴求、有需要，但强调教育形式上的创新设计，对于传统说教和灌输形式的思政教育较为抵触。

在社会主义核心价值观的培育践行方面，我们发现大多数大学生对自己的人生进行了科学合理的规划，有了明确的奋斗目标，树立了正确的人生观。另外，对于目前社会上存在的"炫富""拜金"等现象，有 66.3% 的大学生选择不能接受，29.8% 的大学生认为可以接受，还有 3.9% 的大学生选择无所谓。但在回答如何衡量一个人是否成功时，有 82.2% 的大学生选择了金钱。

这也充分反映了大学生在价值观上的矛盾心理，他们一方面鄙视、反对"金钱至上"的腐朽拜金思想，另一方面却又将物质财富的占有特别是金钱多少作为衡量是否成功的重要标志。这说明大学生中还存在知行不一，对于一些社会不良现象有了认识，知道其危害，但在实际中还会不自觉地追随，甚至用以指导行动。这也说明在大学生中加强社会主义核心价值观很有必要，也十分重要。

二 新媒体对大学生社会主义核心价值观培育效用分析

从传播学的角度来看，青年大学生的社会主义核心价值观的培育过程也是一个特定的信息传播工作[①]。新媒体呈现出的传播信息新特点，决定了它可以为大学生社会主义核心价值观的培育提供新载体、新阵地。

（一）新媒体可实现社会主义核心价值观教育的针对性

传统的媒体都有其时空局限性，报纸受其出版时间和版面多少的限制，电视和广播受到播出时段和频道的影响。但新媒体可以通过网络设备将所有的电脑和手机客户端进行连接，使来自不同信息源的信息汇聚一起呈几何倍数增长，并随着不同终端的信息编辑录入使内容不断丰富，还能实现信息内容的长久保存，便于随时观看和信息检索。信息的海量性让大学生通过搜索便可以轻松获得自己需要的社会主义核心价值观学习内容，也使得新媒体原先的信息碎片化的劣势转化为信息需求个性化的优势，满足了不同群体学生的需求。

（二）新媒体可提升社会主义核心价值观教育的时效性

纸质传统媒体在进行信息传播时要受到编辑、排版、印刷等流程限制；电视、广播等媒体受到配音、后期编辑的影响，因此，它们的信息传播往往具有一定的滞后性。但随着电脑和智能手机的普及，大大降低了传播者的准入门槛，也加快了信息的传递速度。只需有一台（部）联网的电脑或者手机，每个人都可以随时采集信息进行发布，不受时空限制，几张图片、简短的几

---

① 刘邵宏：《新媒体与大学生社会主义核心价值观培育》，《光明日报》2014年7月2日，第13版。

行字就是一条有效信息；或者只需轻轻按键，一个转发就完成了对信息的再次传播和扩散。每个人都既是信息的接收者，同时也是信息的传播者。运用新媒体可以将有关社会主义核心价值观的最新要求和精神，或者蕴含社会主义核心价值观的新资讯及时传递给大学生。

（三）新媒体可增强社会主义核心价值观教育的感染性

新媒体技术集文字、图片、声音和视频于一体，形式丰富、手段多样，有效弥补了传统媒体传播形式单一的缺陷。利用新媒体的"一次采集、多次生成、多元传播"的特点，可以对社会主义核心价值观的学习内容进行全方位、多形式、个性化的传播，可以将枯燥的理论知识变成生动活泼的视频节目或者其他形式，增强了学习内容的生动性和多样性，能提高社会主义核心价值观教育的感染力和吸引力。

（四）新媒体可实现社会主义核心价值观教育的互动性

传统媒体时代，话语权掌握在媒体控制者的手里。普通受众是信息的接收者，处在"你讲我听"的位置，所以传播者与受众之间几乎没有互动。但新媒体的出现打破了这一局面，它的传播方式具有很强的交互性。一方面，信息的接收者不再只是被动地接收信息，而是能通过网络跟帖、微博微信等多种交流形式表达自己的观点、参与讨论、进行互动；另一方面，传播者也可以根据受众的关注点和反馈，选择更有针对性、更受喜爱的内容，或对受众的疑惑进行解答。在社会主义核心价值观培育过程中，传播者可以通过"关注"和"互动"来及时了解大学生的思想状况和所想所需，并根据了解到的情况来选择大学生感兴趣的话题内容和传播形式。同时，也可以在互动中及时发现践行社会主义核心价值观的新典型和新事迹，并予以宣传和号召学习，营造社会主义核心价值观培育和践行的良好氛围。

三　新媒体环境下大学生社会主义核心价值观培育路径

作为新的传播方式，新媒体独具的特性为开展社会主义核心价值观教育活动提供了便利，产生了积极作用。作为江苏高校教育工作者在进行社会主义核心价值观教育活动时，一定要结合江苏大学生新媒体使用现状和习惯，善用新媒体，加强内容供给侧改革。

（一）运用新媒体创新教学形式，延伸教学课堂

课堂教学是高校教育的主要方式，思想政治课教学是传播社会主义核心价值观的主渠道和主阵地。因此，运用新媒体开展社会主义核心价值观教育首先是要落实在教学过程中。

1. 丰富课堂教学的形式

教育者要善于借助 PPT、影音视频等新媒体方式，将社会主义核心价值观内容以形象生动的方式、喜闻乐见的形式展现给大学生，便于大学生更好地理解和掌握社会主义核心价值观的相关内容。同时，这些 PPT、影音视频也使得学生可以通过优盘等存储工具进行复制保存，既便于大学生的反复观看学习，也让社会主义核心价值观的学习走出课堂、走进平时生活中。

2. 建成教学资源共享平台

新媒体的发展，创新了传统的"一间课堂、一本教材、一个黑板"的课堂模式，网络课堂成为大学教学的新方式①。思想政治理论课教学也要顺应发展趋势，逐步推行"慕课""翻转课堂"等教学模式。一方面要动员本校思想政治理论课教师围绕社会主义核心价值观的授课内容制作网络课程；另一方面也可以邀请社会主义核心价值观方面的专家和学者走进高校作辅导讲座、专题报告等，并录制成讲座视频，然后依托相关网站，实现优质教学资源的网络共享。

3. 实现教学工作线上互动

在调查中，我们发现微博、微信、QQ 等新媒体已经成为大学生相互交流、获取信息的主要渠道，所以我们要鼓励老师特别是从事思想政治理论课教学的老师带头使用微博微信等新媒体，对网络热点问题主动发声，引导校园舆论的良性发展。一方面通过这些新媒体平台将学生在社会主义核心价值观学习过程中遇到的共性学习困惑予以解答并进行发布，扩大教学覆盖面；另一方面可以通过这些新媒体平台与学生就社会主义核心价值观的培育进行思想交流和讨论，实现线上互动，提升教学效果。

---

① 张兆文、陈清波：《新媒体时代大学生社会主义核心价值观教育途径》，《湖北民族学院学报》（哲学社会科学版），2011 年第 2 期，第 85 页。

（二）整合校内外新媒体资源，搭建培育平台

在社会主义核心价值观培育过程中，除了要重视课堂教学，发挥思政课老师的作用外，还应整合新媒体的力量，引导舆论，强化培育效果。

1. 构建新媒体网络，引导正面主流舆论

一是建立红色主题教育网站，占领思想主阵地。我国自从 1998 年清华大学建立第一个高校红色网站以来，各高校都相继建立了自己的思想政治教育网站，如中国人民大学的"青年网站"①。全国各高校也相继建立了思想政治专题网站，设立理论前沿、热点解读、音像资料等多个栏目，及时更新内容，方便师生学习。二是构建微博、微信网络体系，正面引导网络舆论。实现校、系、班三级全覆盖，达到"一班一个微博、一班一个微信"。校系两级官方微博、微信要经常更新内容，定期推送社会主义核心价值观的学习知识、先进典型。对于重大活动、热点事件，校系两级官方微博微信媒体还要主动发声，占领舆论高地；师生中的"意见领袖"和学生干部要积极响应、引导舆论；青年学生网络文明志愿者要踊跃参与、消除杂音，这样使得正面舆论始终占领网络主阵地，营造风清气正的网络环境。

2. 加强新媒体互动，消除负面信息

现在微博、微信和 QQ 已经成为学生的主要社交工具，他们常常会在新媒体上表达情绪。高校教育工作者可通过与学生加好友、加入聊天群的方法，参与到大学生中去，这样既拉近了教育者与大学生的心理距离，也能够及时了解大学生的思想动态，将负面思想和不好行为及时消灭于萌芽状态。如2015 年 4 月，江苏某高校一名大三学生因为不满食堂饭菜质量，在其参加的志愿者 QQ 群里发起了罢餐倡议。辅导员在群里发现消息后，及时汇报，并与后勤部门进行沟通，使得这一过激行为得到了及时妥善的处理。

3. 善用新媒体平台，开展主题文化活动

高校宣传部门、学工部门以及共青团组织可以以新媒体为载体和平台，围绕社会主义核心价值观的学习、宣传、践行开展一系列丰富多彩的校园文化活动，寓教于乐，让枯燥空洞的理论学习变成形式活泼的文化活动。如相

---

① 冷红林：《新媒体对大学生社会主义核心价值观教育的影响及对策》，贵州师范大学，硕士学位论文，2014 年，第 23 页。

关高校都开展了社会主义核心价值观微电影大赛、核心价值观微博知识竞赛、核心价值观短信征集等，让大学生在参与活动中不知不觉地接受社会主义核心价值观的熏陶和教育。

（三）建立健全新媒体工作机制，形成推进合力

在新媒体环境下，开展社会主义核心价值观的培育和践行工作是一项涉及广、难度大、要求高的系统工作，必须要调动方方面面的力量，各负其责、形成合力。

1. 形成运用新媒体育人的工作导向

要把运用新媒体开展社会主义核心价值观培育和践行工作融入高校育人工作全局中，明确工作要求，说清工作责任，并制定出一系列有助于核心价值观学习贯彻落实的规章制度，完善思想政治教育的测评考核体系，形成鲜明的导向机制。

2. 组建一支引导有力的工作队伍

可以以原先的宣传和学工队伍人员为班底，进行专门的新媒体运用和舆情引导等方面的专题培训，并邀请学校的具有较高理论水平和政治素养的专家和学者担任新媒体顾问，形成一支由不同专业背景老师组成的政治素质硬、文字表达能力强、新媒体使用熟练，具有较强奉献精神的工作队伍。

3. 完善新媒体运用奖惩激励机制

学校鼓励老师结合专业特点、学生喜好来探索运用新媒体开展社会主义核心价值观教育活动，并对特点鲜明、影响广泛、效果显著的活动进行表彰奖励；同时，还可以组织开展新媒体使用座谈会、分享会等研讨活动，在学习交流、相互切磋中提高大家运用新媒体开展社会主义核心价值观教育的积极性和主动性，提升大学生社会主义核心价值观培育的针对性和实效性。

第五节　新时代大学生对周恩来精神的传承与践行

周恩来同志是伟大的马克思主义者，伟大的无产阶级革命家、政治家、军事家、外交家，党和国家主要领导人之一，中国人民解放军主要创建人之

一，中华人民共和国的开国元勋，是以毛泽东同志为核心的党的第一代中央领导集体的重要成员。

"周恩来同志是近代以来中华民族的一颗璀璨巨星，是中国共产党人的一面不朽旗帜。周恩来的崇高精神、高尚品德、伟大风范，感召和哺育着一代又一代中国共产党人。周恩来身上展现出来的中国共产党人的崇高精神，是历史的，也是时代的，将激励我们在新时代坚持和发展中国特色社会主义征程上奋勇前进"①。

习近平总书记在党的十九大报告中指出：中国特色社会主义进入了新时代。这是对我国发展新的历史方位的科学判断。进入新时代意味着中国特色社会主义站到更高层级的历史方位上。

新时代、新使命、新目标、新征程。青年大学生是国家的未来、民族的希望。当代大学生肩负着建设祖国的神圣使命，需要学习好、传承好、践行好周恩来精神。

一　周恩来仍然是当代大学生心中的偶像

我们说，周恩来仍然是当代大学生心中的偶像，主要是通过五则民意调查以及中外首脑的评价来体现的。

第一则：当代大学生最崇拜的十位名人。

2005 年 9 月，新浪网评出"中国最受尊敬的十大人物"。第一名，周恩来。调查的用词是：儒雅的气质，翩然的风度，睿智的思想，迷人的微笑，构成了周恩来近乎完美的偶像模型。他代表了国人对人生境界最理想的追求与向往，不是单纯的理性所能注解的。

第二名：邓小平。第三名：孙中山。第四名：黄家驹。第五名：李嘉诚。第六名：蒋经国。第七名：巴金。第八名：李小龙。第九名：钱锺书。第十名：顾维钧。

（资料来自：2005 年新浪网）

---

① 习近平：《在纪念周恩来同志诞辰 120 周年座谈会上的讲话》，《人民日报》2018 年 3 月 1 日，第 2 版。

第二则：现代大学生最崇拜的十大伟人。

我们知道，从古到今，中国出现了成千上万个伟人。这些伟人中有的是诗人，有的是军事家，有的是政治家，有的是科学家，等等。他们确实影响了整个中国，改变了中国人的命运，推动了中国历史的前进。

第三则：毛泽东、周恩来仍是当代大学生心目中的榜样。

2007年4月26日，北京市教委公布了《北京大学生社会主义荣辱观现状研究报告》，调查的对象包括北京大学、清华大学和中国人民大学在内的19所在京高校大学生，共发放问卷1900份，回收有效问卷1844份。

本次调查显示，周恩来、毛泽东这些影响了一代又一代青年的领袖，仍然是当代大学生心目中的榜样，获选率分别是40.39%和21.61%。此外，他们心目中的榜样还具有强烈的时代特点，比尔·盖茨以16.7%的获选率排在第三位。

（资料来源：《中国青年报》2007年4月27日）

第四则：您最崇拜周恩来的哪些方面？

2010年9月，我结合自己的研究课题，在江苏省内开展了一次大规模的《弘扬周恩来精神与建设社会主义核心价值体系》的调查问卷。

在关于"人们最崇拜周恩来的哪些方面"的调查中，39.4%的人选择的是"崇高精神"，31%的人选择的是"领袖气质"，22.8%的人选择的是"杰出才华"，6.8%的人选择的是"迷人风度"。

（资料来源：韩同友：《周恩来思想与实践探微》，中国社会科学出版社2012年版）

第五则：中外人士对周恩来的评价。

（一）国人的评价

毛泽东：中华人民共和国成立前，他说，周恩来有三大长处：一是对敌斗争勇敢；二是工作拼命；三是广泛联系群众。中华人民共和国成立后，他又说，周恩来的最大优点之一，就是同党内外都有广泛的联系，善于团结一切可以团结的人。

李先念：我们常讲要全心全意为人民服务，什么是全心全意？我看周恩来同志就是我们的榜样。

陈毅：廉洁奉公，以正治国者，周恩来也。

胡耀邦：全党楷模。

宋庆龄：周总理在个人生活和作风上，和他在政治上一样，是一个真正的共产主义者。

马寅初：他是最得人心的共产党员。

（资料来源：韩同友：《周恩来推进马克思主义中国化的贡献研究》，中国社会科学出版社 2015 年版）

（二）外国首脑与要员的评说

美国前总统理查德·尼克松说："20 世纪只有少数人比得上周总理对世界历史的影响。在过去 25 年里我有幸会见过的一百多位政府首脑中，没有一个人在敏锐的才智、哲理的通达、阅历带来的智慧方面超过他。周恩来无与伦比的品格是我得到的最深刻的印象之一。他待人很谦虚，但沉着坚定。他优雅的举止，直率而从容的姿态，都显出巨大的魅力和泰然自若的风度。这是中国特有的、特殊的品德，周恩来是多少世纪以来的历史发展和中国文明的精华的结晶"[①]。

曾经 23 次会见周恩来的日本友人冈崎嘉平太先生，1998 年 91 岁，他参加周恩来研究国际学术研讨会时发言说，"我了解到周总理各种各样的卓越贡献，时至今日，我已确信不疑，从年轻时我就一直寻求的'人'正是周恩来先生。我终生的希望已达到"，"总理是我的人生之师"[②]。

曾任联合国秘书长的哈马舍尔德，风度翩翩，人称"世界第一绅士"。然而，他在与周恩来会见后说："在周恩来面前，竟使我无法不感觉到自己是个野蛮人"[③]。

联合国前秘书长瓦尔德海姆在回答联合国为什么要给周恩来这样高规格的悼念时说：世界上有哪一个国家的总理为了人民的事业一生不要亲生儿女？有哪一个国家的总理在国外银行连一分钱存款也没有？有哪一个国家的总理

---

① 裴默农：《人生楷模周恩来》，中共中央党校出版社 1999 年版，第 9 页。
② 王凤胜、刘德军：《伟人的魅力：周恩来人格研究》，山东人民出版社 2000 年版，第 9 页。
③ 吕志孔：《外交巨擘》，河南人民出版社 1989 年版，第 137 页。

一生只娶一个妻子①?

二　周恩来精神的内涵与核心

（一）概念

周恩来精神是周恩来一生思想、道德、意志、品格、风范、思维方式、行为方式的集中体现，内涵丰富，博大精深。

（二）内涵

1. 党和国家领导人的高度概括

（1）邓小平的概括。1976 年 1 月 15 日，时任中共中央副主席、国务院副总理的邓小平《在周恩来同志追掉大会上的悼词》中，缅怀了周恩来光辉战斗的一生，指出他是我们全党全军全国人民学习的榜样。

邓小平主席提出了"六个学习"，初次概括了周恩来的品格和风范：

一是学习他对马克思主义、列宁主义、毛泽东思想的无限忠诚。

二是学习他全心全意为人民服务的高尚品质。

三是学习他对敌斗争的坚定性。

四是学习他坚强的无产阶级党性。

五是学习他谦虚谨慎，平易近人，以身作则，艰苦朴素的优良作风。

六是学习他同疾病作斗争的革命毅力。②

（2）江泽民的概括。1998 年 2 月 23 日，时任中共中央总书记的江泽民《在周恩来同志诞辰 100 周年纪念大会上的讲话》中指出，周恩来同志是中国人民的忠实儿子，是中国共产党人的优秀代表。周恩来，这是一个光荣的名字，一个不朽的名字。在他的身上，凝铸着中华民族的传统美德和工人阶级的优秀品格。他的崇高精神和人格，感召和哺育着一代一代共产党人，已经成为推进我们党和国家事业的一种巨大力量。

江泽民总书记用了"三个结合"，首次明晰了周恩来精神的包含：

第一，周恩来的精神，就是共产主义远大理想同脚踏实地的工作作风的

---

① 裴默农编著：《人生楷模周恩来》，中共中央党校出版社 1999 年版，第 10 页。

② 邓小平：《在周恩来同志追掉大会上的悼词》，《人民日报》1976 年 1 月 16 日，第 2 版。

结合；

第二，周恩来的精神，就是对上负责同对下负责的结合；

第三，周恩来的精神，就是高度的原则性同高度的灵活性的结合。①

（3）胡锦涛的概括。2008 年 2 月 29 日，时任中共中央总书记的胡锦涛《在纪念周恩来同志诞辰 110 周年座谈会上的讲话》中指出，周恩来身上集中体现了中国共产党人的高风亮节，在中国人民心中矗立起一座不朽的丰碑。我们缅怀周恩来同志，就是要永远铭记和认真学习周恩来同志的精神，使之不断发扬光大。

胡锦涛总书记用了"六个始终"，使周恩来精神更加具体和丰富：

第一，周恩来同志始终信仰坚定、理想崇高，集中表现为他对党和人民无限忠诚的精神；

第二，周恩来同志始终热爱人民、勤政为民，集中表现为他甘当人民公仆的精神；

第三，周恩来同志始终顾全大局、光明磊落，集中表现为他高度珍视和自觉维护党的团结统一的精神；

第四，周恩来同志始终实事求是、严谨细致，集中表现为他求真务实的精神；

第五，周恩来同志始终虚怀若谷、戒骄戒躁，集中表现为他谦虚谨慎的精神；

第六，周恩来同志始终严以律己、廉洁奉公，集中表现为他无私奉献的精神②。

（4）习近平的概括。2018 年 3 月 1 日，中共中央总书记、国家主席、中央军委主席习近平《在纪念周恩来同志诞辰 120 周年座谈会上的讲话》中指出，周恩来同志是近代以来中华民族的一颗璀璨巨星，是中国共产党人的一面不朽旗帜。周恩来同志的崇高精神、高尚品德、伟大风范，感召和哺育着一代又一代中国共产党人。周恩来同志身上展现出来的中国共产党人的崇高

---

① 江泽民：《在纪念周恩来同志诞辰 100 周年纪念大会上的讲话》，《人民日报》1998 年 2 月 24 日，第 2 版。

② 胡锦涛：《在纪念周恩同志来诞辰 110 周年座谈会上的讲话》，《人民日报》2008 年 3 月 1 日，第2版。

精神，是历史的，也是时代的，将激励我们在新时代坚持和发展中国特色社会主义征程上奋勇前进。

习近平总书记用了"六个楷模"，凸显了周恩来精神的崇高性和时代性：

第一，周恩来同志是不忘初心、坚守信仰的杰出楷模。

第二，周恩来同志是对党忠诚、维护大局的杰出楷模。

第三，周恩来同志是热爱人民、勤政为民的杰出楷模。

第四，周恩来同志是自我革命、永远奋斗的杰出楷模。

第五，周恩来同志是勇于担当、鞠躬尽瘁的杰出楷模。

第六，周恩来同志是严于律己、清正廉洁的杰出楷模。①

2. 学术界的研究提炼

学术界对周恩来精神内涵概括主要有"九方面说""八方面说""十方面说""六方面说"，等等。

比如：著名党史专家、中共党史研究室原副主任石仲泉对周恩来精神从八个方面作了概括："无我精神、求是精神、创新精神、民主精神、廉洁精神、严细精神、守纪精神、牺牲精神"②。

著名学者、新闻理论家、作家、《人民日报》副总编辑梁衡的概括：大无大有周恩来。一是死不留灰、二是生而无后、三是官而不显、四是立党无私、五是劳而无怨、六是走不留言。周恩来的大智、大勇、大仁、大爱、无私、纯粹③。

著名周恩来研究专家王家云教授从十个方面概括周恩来精神："积极进取精神、刻苦好学精神、甘当公仆精神、团结协作精神、求真务实精神、唯物辩证精神、勇于创新精神、严于律己精神、宽厚平等精神、无私奉献精神"④。

（三）核心

周恩来精神的核心是全心全意为人民服务，即甘当公仆的精神。甘当公仆的精神，是周恩来精神的核心与真谛。

---

① 习近平：《在纪念周恩来同志诞辰120周年座谈会上的讲话》，《新华网》2018年3月1日。

② 石仲泉：《我观周恩来》，中共党史出版社2008年版，第4—7页。

③ 梁衡：《大无大有周恩来——纪念周恩来诞辰100周年》，《党建研究》1998年第3期，第13—19页。

④ 王家云：《周恩来思想与精神研究》，中国社会科学出版社2012年版，第3—13页。

三 新时代大学生要传承与践行周恩来精神

（一）新时代需要不断传承周恩来精神

1. 价值观是时代的精神风向标

价值观是基于人的一定的思维感官之上而作出的认知、理解、判断或抉择，也就是人对周围事物的是非、善恶和重要性的评价。价值观对人们自身行为的定向和调节起着非常重要的作用。价值观决定人的自我认识，它直接影响和决定一个人的理想、信念、生活目标和追求方向的性质。马克思主义认为，人的价值观在一定的社会关系中得以体现，表现出个人与他人、个人与社会的价值关系。

每一个时代有每一个时代的价值观念，每一个时代有每一个时代的精神。国有四维、礼义廉耻，"四维不张，国乃灭亡"①，这是中国先人对当时核心价值观的认识。

一个国家，没有了价值观，正气上不来，邪气压不住，凝聚力不强，正能量不彰，少了统领全民的精气神，社会就会迷失方向。精神状态是一个时代的风向标，有什么样的价值观，就会有什么样的精神状态。同样，精神状态也会影响着时代发展的进程，对历史发展产生影响。

马克思恩格斯在《共产党宣言》中庄严宣告无产阶级革命时代的到来。十月革命一声炮响，给中国送来了马列主义。马列主义传入中国后，中国人的精神状态发生了根本性的变化，人们的价值观也出现了新的时代特征。当前，无论是我们的民族、我们的国家，还是我们的党，只有保持永不懈怠的精神状态和一往无前的奋斗姿态，登高望远、居安思危、勇于变革、勇于创新、永不僵化，才能奋力走好新时代的长征路，开辟中华民族伟大复兴的光明前景。

2. 社会主义核心价值观是新时代的精神风向标

"人类社会发展的历史表明，对于一个民族、一个国家来说，最持久、最深层的力量是全社会共同认可的核心价值观。核心价值观，承载着一个民族、

---

① （唐）房玄龄注、（明）刘绩补注：《管子》，上海古籍出版社 2015 年版，第 1 页。

一个国家的精神追求，体现着一个社会评价是非曲直的价值标准。"① 在当代中国，我们提出要倡导社会主义核心价值观。

社会主义核心价值观，是指人们对社会主义价值的性质、构成、标准和评价的根本看法和态度，是人们从主体的需要和客体能否满足主体的需要以及如何满足主体需要的角度，考察和评价各种物质的、精神的现象及主体的行为对个人、无产阶级、社会主义社会的意义。

2006 年 10 月，党的十六届六中全会通过的《中共中央关于构建社会主义和谐社会若干重大问题的决定》，深刻揭示了社会主义核心价值体系的内涵，明确提出了社会主义核心价值体系的基本内容为：坚持马克思主义指导思想、坚持中国特色社会主义共同理想、坚持以爱国主义为核心的民族精神和以改革创新为核心的时代精神、坚持社会主义荣辱观。

2012 年 11 月，党的十八大明确提出"三个倡导"，要求在全社会积极培育社会主义核心价值观。富强、民主、文明、和谐是国家层面的价值要求，自由、平等、公正、法治是社会层面的价值要求，爱国、敬业、诚信、友善是公民层面的价值要求。这个概括，实际上回答了我们要建设什么样的国家、建设什么样的社会、培育什么样的公民的重大问题。

2013 年 12 月，中共中央办公厅印发《关于培育和践行社会主义核心价值观的意见》，对全面加强和践行社会主义核心价值观作出部署与推动。

中共中央在《关于培育和践行社会主义核心价值观的意见》中指出，培育和践行社会主义核心价值观要开展革命传统教育，加强对革命传统文化时代价值的阐发，发扬党领导人民在革命、建设、改革中形成的优良传统，弘扬民族精神和时代精神。发挥优秀传统文化怡情养志、涵育文明的重要作用。要让社会主义核心价值观像空气一样，无时不有、无处不在。

3. 习近平总书记对当代大学生的殷切希望

党的十八大以来，以习近平同志为总书记的党中央十分关心青年成长进步。习近平总书记多次出席青年活动，与青年谈心，给青年回信，为新时代党的青年工作指明了方向。

2014 年 5 月 4 日，习近平总书记在北京大学考察。他指出：青年大学生

① 习近平：《习近平谈治国理政》，外文出版社 2014 年版，第 168 页。

要自觉践行社会主义核心价值观。一是要勤学，下得苦功夫，求得真学问。二是要修德，加强道德修养，注重道德实践。三是要明辨，善于明辨是非，善于决断选择。四是要笃实，扎扎实实干事，踏踏实实做人①。

2018年5月2日，习近平总书记再次来到北京大学考察。他指出：广大青年要把自己的理想同祖国的前途、把自己的人生同民族的命运紧密联系在一起。习近平总书记要求：一是要爱国，忠于祖国，忠于人民。爱国，不能停留在口号上，而是要把自己的理想同祖国的前途、把自己的人生同民族的命运紧密联系在一起，扎根人民，奉献国家。二是要立志，立鸿鹄志、做奋斗者。广大青年要培养奋斗精神，做到理想坚定，信念执着，不怕困难，勇于开拓，顽强拼搏，永不气馁。三是要求真，求真学问、练真本领。希望广大青年珍惜大好学习时光，求真学问，练真本领，更好为国争光、为民造福。四是要力行，知行合一、做实干家。广大青年要努力成为有理想、有学问、有才干的实干家，在新时代干出一番事业。他在长期工作中最深切的体会就是：社会主义是干出来的②。

4. 周恩来精神与社会主义核心价值观本质内涵相契合

习近平总书记指出："周恩来，这是一个光荣的名字、不朽的名字。每当我们提起这个名字就感到很温暖、很自豪"③。

周恩来身上凝聚着中国共产党的优秀品格和中华民族的传统美德，洋溢着浩然正气和独特的人格魅力，集中体现了党的领袖人物的精神风采，集中体现了党的优良传统和作风，集中体现了社会主义核心价值观。"杰出楷模"周恩来是我们弘扬与践行社会主义核心价值观的标杆。

首先，周恩来精神与社会主义核心价值观内涵的契合性。周恩来精神集中体现了社会主义核心价值观，体现在它与社会主义核心价值观的本质内涵相契合。第一，周恩来精神体现的国家观念与社会主义核心价值观国家层面价值具有契合性。第二，周恩来精神体现的社会观念与社会主义核心价值观

---

① 习近平：《习近平谈治国理政》，外文出版社2014年版，第172—173页。
② 习近平：《青年要自觉践行社会主义核心价值观——在北京大学师生座谈会上的讲话》，《人民日报》2014年5月5日，第2版。
③ 习近平：《在纪念周恩来同志诞辰120周年座谈会上的讲话》，《人民日报》2018年3月1日，第2版。

社会层面指向具有共同性。第三，周恩来精神体现的个人价值层面的观念与社会主义核心价值观个人层面要求具有一致性。

其次，周恩来是社会主义核心价值观的引领者。周恩来是社会主义核心价值观中国家价值目标的积极追求者。周恩来是社会主义核心价值观中社会价值导向的努力推进者。周恩来是社会主义核心价值观中个人行为准则的模范引领者。

再次，周恩来精神成为弘扬与践行社会主义核心价值观的标杆。周恩来精神是中国共产党凝聚中国力量的最宝贵的精神财富，是中华民族优秀传统文化与马克思主义中国化结合的产物。周恩来精神体现在周恩来一生的言谈举止中，内化于心，外化于行，在革命战争年代和社会主义建设的各个历史时期，周恩来精神和风范都成为人们学习和践行的榜样。

（二）新时代大学生如何践行周恩来精神

1. 做有理想、有追求的人

周恩来是一个有理想、有追求的人。周恩来 13 岁就表达"为了中华之崛起而读书"的宏大志向。小学时，他在一篇小学作文中写道："吾人何人，非即负将来国家责任之国民耶。"① 1920 年 11 月，周恩来来到欧洲，进行勤工俭学。游学期间，周恩来对一切主义进行推求比较，确定共产主义理想，并表示"我认的主义一定是不变了，并且很坚决地要为他宣传奔走"②。周恩来一生都对共产主义矢志不渝地追求。"他对党的事业、对社会主义中国的光明前途，对振兴中华民族的伟大事业，始终充满必胜的信心。无论遇到什么样的艰难困苦，从不动摇。"③ 在任何艰苦的环境下，周恩来都一如既往地坚持共产主义理想，从来没有放弃过对共产主义的追求。周恩来对理想信念的追求，对于培养大学生理想信念的自觉性、坚定性和崇高性具有重要的现实指导意义。

信仰是人的思想和行动的总开关，进而决定人的世界观、人生观、价值

---

① 金冲及：《周恩来传（1898—1949）》（修订本）（上册），中央文献出版社 1989 年版，第 11 页。

② 同上书，第 71 页。

③ 胡锦涛：《在纪念周恩来同志诞辰 110 周年座谈会上的讲话》，《人民日报》2008 年 3 月 1 日，第 2 版。

观。理想信念就是共产党人精神上的"钙",没有理想信念,理想信念不坚定,精神上就会"缺钙",就会得"软骨病"。抓好青年大学生的价值观养成十分重要。这就像穿衣服扣扣子一样,如果第一粒扣子扣错了,剩余的扣子都会扣错。人生的扣子从一开始就要扣好。

广大青年学生要像周恩来那样,善于明辨是非,善于决断选择。面对纷繁多变的社会现象,面对学业、情感、职业选择等多方面的考量,关键是要学会思考、善于分析、正确抉择,做到稳重自持、从容自信、坚定自励,树立正确的世界观、人生观、价值观,做一个对社会有用的人。

2. 做积极进取、勤奋好学的人

周恩来一生追求真理、崇尚理想、永不懈怠、不断进取。当他确定共产主义理想之后,就坚信不疑,矢志不渝,即"把整个身心放在共产主义事业上,以人民的疾苦为忧,以世界的前途为念"[①]。为了民族的解放,国家的富强,人民的幸福,周恩来呕心沥血,战斗不已,奋斗终生。

周恩来一生善于学习,刻苦好学,学以致用。他善学,善于向书本学习,向实践学习,向人民学习。他好学,刻苦勤奋,永不满足。他学以致用,将所学所获用于改造社会,服务人民,做到活到老、学到老、改造到老。

大学生要像周恩来那样,做一个积极进取、勤奋好学的人。对于大学生而言,第一要义就是学习、学习、再学习。只有珍惜时光,刻苦学习,才能完善自己,为走向社会积累条件。大学生要重视综合素质提升,要增强社会责任感,做有理想有抱负的人。

3. 做严于律己、修德高尚的人

青年时代的周恩来就鲜明提出,要革命,就要"革心、革新"。"革心",就是自我革命,重在教养、涵养和修养。教养贵在悟性,涵养贵在内充,修养贵在反省。

新中国成立之初,周恩来一向注意修身齐家,为了堵住后门,曾专门召集家庭会议,为亲属制定了"十条家规"。"十条家规"既是周恩来对亲属的具体要求,更是严格自律的真实写照。

周恩来严于律己,勇于自我改造、自我批评、自我约束、自我调控。他

---

① 《周恩来选集》(下卷),人民出版社1984年版,第427页。

一贯主张缺点和错误的改正要从领导者做起，自我批评要从领导者做起。他提出，领导干部要过好思想、政治、社会、亲属和生活"五关"。周恩来一身正气，两袖清风，大公无私、襟怀坦荡，是共产党人自律修身的典范。

党的十八大以来，党中央坚持全面从严治党，加强党的作风建设，带头贯彻落实"八项规定"精神，解决了许多长期想解决而没有解决的难题，办成了许多过去想办而没有办成的大事，使得党风政风民风家风为之一新。

当代大学生要像周恩来同志那样，重视思想改造，自觉践行社会主义核心价值观。要修德，加强道德修养，注重道德实践。一个人只有明大德、守公德、严私德，其才方能用得其所。要立志报效祖国、服务人民，这是大德，养大德者方可成大业。同时，还得做好小事、管好小节。学会劳动，学会勤俭，学会感恩，学会宽容，学会自律。

4. 做求真务实、脚踏实地的人

周恩来的一生崇尚务实，躬行实践。他认为，"务实"就是实事求是、一切从实际出发、理论联系实际。为了务实，还要反对形而上学的教条主义倾向。他说："我们不能把理论当作教条，如果不顾实际情况，把理论拿来乱套一阵，总是要失败的。"① 在实际工作中，周恩来总是提倡"说真话、鼓真劲、做实事、收实效"②，并要求管理者以身作则，要别人做到的自己首先做到，要大家讲真话，首先要领导喜欢听真话，反对说假话。在谈及我国经济建设的发展方针时，他曾说："可以写一副对联，上联是先抓吃穿用，下联是实现农轻重，横批是综合平衡。"③ 这幅对联，充分反映了周恩来反对集中冒进，反对浮夸攀比，倡导审慎务实的精神。"文革"期间，面对全盘"左"倾错误，周恩来仍然坚持实事求是的态度和作风，以其极大的毅力和无私无畏的党性人格支撑着国家建设的局面，努力将建设损失降低到最小程度，为"文革"结束之后，我们党迅速恢复实事求是的思想路线积聚正能量。

当代大学生要像周恩来同志那样，培养勤学笃学的实干精神，要做有担当、有作为的青年，培养勤奋学习、刻苦钻研的学习品格，更要养成扎扎实

---

① 《周恩来教育文选》，教育科学出版社1984年版，第8页。
② 《周恩来选集》（下），人民出版社1984年版，第350页。
③ 力平、马芷荪：《周恩来年谱（1949—1976）》（中），中央文献出版社1997年版，第462页。

实干事、踏踏实实做人的人生态度。向书本学习，向社会学习，向群众学习，立足本职练好内功，奉献祖国，回报社会，实现人生价值。

（三）高等学校要坚持将周恩来精神贯穿在办学育人全过程

高等学校肩负着培养高素质人才的重要使命，我们应当充分利用周恩来精神的教育资源，发掘周恩来精神的育人功能，大力传承周恩来精神，践行社会主义核心价值观，构建全员全过程全方位的育人模式，打造特色鲜明的立德树人创新实践。

首先，顶层设计中要强化周恩来精神育人的理念。学校的大学章程、发展规划、党政要点中都应明确周恩来精神育人的地位和作用。学校在干部培训、师德师风、学风建设中要全面贯穿周恩来精神，做到办学育人融入周恩来精神、素质教育渗透周恩来精神、学风建设围绕周恩来精神、校园文化彰显周恩来精神。

其次，立德树人中要发挥周恩来精神育人的功能。学校应当将周恩来精神丰富内涵与办学定位与办学实际相结合，凝练出本校师生传承周恩来精神的校本特定内涵，将校风、校训与大学精神有机结合，以开设《周恩来生平与思想概论》等课程为抓手，以创建"周恩来班"为载体，着力培养学生具有"追求卓越的创新精神、精益求精的科学精神、敬业乐群的协作精神、奉献社会的人文精神"，使学生成为素质高、留得住、干得好、后劲足的高素质人才。

第四章　大学生社会主义核心价值观培育的机制与创新

　　培育大学生的社会主义核心价值观是一项长期的综合性工程，不可能一蹴而就。在这项长期而综合性的过程中，一要深刻把握社会主义核心价值观的内涵与功能，二要充分利用有效的载体与方法，三要采取适合的策略与路径，四是要创新培育机制。其中，内涵与功能是基础，载体与方法是手段，策略与路径是关键，机制构建是保障。

　　大学生社会主义核心价值观培育的机制构建应包括建立教育解读机制、实践转化机制、文化渗透机制、制度保障机制以及考核与激励机制，从而实现大学生社会主义核心价值观的教育认同、实践内化、文化熏陶、督查与保障，保障大学生核心价值观内化的正确方向，达到潜移默化的育人作用。

- 大学生践行社会主义核心价值观激励机制创新
- 构建高校培育践行社会主义核心价值观的具象化机制
- 社会主义核心价值观视域下大学生社会责任感的培育机制
- 现代大学学生事务管理机制创新

第一节　大学生践行社会主义核心价值观激励机制创新

　　在大学生的教育和管理过程中，激励机制作为一种非常重要的手段发挥着重要的作用。只有因时因地、因人而异、适时适度地使用激励的方式，才能激发大学生学习、生活的主动性和创造性，从而达到教育管理的最佳效果。同样地，在大学生践行社会主义核心价值观的每个环节和过程也需要一定的激励机制，没有激励就没有动力，就没有学生的积极参与和勇于践行。因此，高校培育和践行社会主义核心价值体系工作必须建立科学有效的激励机制。

一 大学生践行社会主义核心价值观的激励机制内涵

"激励"一词虽已在人们日常的工作和生活中普遍使用，但对于什么是激励这一问题，学术界却没有一个标准的定义。激励被广泛地应用于各个学科，不同的学者对此意见不一：或将其解释为"激发鼓励"[①]；或认为激励是"激动鼓动使振作"[②]；或者认为激励是人类活动的一种内心状态，凡是愿望、条件、希望、动力等"生活中内心中的一切要争取的东西"[③] 都是对人们的激励。也有人认为激励的含义有广义和狭义之分：广义的激励是指通过某种方式使人的心理过程处于兴奋状态从而促进其提高行为水平，简言之，即调动人们的积极性；狭义的激励则是指通过一种刺激，使人产生某种心理因素，并在达到一定水平后出现相应的行为。[④] 目前学术界对于激励较为权威的定义是由美国著名的管理学教授斯蒂芬·P. 罗宾斯（Stephen P. Robbins）作出的。他认为，"激励是通过高水平的努力实现组织目标的意愿，这种努力以能够满足个体的某些需要为条件"[⑤]。虽然这些概念在表述上存在一定的差异，但强调的内容大致相同，即都强调通过一定的刺激，激发、强化人们的某一动机，从而达到既定目标的过程。简单地说，激励的实质就是关于如何调动人们积极性的问题。

而"机制"则是指有机体的构造、功能及相互关系，泛指一个工作系统的组织或部分之间相互作用的过程和方式。[⑥] 由构成要素、功能、运作方式、

---

① 《现代汉语词典》（第 5 版），商务印书馆 2005 年版，第 634 页。

② 《辞海》，上海辞书出版社 1989 年版，第 2590 页。

③ ［美］小詹姆斯·H. 唐纳利、詹姆斯·L. 吉布森、约翰·M. 伊凡赛维奇著，《管理学基础：职能 行为 模型》，李柱流等译，孔令济校，中国人民大学出版社 1982 年版，第 195 页。

④ 张连营：《设备监理高级教程》，清华大学出版社 2014 年版，第 193 页。

⑤ ［美］范诗琦、高尔德：《国际组织行为学：理论 案例 操练》，顾琴轩译，格致出版社 2014 年版，第 113 页。

⑥ 《现代汉语词典》（第 5 版），商务印书馆 2005 年版，第 628 页。

运作条件等构成的系统不是诸因素的简单相加，而是几个方面有机地结合在一起，相互制约、相互影响，从而构成一个完整的机制。同样地，激励机制中的各因素也要相互配合、相互作用，从而达到激励的效果。大学生践行社会主义核心价值观的激励机制由三个要素构成：激励主体，即教育者；激励客体，即大学生；激励目标，即实践社会主义核心价值观。这三个要素相互联系，相互影响，缺一不可，少了任何一个，都会影响社会主义核心价值观激励机制的正常运转。激励主体作为激励过程的主导者，也是大学生的教育者和管理者，肩负着组织、统筹和指导激励过程的任务，是大学生践行社会主义核心价值观激励过程的实施者。作为激励客体的大学生，既是激励的对象，也是激励效果的体现者，其价值观念、生活背景、文化层次等方面存在的差异要求激励过程中应加强针对性，因时因地、因人而异地采取激励手段。另外，还要科学地设置激励目标，要根据不同大学生的实际情况设置阶段性的、明确的、具体的目标来细化社会主义核心价值观的要求，促使大学生分阶段完成，及时调整和修正自身行为，为进一步践行社会主义核心价值观而努力。具体来说，大学生践行社会主义核心价值观的激励机制包括三个部分：一是诱导机制，即了解大学生的需求，诱导、刺激其对核心价值观产生较为强烈的动机；二是导向机制，即通过教育行为使大学生了解并接受核心价值观，引导、规范其行为，使其朝着核心价值观的方向发展；三是反馈机制，即在激励过程中，激励主体要通过正负反馈的方式，检验激励目标是否达成，通过比较实际效果与激励目标之间的差异，及时采取措施纠正存在的偏差和不足。这三个过程虽自成体系但却相互联系、相互配合、相互约束、相互作用，从而构成一个完整的大学生践行核心价值观的激励机制体系。

二 激励机制在大学生践行社会主义核心价值观过程中的作用

激励机制在高校培育和践行社会主义核心价值观的过程中作用重大，主要表现在以下方面：

（一）有利于提高大学生践行社会主义核心价值观的积极性

由激励的含义可知，激励与需求和动机密切相关。需求是人的积极性的根源，是人对自身所需条件的反映。动机是由一定的需求引发的，可以指导并促成人们的行为，使其达到一定的目标。而激励的作用就在于加强、推动、激发人的行为，使其朝着所期望的目标前进。所以，激励在充分调动人的潜能、实现既定目标的过程中发挥着重要的作用。据美国心理学家威廉·詹姆斯统计：人的能力在一般情况下可以发挥到20%至30%；受到充分激励后可以发挥到80%至90%。而调动大学生的积极性和主动性，使其自觉践行社会主义核心价值观，培养其正确的价值观、凝聚其共同的价值追求、树立其正确的理想信念、培养其良好的道德品质正是高校培育和践行社会主义核心价值观的主要任务之一。而调动大学生积极性和主动性最有效的方式就是激励。即运用各种方案和措施来刺激、诱发大学生践行核心价值观的动机，开发其行为资源，强化其行为能力，使高校培育社会主义核心价值观的需要变为大学生的内心需求，从"要我学"变为"我要学"，形成自动自觉的行为机制。

（二）有利于营造大学生践行社会主义核心价值观的良好氛围

良好的氛围集中反映了高校师生的精神风貌，它可以给大学生健康成长提供适宜的氛围，对于师生的情感意识、文化素质、思想道德等也发挥着润物无声、潜移默化的影响。高校可以采取多种方式来宣传和表扬那些模范践行核心价值观的大学生，从而在全校学生中形成向榜样学习、向先进看齐的风气，鼓励更多的大学生积极践行社会主义核心价值观，从而形成巨大的正能量，带动培育和践行社会主义核心价值观良好氛围的营造。高校中模范践行社会主义核心价值观的大学生典型能否吸引人、打动人、凝聚人、团结人，能否引领和激励学生中的大多数人，使之尊重、敬仰、效仿和学习模范，是高校培育和践行社会主义核心价值观的关键所在。要选取本校先进学生作为典范，通过挖掘模范身上的闪光点，宣传其感染人和打动人的先进事迹，给所有学生提供一个奋斗的参照系，使大学生们感觉到模范就在自己身边，跟自己一样地学习与生活，从而激发大学生学习先进、力争上游的积极性。总之，高校思想政治教育者要全力推动、精心发掘大学生中践行核心价值观的榜样，在生活中发现好事，在学习中发现好人，构建身边榜样宣传库，选树一些身边的典型模范，积极探索高校社会主义核心价值观的激励机制，有计划、有步骤地推进各种典型，使大学生们看得见、摸得着、学得到，不断拓宽身边榜样群体的覆盖面，从而形成一整套科学、有效的激励机制，充分调动大学生实践社会主义核心价值观的积极主动性，力求形成一个人人积极进取、各个奋发向上的良好环境。

（三）有利于提高大学生素质从而实现核心价值培育的目标

大学生在高校学习知识，也在高校健康成长。由于大学生社会阅历不丰富，心智发展也欠成熟，因此在复杂多变的社会环境下，其思想和行为容易表现出一定的不稳定性。因此，他们在受到社会主义核心价值观培育的时候，虽然认同主流价值观却容易受西方腐朽思想的影响，从而产生一定的异变，比如过于强调自我利益，崇拜金钱、权力甚至是暴力，无法正确判断社会流行观念的利弊等。而在核心价值观培育过程中适当地运用激励机制，可以激发大学生积极、愉快向上的情感，满足其正当合理的精神需要，从而使他们经常保持比较满意的态度和比较愉快的情绪，促使其养成肯定性情感和积极性情感。当他们遇到困难时鼓励他们勇敢面对，当他们取得进步时鼓励他们再接再厉，坚定其信心和意志，增强其毅力，增加其勇气，并带动其综合素质的提高。通过激励可以使原本落后的大学生积极向上，可以使本来就很优秀的大学生更加优秀和积极。而且，这种经过理性认识的沉淀和内心情感升华的健康、积极、高尚的情绪和品质不会随着外界环境的变化而变化，具有稳定性和深刻性，有助于大学生养成坚定的信念，能够使其在思想品德和专业学习方面有所追求，并将其精神需要引导至高一级的境界，使其能够自觉践行社会主义核心价值观。

三　高校培育和践行社会主义核心价值观激励机制的调查

为了深入了解激励机制在高校培育和践行社会主义核心价值机制中发挥作用的现状，本课题组以盐城工学院、淮阴工学院等苏北高校为例进行了广泛的调查。调查问卷设计了 18 个与社会主义核心价值观相关的问题，其中有单选、多选和主观题，以匿名方式进行，充分保证了大学生们的参与积极性和真实性。然后根据同学们上交的问卷调查进行数据分析，便于得到更准确的调查结果。

（一）问卷调查的结果

本次调查共发放问卷 1010 份，回收的有效问卷为 998 份。其中男性参与者占54%，女性参与者占46%。此次调查问卷内容主要涉及三个方面：一是大学生的需求是什么，通过其回答以便了解对于大学生的激励机制应该侧重于哪个方面；二是探究大学生对于高校培育和践行社会主义核心价值观激励机制的看法，以便了解激励机制的有效性如何；三是了解大学生对于社会主义核心价值观激励机制的期待，以便了解激励机制的重点应该放在哪里。

首先是关于大学生需求问题的调查：认为自己上大学的目的是拿文凭、找工作和提升自我、增长知识和技能的大学生人数最多，百分比分别为42%和39%；而大学生们对于"大学里怎样才算成功"（多选）这个问题的看法却出现了较大的分歧，大多数人认为，要在大学里获得较好的人际关系，而"学习成绩突出""找到一份好工作""取得几项荣誉和奖励""顺利毕业"几个选项也都有50%左右的同学支持；当问及个人价值的决定因素时，较多人选择了人格是否高尚和对社会贡献的大小，少部分人选择事业是否成功，极少的大学生选择金钱的多少和权力的大小。由上可知，参与调查的大学生现阶段面临的主要需求是学业成长需求和职业能力提升需求，较为次要的需求包括生理需求、社交需求、受人尊重和自我实现的需求等。

其次是关于大学生对高校培育和践行社会主义核心价值观激励机制的看法：51%的受访者将践行社会主义核心价值观与实现自我价值联系起来，认为他们学习道德模范和参加学雷锋活动的主要动力是实现自我价值，另有27%的同学认为动力是发自良心，不图什么。对于学校的激励机制，65%的同学对学校的奖惩制度评价一般，存在的问题是激励面窄，且多倾向于学习好的同学，使得激励效果受影响。高达79%的受访者支持拥有全面的综合素质的人应受到奖励，另外，"勤奋的学习态度""优异的学习成绩""良好的人际关系""成为班级或团体的负责人""有良好品德并能严格自律"的支持者也都在50%左右。学校思政类课程在过半大学生看来对社会主义核心价值观的培育作用不大或基本无效。

最后是探索大学生对于社会主义核心价值观激励机制的期待：大学生心中对社会主义核心价值观的培育有效果的激励方式有：荣誉（被树为榜样、标兵），奖学金或其他物质奖励，学校的德育评分奖励，亲朋及社会的肯定和支持。调查显示，志愿者活动是大学生们最喜欢的培育社会主义核心价值观的途径。学生们对认为影响社会主义核心价值观践行的因素排序为：丰富的课外活动—和谐的校园环境—公平的奖励制度—科学的评价体系—榜样的带动作用。围绕社会主义核心价值观，绝大多数受访者表示自己愿意努力学习，以身作则，尽量向核心价值观靠拢。

（二）当前高校践行社会主义核心价值观激励机制存在的问题

由调查可知，当前高校培育和践行社会主义核心价值观存在的问题主要有：

1. 激励标准单一化

评优和奖励是目前大多数高校针对学生个体的激励方式。这些评优和奖励项目主要有"三好学生""优秀学生干部""优秀团员""优秀毕业生"，包括一、二、三等奖学金的优秀学生奖和单项优秀奖。而目前我国很多高校的评选标准又主要以学习成绩为主。以盐城工学院为例，关于学生评优文件中有如下内容："奖学金的评比，以学生的文化成绩占80%，综合测评占20%来计算评奖总分。文化成绩分列班级前8名，毕业设计（论文）成绩为良（包括良）以上，方可参评一、二等奖学金；文化成绩排名在全班人数的60%以内，毕业设计（论文）成绩为及格（包括及格）以上者，方可参评三等奖学金。"其中，占综合考评成绩20%的综合测评又包括四分之一的政治素质分和生活卫生分，以及二分之一的文体素质分。单向优秀奖学金包括社会工作优秀奖、文娱体育活动优秀奖及科技创新奖。可见，在上述条款中，文化成绩占大学生评优的主要标准。据了解，这种现象在很多高校都存在。这种评优标准，使得那些在学习或组织能力方面占优势的少数学生群体就成了这种激励手段的受益者。而大多数的高校学生对这种激励手段觉得可望而不可即，长此以往，激励成了对少数人的激励，大多数学生逐渐失去了参与此类竞争的热情。而且，这一标准还影响了学生多样性的需求，抑制了学生个性化的发展，使高校人才培养呈单一化趋势，缺乏创新。

2. 激励手段物质化

目前，高校对于大学生的激励手段物质化，表现为重物质、轻精神。即高校在对大学生奖励的过程中过分追求物质奖励，轻精神奖励，把发奖金、奖品作为对学生进行激励的主要手段，参与各种活动给予一定的物品奖励，甚至是各种"优秀"或"模范"也辅以金钱刺激。"轻精神奖励"并不是说高校目前对于学生奖励时就没有奖状、证书之类的精神奖励，而是对于这些精神奖励不够重视，宣传不够，导致受到表彰的大学生拿到奖金后会主动或被动地请客吃饭，获得的奖状、证书之类的除了找工作时增加点求职的印象分，似乎没有其他的用处。这种奖励方式重物质刺激，忽视了大学生更高层次上的精神需求，既无法彰显先锋模范的作用，不能让学生领悟在物质表象背后所隐含的精神鼓励的实质，也无法形成先进带动后进、比学赶帮超地争优创先的良好氛围，而且过多的物质刺激还会使学生产生拜金主义、享乐主义和个人主义等倾向，不利于调动大学生的积极性，使激励措施和效果呈现出庸俗化倾向，同时也不利于大学生正确价值观的养成，并会影响到思想政治教育的实效性。

此外，激励不等于奖励和表彰，也应该包括批评和惩处。斯金纳的强化理论认为，不仅奖励和表扬能激发人的精神和意志，批评和处罚也是激励人的重要措施。而高校的激励机制往往过多地关注奖励的手段，忽略了惩罚措施的应用。本次调查发现，74%的大学生认为惩罚也是激励手段的一种，适当的惩罚有助于改正错误。可见，目前高校思想政治教育者们对于激励理论的研究还不够深入，激励的手段也不能适应大学生思想的特点。此后在培育大学生践行社会主义核心价值观过程中不仅要用好惩罚这一形式，还要加大激励机制的宣传力度。

3. 激励过程形式化

高校社会主义核心价值观的激励过程中存在着形式化倾向，存在"走过场"现象，缺乏创新。一是教学课堂走过场。部分思想政治工作者授课责任心不强、能力不高，课前认真仔细备课，上课时只注重强制性的灌输，不分对象、条件、场合读教案，照本宣科，既不能用灵活生动的语言和技巧向学生传授理论知识，也缺乏对当今"90后"大学生的理解和把握，忽略了大学生的自身需要，空谈为祖国做贡献、向某某人学习等空泛的政治口号，激励的过程流于形式，导致激励的效果不佳。还有些高校对思想政治理论课教学重视不够，存在着任意削减课时，或选派行政或后勤部门的人担任任课教师等现象，严重地影响了思想政治理论教学的说服力和影响力。二是社会实践走过场。马克思主义认为，全部社会生活在本质上是实践的。实践是价值关系和价值活动产生的基础，也是社会主义核心价值观产生的基础，社会主义核心价值观的本质特征是其实践性。作为中国人民实践经验的总结和升华，社会主义核心价值观的根本目的和最终归宿是指导实践活动。离开了实践、离开了生活，再好的价值观也只是空中楼阁。故此，加强理论教学与实践教学的相互统一、相互配合、相互作用是高校培育和践行社会主义核心价值观的重要途径。但在实际中，这些社会实践类的活动更多地流于形式，既缺乏有主题的实践教学，理论联系实际的教学方式也不够。理论教学和实践教学被人为割裂开来，导致了社会主义核心价值观培育时的"两张皮"现象，严重地影响了理论课的实效性。

四　高校培育和践行社会主义核心价值观激励机制的创新

高校在培育和践行社会主义核心价值观的过程中要总结思想政治教育激励机制的经验教训，在继承和发扬传统的、行之有效的激励措施基础上总结经验和教训。在激励原则、途径和机制方面突破束缚，大胆创新，构建新型激励机制。

（一）原则创新

在培育和践行社会主义核心价值观的过程中，高校要坚持以人为本原则、公平公正原则和适时适度原则。

1. 以人为本原则

大学生既是高校社会主义核心价值观培育的对象又是目的，自然应以学生为中心开展教育活动，注意学生的主体性。当代大学生思想活跃，视野开阔，崇尚自尊、自立、自强，渴望成才。教育者要秉持以人为本的原则，尊重大学生的人格发展和个性独立，关怀其成长，尊重其选择，满足其个性健全发展，并充分发扬其主人翁意识，促进其道德主体意识的发展和提高，培养其良好的社会道德感、责任感和义务感。在构建激励目标时除了要考虑诸多客观因素之外，还要兼顾学生的个人能力、综合素质和技术等级等要素，将学校的教育目标与学生的发展目标结合起来，满足大学生自我发展的需求，才能收到良好的教育效果。要实现以人为本原则，高校社会主义核心价值观的培育和践行的激励机制还要力求满足大学生的多种需要。作为个性倾向的重要组成部分，需要是个人积极性的动力和源泉。满足个人的多样需要就是激发人的思想和行为动机的基本动力。教育者不仅要尊重大学生的合理需要，还要通过提供条件和机会尽量满足大学生不同层次的需要，为其生活、学习、工作等提供良好的环境支撑。对于大学生那些不合理、不正当的需要，教育者也不能纵容包庇，而要通过细致入微的疏导工作，动之以情，晓之以理，做好思想教育和疏导理顺工作，缓和其心理矛盾，化解潜在危机。在激励过程中要将物质激励和精神激励结合起来。给优秀的学生以一定的物质奖励，满足其生活需要，改善其学习条件，进而激发其学习积极性；同时还要看到大学生在精神方面的追求，要坚持以精神鼓励为主，重点培养学生重义轻利、厚德薄物的高尚情操。

2. 公平公正原则

在激励的过程中所有激励政策的制定、执行和结果都要公开透明，坚持公平公正原则，这样才能真正调动学生的积极性，提升激励效果。如果一个大学生感觉受到了公平公正的待遇，他的心情就会保持舒畅，从而努力地去学习，并积极面对生活。反之，如果他感觉受到不公正的待遇，就会激情受挫，产生消极感和挫折感，引发紧张、忧郁、逆反等心理现象，严重的甚至影响同学关系、师生关系甚至校园的和谐与稳定。具体地，高校要在学生的教育与管理工作中制定公正合理的规章制度，并严格依照执行，从而激发大学生努力学习、超越自己、奋勇争先的积极性。在大学生的评优、入党、申请补助、奖学金评选等工作中要讲民主、讲原则、讲规则，平等待人，以情动人，使大学生感到激励原则的公平公正性，信任并遵从学校的安排，并产生激励自己积极向上、获取荣誉的内驱力。

3. 适时适度原则

高校的激励机制要适时适度，激励太少会使大学生感觉努力无望，激发不了其积极性；激励太多会使大学生感觉荣誉唾手可得，同样也产生不了动力。"过犹不及""物极必反"都不好，适度激励才能收到良好的效果。高校的社会主义核心价值观培育过程中，"适时"指的是要把握激励的时机，重点关注大学生个人环境发生变化的时机、大学生对某种需求有着强烈愿望的时机、大学生个人学习工作取得成绩的时机、大学生个人对错误有悔改表现的时机及大学生遭遇困难和挫折的时机，因势利导、因利乘便，及时地对大学生进行激励教育，促使其向符合社会主义核心价值观的方向转化。"适度"则代指三个"度"要适当：广度、强度和角度。设置激励机制时要考虑激励面的广度问题，即考虑激励机制是否调动了大多数学生的积极性，是否打击了未受奖励者的积极性，是否调动了优秀者的积极性。激励时要注意运用差异化的手段，使大多数学生都能感受到激励。激励的强度不能太高也不能太低，蜻蜓点水，浅尝辄止，不能激发大学生的积极性；强度过大又会使大学生产生逆反心理，使激励的效果下降。在大学生实践社会主义核心价值观激励机制的过程中，激励主体要选择适当的角度，善于捕捉大学生自身的闪光点，把握其思想的敏感点，抓住其兴趣点，激发其潜能，提高其积极性和主动性，从而营造出和谐、融洽的激励氛围，促进核心价值观的培育和践行。

（二）途径创新

要以马斯洛需要理论为基础创新高校培育和践行社会主义核心价值观的途径。抓住大学生的热点需求，根据不同需要的特点，综合运用多种方式来达到激励效果。

一是采取以情动人的情感激励。教育者如果能与大学生建立亲密的情感关系，动之以情，晓之以理，关心和感染大学生，用真挚的情感去打动大学生，就能够收获大学生积极的情感回报，从而产生良好的行为表现。

二是加强主客体间的沟通互动。在高校培育社会主义核心价值观的过程中，教育者要重视大学生的主动地位，不能单纯地将其作为一个理论灌输的受众，而要强调与大学生的平等交流和对话，观察大学生参与教学过程的表现，积极地引导其表达自己的观点，畅所欲言。同时，还要为大学生营造一个和谐、民主的环境，使教育者与大学生之间、大学生相互之间的平等沟通有一个良好的平台。

三是设置科学合理的激励目标。良好的激励目标可以激发大学生为实现理想和目标而奋斗。而科学合理的激励目标既要具备实际性，即要符合大学生的实际情况、学校的实际情况和地区的实际情况，又要具备一定的前瞻性和挑战性，使大学生经过努力可以达到这一目标，还要具备一定的层次性，将目标设置成阶梯状逐步递进的结构，有助于不同层次的大学生都能受到激励，从而能够充分地调动起大学生的内驱力，使其能够积极地为实现目标而奋斗。

四是将课堂教育与实践相结合。高校可以将思想政治教育的课堂与社会实践相结合，充分调动学生积极性，促使核心价值观的践行。要合理设置、安排与社会主义核心价值观内容相关的课程，加强相关理论知识的系统教育。加强课程教学技术、方法的创新，改变思想政治教育中以教师为主导的传统教学模式，重视教师与学生之间的交流互动，提高大学生学习理论知识主动性和学习兴趣。要以实际问题为导向，不断丰富教学内容，逐步深化教学目标。在教学过程中，要深度把握思想政治理论的内涵和脉络，及时了解相关理论的最新进展，紧扣社会历史环境变化，推动大学生树立社会主义核心价值观的中心目标。

五是用校园文化创设激励环境。新时期高校校园文化建设要紧扣社会主义核心价值观开展校园文化活动，以社会主义核心价值观为内核，引导大学生养成良好的文化品位和高尚的道德情操，向大学生们传递正能量。要推进校园文化建设，为大学生们创造蓬勃向上、积极进取的文化环境，帮助他们远离低俗、陈腐、颓废的文化垃圾。

（三）制度创新

制度的权威可以增强大学生践行社会主义核心价值观的自觉性。高校要利用学校优良办学传统、校训和其他资源，创造性地制定校纪校规和学校政策，让社会主义核心价值观无处不在。同时，作为一项综合的、系统的育人工程，高校的社会主义核心价值观的培育需要全体师生共同参与、群策群力，为了提高社会主义核心价值观的教育实效性，高校应该紧密联系大学生学习与生活的实际，构建社会主义核心价值观培育的长效机制。高校要明确领导责任制，切实加强组织领导，做好社会主义核心价值观的具体指导和督促检查工作，根据本校的文化传统、专业特色和学生情况，制订、实施切实可行的工作纲要、计划和举措，并在人员、经费、信息手段等方面提供必要的保障措施。

一是利用高校的理论研究平台，加强培育和践行社会主义核心价值观的研究力度，为高校的社会主义核心价值观培育提供理论基础和学理支持，推进社会主义核心价值观的研究传播。

二是要完善学校规章制度。完善教师管理规定，推进现代学校制度建设，完善学校规章制度，完善学生守则公约，使大学生遵守校纪校规，遵守学生守则，并将社会主义核心价值观作为生活的基本准则。

三是要探索建设大学生诚信档案制度。要建立健全学生诚信档案，并将其作为大学生思想品德测评的重要依据。加大对学生在学术、学业、考试和就业等方面的诚信教育，分层推进诚信档案建设，加大对失信行为的惩戒和约束力度，构建有机衔接的大学生信用约束机制。

四是要构建师德建设长效机制。高校要全面落实《关于建立健全高校师德建设长效机制的意见》《新时代高校教师职业行为十项准则》《关于高校教师师德失范行为处理的指导意见》，将社会主义核心价值观的要求融入教师职前培养准入和职后培训管理全过程，加强师德宣传、注重师德激励、创新师德教育、强化师德监督、健全师德考核、严格师德惩处，使高校教师能够良好地遵循职业道德规范，承担育人职责、坚定理想信念、提高师德践行能力。

五是要创设联动机制。在培育和践行社会主义核心价值观过程中，高校各级领导要高度关注，各级教育者要共同努力，各个教育环节要紧密配合，做到结构优化、功能互补、步调一致，实现全员、全程和全方位的育人。"两课"教师要站稳课堂，做好理论灌输；党政干部要做好管理活动和服务工作，开展疏导教育；辅导员、班主任等管理人员要注重思想引导，密切联系学生工作；专业课老师要以身作则，潜移默化地影响学生。

六是要构建行为自律机制。任何观念、道德的内化都重视从他律向自律的转变，社会主义核心价值观培育和践行也不例外。高校培育和践行社会主义核心价值观的目的不仅是让学生了解核心价值观的内容，更重要的是通过对理论的掌握和内容的了解，使学生在思想上认同社会主义核心价值观，并在行动上践行社会主义核心价值观，使社会主义核心价值观内化于心、外化于行，在内心里自觉地以社会主义核心价值观为指导，规范、约束个人行为。要达到这一目的，高校要帮助大学生构建行为自律机制，将社会主义核心价值观具体化、生活化，以社会主义核心价值观为基本原则制定大学生行为规范，帮助大学生树立内心的道德准则，增强其是非观念和道德判断能力，使之充分体现在大学生个人行为之中。

第二节 构建高校培育践行社会主义核心价值观的具象化机制

社会主义核心价值观培育践行的方式可分为融入生活的具象展示和单向说教的抽象灌输，两种不同的培育方式产生不同的效果。如何使社会主义核心价值观在高校大学生群体中深深扎根，是培育践行社会主义核心价值观的关键。恩格斯说过："我们不知道有任何一种力量能够强制处在健康清醒状态的每一个人接受某种思想。"① 马克思指出："只有当物按人的方式同人发生关系时，我才能在实践上按人的方式同物发生关系。"② 这就是说，社会主义核心价值观不可能单纯地依靠施教者的高度重视和主观热情来传播，而要探究大学生的接受规律，通过科学、理性的方法，引导他们树立社会主义核心价值观。社会主义核心价值观作为"形而上"的意识形态，只有渗透到丰富多彩的大学校园生活，大学生们才能内化于心，外化于行，正所谓"劈柴担水，无非妙道；行住坐卧，皆在道场"。新常态下，构建具象化机制成为社会主义核心价值观回归高校校园生活的迫切需要，是增强培育践行社会主义核心价值观实效性的必然要求。

一 高校大学生培育践行社会主义核心价值观具象化机制的内涵

高校大学生培育践行社会主义核心价值观的具象化机制，是指施教主体充分利用可感知、可识别的具象化载体和形式，促进大学生潜移默化地认知、整合、内化社会主义核心价值观培育的具体运行方式。具象化机制可以将社会主义核心价值观的内涵、意义清晰地呈现在大学生面前，让他们很容易地体验之、内化之，防止"视听疲劳"和"心理排斥"，从而使他们对社会主义核心价值观的思想定力与精神情感得到新的提高和升华。

"具象"的原初内涵，是指文艺创作过程中活跃在作家、艺术家头脑中的

---

① 《马克思恩格斯选集》（第3卷），人民出版社1995年版，第426页。
② 《马克思恩格斯全集》（第42卷），人民出版社1979年版，第12页。

基本形象。何谓"具象化"? 所谓"具象化",是指抽象事物的具体化、直观化、形象化。一般而言,就是人们通过可触摸、可感知、可识别的载体和形式,将抽象的事物、无形的精神清晰地勾画出来,为人们所感悟、所认可,进而产生情感的共鸣和思想的共振。中华传统文化中具象化思维的渊源颇为深厚,《庄子》就是利用具象的描写来展示高度思辨的哲学思想。

有研究表明,个体获取的信息有80%来自视觉,11%来自听觉。从学习知识的角度来看,视觉、听觉的重要性大大超过其他知觉,正所谓"百闻不如一见"。这意味着把社会主义核心价值观在现实生活中展开,融入具体化、形象化、直观化的载体,将能提高大学生对社会主义核心价值观内化的程度。具象化机制上连天线、下接地气,使施教主体惯用的抽象思维与大学生惯用的具象思维实现无缝对接,属于"随风潜入夜,润物细无声"的育人机制,可推行,见效快,是培育践行大学生社会主义核心价值观,增强其实效性的必然选择。

二　培育践行社会主义核心价值观具象化机制的运行机理

高等院校培育践行社会主义核心价值观具象化机制的运行机理,主要包括教育主体、教育载体、教育客体三要素互动的规则、方法和形式等。在这个过程中,要经历载体开发、内涵赋予和心象塑成三个阶段。

载体开发阶段。开发的载体必须把教育主体与教育客体联系起来,且能使二者发生互动。高校围绕大学生培育践行社会主义核心价值观的目标,立足现实社会,精心策划多个侧重点的各类可视、可听、可触的载体,增加对大学生的吸引力、感染力。载体的开发可在校内,亦可在校外,可在网上,亦可在网下,灵活多样,形式丰富。

内涵赋予阶段。开发出来的载体在运行中应形成具体而微的活动场域,使场域的主题紧扣社会主义核心价值观的内涵,注重让内涵因有形的载体而浮现,让有形的载体为抽象的内涵而存在。内涵的赋予就可以围绕某个范畴,也可以围绕某个层面,因地而异,因时制宜。内涵的赋予应是适切的,而非牵强的,这样有利于提高大学生对社会主义核心价值观内涵的理解深度。

心象塑成阶段。赋予内涵的载体对大学生的感官系统产生一定刺激,引起他们大脑的注意、观察、思考，形成对某一个范畴、某一个层面的感知，进而"渐于礼仪而不苦其难，入于中和而不知其故"，意即立象尽意、以象喻理。在具象化情景中，大学生通过体验与感知、分析与研判、认可与选择等一系列的心理活动，由近及远，由浅至深，由隐到显，由实到虚，不断吸收、消化并形成社会主义核心价值观的心象，进而产生强大的认同感和归属感。

具象化机制运行过程中，大学生社会主义核心价值观的形成要经历从形象的直观到抽象的思维再到生动的实践，是知、情、意、行等协调发展的结果。大学生培育践行社会主义核心价值观具象化机制的实质是寓理性教育于感性教育，化无形为有形，行不言之教，达到"无为而治"的境界，正如老子所说的，"善行，无辙迹；善言，无瑕谪；善数，不用筹策；善闭，无关楗而不可开；善结，无绳约而不可解"①。

三　培育践行社会主义核心价值观具象化机制的运用

一般系统论创始人贝塔兰菲认为："不能只是孤立地研究部分和过程，还必须解决使它们统一起来的组织和秩序中发现的决定性的问题——来自各部分的动态相互作用，并使孤立研究与整体研究的各部分的行为有所不同。"②社会主义核心价值观培育践行的具象化机制亦然。根据要素功能发挥作用向度的不同，培育践行社会主义核心价值观的具象化机制可细分为四种机制，每一种机制具有不同的结构定位、功能指向，相互之间存在分工、合作和互掣的关系，其共同构成具象化机制运行的内在逻辑结构。

（一）合目的性与合规律性的对接机制

哲学家康德指出，目的性是指反思判断力为了行为而设定的主观道德理想，规律性是指纯粹理性先验范畴的因果必然性。目的性是人类实践活动的基本特征，人类的所有实践活动都是在一定观念指导下进行的，具有很强的目的性。恩格斯指出："在社会历史领域内进行活动的，全是具有意识，经过思虑或凭激情行动的、追求某种目的的人；任何事情的发生都不是没有自觉

---

① 文景编著：《道德经》，中国人口出版社 2015 年版，第 66 页。
② ［美］冯·贝塔朗菲：《一般系统论：基础·发展·应用》，秋同、袁嘉新译，社会科学文献出版社 1987 年版，第 26 页。

的意图，没有预期的目的的。"① 人类的任何实践活动必须在遵循客观规律的前提下展开，否则会遭受客观规律的惩罚。合目的性与合规律性的统一贯穿于人类实践活动始终。合规律性与合目的性是人的活动区别于动物本能活动的基本特征，是现实的人的特性和本质。人的活动处于不断的变动之中，现实的人也处于不断的变动之中。因此，合目的性与合规律性的对接机制是评价、改进人的活动的保障。

培育践行社会主义核心价值观作为培养人的实践活动，是一种由理性引导的有目的的追求。大学生社会主义核心价值观培育的目的就是使大学生全面发展，最终成为"四个全面"战略布局的宣传者、捍卫者和执行者。合目的性是大学生社会主义核心价值观培育践行过程的起点和归宿，彰显时代对大学生的要求，体现着党和国家对大学生的殷切期望，规定了大学生思想政治品德的发展内容，指明了培育践行的方向和结果，在整个社会主义核心价值观培育过程中发挥着导向、激励和调控作用。合规律性是指在引导大学生树立社会主义核心价值观的过程中，务必遵循人才成长规律和思想政治教育规律，因人制宜，因事制宜，有的放矢地开展培育践行活动，不断提高高校社会主义核心价值观培育践行的科学化水平。合目的性与合规律性应相伴而生、相伴而行。只顾目的性忽视规律性，会使培育践行活动走弯路，只顾规律性忽视目的性，会使培育活动步入歧途。科学合理的做法是兼顾目的性和规律性，建立二者对接机制，使二者相互促进，统一于培育的内容、培育的方法、培育的程序等各个方面，为高校社会主义核心价值观培育践行的具象化奠定合理性基础，只有得到社会的普遍认可与大学生的广泛欢迎，才能使培育践行活动在具象化过程中走出困境、增强实效。合目的性与合规律性的对接机制能够较好地适应当下社会环境和大学生自身特点，帮助我们正确处理合目的性与合规律性的关系，不至于走偏。简言之，合目的性与合规律性的对接机制是二者不断趋近直至完美统一的过程，为构建具象化机制提供了基本原则，是具象化机制构建的逻辑起点。

（二）文本世界到生活世界的转化机制

当前的大学生思想政治教育主要依靠课堂教学，实践教学的深度、广度

---

① 《马克思恩格斯选集》（第 4 卷），人民出版社 1995 年版，第 247 页。

和规模仍然十分有限。把学生视为是等待填充的"道德之洞"（杜威语）或"美德之袋"（科尔伯格语），学生成为被教育、被塑造的靶子。在这种教育模式下，大学生的"三观"形成于两个分裂的世界，在一个世界里"像一个脱离现实的傀儡一样，从事学习，而在另一个世界里，他通过某种违背教育的活动来获得自我满足"①。经济社会发展的转型和新媒体对大学生思想观念的消极影响，使得在文本世界开展思想政治教育的弊端和缺陷日益突出。

在主体性日益增强的当下，大学生总是按照他们的思维路径，在他们的生活经验范围里认可接受某种思想观念。社会主义核心价值观的培育践行不能脱离社会环境，其形成和发展是一个动态的系统工程，是社会实践的结果，其说服力和感召力从根本上取决于在生活世界中具象化的程度。现实生活是培育践行社会主义核心价值观的重要场域。这就要求大学生培育践行社会主义核心价值观活动在运行过程中力求内容开放、过程开放，走出文本世界的窠臼和羁绊，融入生活世界，"同自己时代的现实世界接触并相互作用"②。马克思"人们的存在就是他们的现实生活过程"的命题、杜威"教育即生活"的命题和陶行知"生活即教育"的命题无不强调生活与教育的紧密联系。任何价值观均来源于生活世界并存在于生活世界之中，社会主义核心价值观更是如此。生活世界是大学生培育践行社会主义核心价值观的重要视域和现实场域。就横向而言，大学生社会主义核心价值观的培育践行要回归生活、融入生活，从生活中汲取养料，既要在学习生活中展开，也要在日常生活中展开，既要在校内生活中展开，还要在校外生活中展开，让大学生感觉到社会主义核心价值观如同空气一样无时不有、无处不在。就纵向而言，培育践行活动要从大学入学一直贯穿于大学生活直至大学毕业。大学生社会主义核心价值观培育践行的内容应就近、就地取材，以可感知、可触摸的活生生事实让大学生潜移默化地领悟社会主义核心价值观24个字、12个范畴的内涵，转化为内心的认同和信仰。社会主义核心价值观培育践行的生活化并非把大学生放入生活中就万事大吉，而是根据24个字、12个范畴的内涵精心设计、

---

① 联合国教科文组织国际教育发展委员会：《学会生存：教育世界的今天和明天》，华东师范大学比较教育研究所译，教育科学出版社1996年版，第12页。

② 《马克思恩格斯全集》（第1卷），人民出版社1995年版，第220页。

策划基于生活展开的喜闻乐见的活动，使大学生的言行悄然无息地发生改变，向社会主义核心价值观靠拢，进而内化于心，外化于行，实现理性认识与感性认识的完美统一。文本世界向生活世界的转化应构建相应的机制，明确转化的路径、方法和措施等，找准转化的切入点，这种转化寓无形为有形，是从形而上向现实生活的转化，是唯书到唯实的转化，为大学生理解社会主义核心价值观内涵打开一扇亮丽的窗户。唯如此，抽象的社会主义核心价值观才能转化为形象的生活图景，才能获得大学生的普遍认同，正如苏霍姆林斯基所言"凡是与教育有关系的人，都应当聪明地拉着孩子的手步入人的世界，不要蒙上他们的眼睛，使他们看不到人世间的欢乐和苦难"[①]。

（三）内化于心与外化于行的耦合机制

理论的接受是内化与外化相统一的过程，内化是外化的基础和前提，外化是内化的外显和表现。大学生社会主义核心价值观的培育践行其实是内化的过程，没有外化的巩固，内化可能竹篮打水一场空。构建内化于心与外化于行的耦合机制势在必行。这里的耦合机制是指构成大学生社会主义核心价值观培育践行的内化、外化过程的各个组成要素之间相互制约、相互促进，形成的相对稳定的循环累积和巩固关系。它具有整体的可控性、过程的复杂性和结果的稳固性等特征。

恩格斯指出："就单个人来说，他的行动的一切动力，都一定要通过他的头脑，一定要转变为他的意志的动机，才能使他行动起来。"[②] 大学生社会主义核心价值观的内化就是将核心价值观的主张、观点等转化为大学生的理想信仰、精神追求。"内化于心"，就是借助具象化载体引导大学生把社会主义核心价值观看在眼里，听到耳里，记在心里，成为他们的价值观。只有把培育践行社会主义核心价值观融入生活的每个方面，在大学生心中播下健康的"种子"，才能使它生根、发芽、开花、结果。结合大学生"新媒体化"存在的现状，充分发挥新媒体传播社会主义核心价值观的主渠道作用，尤其要加强社会主义核心价值观的网上传播，最大限度地奏响主旋律、传播正能量，使社会主义核心价值观真正成为大学生"心灵的罗盘"。要善于用大学生喜闻

---

① ［苏］苏霍姆林斯基：《怎样培养真正的人》，蔡汀译，教育科学出版社1992年版，第22页。
② 《马克思恩格斯选集》（第2卷），人民出版社1995年版，第251页。

乐见的形式来宣传践行社会主义核心价值观的先进典型,增强大学生的价值判断力和道德责任感,使大学生在理性和情感上对社会主义核心价值观真正产生双重认同。通过内化于心,社会主义核心价值观在大学生心灵中产生共鸣,在精神上形成共振,在思想上达成共识。外化于行,就是要推动大学生投身社会主义核心价值观的生动实践。马克思指出,全部社会生活在本质上是实践的,社会主义核心价值观的生命力和感召力也在于实践。如果离开了实践、脱离了生活,再好的价值观也会沦为纸上谈兵。因此,要坚持不懈地开展形式多样、贴近生活、针对性强的主题实践活动,动员大学生从身边小事做起,从一点一滴做起,把社会主义核心价值观转化为日常的行为准则,进而让学习雷锋、志愿者服务、公益活动等助人善举成为大学生自觉的行动。大学生不仅要按社会主义核心价值观的各种要求行动,而且要把这些要求作为检验是非善恶、正当与否的标尺,反思和检视自己的言行,使自己的言行符合或越来越接近社会主义核心价值观的要求。内化和外化的实现离不开大学生主体性的发挥,学生的主体性主要体现为他们的自觉性、能动性和创造性。内化与外化的互动体现在知行合一,而"知"是前提,是起点,只有内心认同,才能主动践行。扎实的外化有助于加深内化的程度,二者互相制约。内化不彻底,外化就会流于形式;单纯的外化于行而未内化于心,其行动便难以持久。内化于心与外化于行的耦合机制彰显着马克思主义认识论的精髓,从理论与实践相统一的角度确保具象化机制构建的有效性,使社会主义核心价值观内化为大学生的精神追求,外化为大学生的自觉行动。

（四）一元主导与多元参与的协同机制

当代西方德育理论认为,个体道德的形成和发展是由于个体内部活动和社会群体影响发生交互作用的结果。美国"认知发展道德教育理论"学派代表人物柯尔柏格主张、充分利用环境氛围和伙伴之间相互影响等教育资源,促进青少年儿童思想道德健康发展。高校的重要职责是人才培养,社会主义核心价值观培育是人才培养的重要内容,高校应主导大学生社会主义核心价值观的培育践行。但在新常态下,仅凭高校单打独斗,难以实现大学生社会主义核心价值观培育的具象化,必须动员、吸收社会力量,正如马克思所言:"个人的全面发展只有到了外部世界对个人的才能的实际发展所起的推动作用为个人本身所驾驭的时候，才不再是理想、职责等"①。

社会大环境能为培育践行社会主义核心价值观提供丰富的资源。任何社会实践活动都要以一定的资源作为支撑，大学生培育践行社会主义核心价值观作为高校对大学生施加有目的、有计划、有组织的影响，使他们形成符合特定要求的社会实践活动，同样也离不开资源功能的发挥。从一定意义上说，大学生社会主义核心价值观培育践行的过程就是社会资源发挥作用的过程，其实际效果与社会资源作用发挥的程度密切相关。社会团体、行业协会、社区和家庭是高校人才培养的最终受益者，在大学生社会主义核心价值观培育践行这个重要工作上"不仅要一致行动，而且要志同道合，抱着一致信念，始终从同样的原则出发，无论在教育的目的上、过程上还是手段上，都不要发生分歧"②。社会团体、行业协会、社区、家庭各自掌握不同的资源，这些资源对大学生社会主义核心价值观的培育践行具有重要促进作用，能够弥补校内资源的不足。高校要与社会团体、行业协会、社区和家庭签订社会主义核心价值观共建共育协议，明确双方职责、权利和义务等，建立一元主导与多元参与的协同机制，从而弥补高校在大学生培育践行社会主义核心价值观方面的短板，形成方向相同、力量相聚的合力。

高校与社会组织之间的协同机制可以在更大范围内聚集社会组织的力量，使社会组织由"旁观者"转变为"参与者"，是构建具象化机制的重要保障。在宏观层面，一元主导与多元参与的协同机制能够促使高校与社会组织在培育大学生社会主义核心价值观方面形成合作互赢的新型关系，重新定义各自在大学生培育践行社会主义核心价值观中的职责和作用，把社会组织有利于大学生培育践行社会主义核心价值观的各类资源科学合理地优化、配置，防止资源利用过程中"孤岛效应"的发生，提高资源的利用效度，扩大具象化机制运行的场域。在微观层面，一元主导与多元参与的协同机制可以较好地考虑大学生的心理特征、认知规律和专业情况等，使得大学生培育践行社会主义核心价值观活动在内容上更务实，形式上更接地气，载体上更多样，时间上更灵活，加深加强具象化机制运行的效应。

---

① 《马克思恩格斯选集》（第3卷），人民出版社1960年版，第330页。
② ［苏］苏霍姆林斯基：《给老师的建议》（下），教育科学出版社1981年版，第264页。

上述四个机制是相对的功能独立体，方向一致，各有侧重，各有所长，缺一不可。合目的性与合规律性的对接机制是前提，文本世界到生活世界的转化机制是方向，内化于心与外化于行的耦合机制是关键，一元主导与多元参与的协同机制是保障，它们之间相互作用，交织在一起，共同形成较为完整的具象化机制系统。

随着经济全球化深入发展和我国对外开放不断扩大，大学生社会主义核心价值观培育践行所面临的环境也随之变化，高校社会主义核心价值观培育践行的具象化机制也应随之不断丰富、发展和完善，以增强适应性和生命力。正如马克思所言："现在的社会不是坚实的结晶体，而是一个能够变化并且经常处于变化过程中的有机体。"① 这就是说，培育践行社会主义核心价值观的具象化机制既非一朝一夕之功，也非一劳永逸之效，而是一个动态的过程，没有休止符，永远在实践和探索中。

第三节　社会主义核心价值观视域下大学生社会责任感的培育机制

康德曾经指出："人，每一个在道德上有价值的人，都有所承担，没有任何承担，不负任何责任的东西，不是人而是物件。"② 马克思在谈到人的责任时认为："作为确定的人，现实的人，你就有规定，就有使命，就有任务。"③ 责任对个体成长的重要意义不言而喻。在社会经济处于"三期叠加"的新常态下，大学生社会责任感培育的工作面临新情况、新挑战、新机遇，培育大学生的社会责任感比以往任何时候更重要。社会主义核心价值观的提出为大学生社会责任感培育工作的理念、目标、内容、形式等各个方面的创新指明了方向、提供了遵循，必将增强大学生社会责任感培育工作的实效性。

时代的变迁对社会责任感提出了更高的要求，当代大学生站在时代的前

---

① 《马克思恩格斯选集》（第2卷），人民出版社1995年版，第102页。
② ［德］康德：《道德形而上学原理》，苗力田译，上海人民出版社2002年版，第7页。
③ 《马克思恩格斯选集》（第3卷），人民出版社1995年版，第579页。

沿，这一群体的社会责任感对社会进步有着直接的推动作用。联合国教科文组织在提交的 21 世纪教育报告中强调，现代社会的发展，需要学生成为有社会责任感和事业心的人，有科学文化知识和开拓能力的人，有志有为、德才兼备的人。可见，当下是一个个人与他人、个体与集体、局部和整体有机交融、密不可分的集合，我们应该站在对个人负责、对他人负责、对社会负责的立场上，强化全社会尤其是大学生群体的社会责任规则教育，进而推动"知行合一"社会责任感的完善。

一　大学生社会责任感的一些不良现状

随着世界多极化、经济全球化局面的进一步打开，当代大学生在文化多元化的浪潮中，表现出向往独立，有较强的自主意识、思想活跃，有强烈的求知欲望等诸多特点，他们积极关注时事，具有参与意识，从而具备一定的责任意识，能够勇于承担多方面责任，拥有正确的世界观、人生观和价值观。与此同时，依然有部分大学生在个人主义、享乐主义和拜金主义等错误价值取向的影响中，出现了社会责任感缺失的现象。

（一）社会伦理责任感淡漠

社会伦理责任感归根结底反映的是整个社会对"利益"表现出的价值取向这一核心问题。虽然当代大学生普遍具有较为强烈的爱国主义精神，他们积极履行共产党员或共青团员的义务，并怀有强烈的民族自豪感，但对自己所应该承担的社会伦理责任并没有清醒的认识。他们无法将个人理想和社会发展、国家命运紧密地联系起来，却更多的只能将狭隘的关注点投射在现实利益和自身发展上。

（二）集体责任感扭曲

集体责任感对于大学生群体而言，有其特有的内涵，主要是指从事集体活动时对集体的认同感和归属感。当代大学生拥有较强的独立意识和个人意识，虽然生活在集体中，但作为一个社会人，他们经常以自我为中心，并按照自己的意愿做事，喜欢关注自己感兴趣的事情，对集体的关心程度不高，几乎不会以主人翁的姿态参与到集体活动中去。例如学校社团和院系班级活动，他们多数以自己的意愿为主，而忽略了在他们看来"沉默的大多数"。

（三）他人责任感迷茫

古今中外，对他人承担广泛的责任是当代社会人必须具备的品质之一。不少大学生在人际交往方面存在一定的欠缺，他们经常容易忽视自我与他人之间相互依存的社会关系，从而在追求个人目标时，很少设身处地为他人着想和考虑他人的感受，并忽视他人的价值①。在大学生的寝室生活中，这种缺失便会被无限地放大。一些同学不懂得为他人着想，总想着自己的便利，也总以"以后并不会有过多交际"为借口，一味地站在自己的立场考虑问题。

（四）家庭责任感弱化

家庭责任感是社会个体在与其他家庭成员发生伦理关系后，形成的天生具有的感性认知。当代大学生大都是"90后"的独生子女，是在父母长辈的关爱和呵护下成长起来的，因而在备受关注中总把自己看得很重要，一方面不懂得感恩和奉献，认为父母艰辛的付出是理所当然，并没有考虑家庭的经济状况，因此高校校园的盲目攀比之风也一直存在并有增无减。

（五）个人责任感异化

总体上来说，大学生追求的是个体的独立性和主体完整性，个人责任感呈现出明显的利己化、功利化和情绪化的倾向。如今，便捷的移动互联网、大学灵活的课程安排和丰富的课余生活给了当代大学生更为充分的时间，因而部分学生在"挣脱"了高考的"苦海"后，偏听偏信"大学很轻松"的话语，变得缺乏学习主动性，得过且过。而迟到早退、考试违纪、积欠学分等现象的屡见不鲜，更让人不由反思大学生的责任感都去了哪里。此外，大学生诚信缺失的问题也是个人责任感缺失的重要表现，他们考试作弊，学术不端，并不以为然，似乎成了某种反常的"常态"。

二　大学生社会责任感缺失的原因

（一）道德教育实效的乏力

随着素质教育更大规模的普及，从前的应试教育模式得到了一定改善，

---

① 陆成成、刘凌：《社会主义核心价值观教育与大学生责任意识的提升》，《高校辅导员学刊》2014年第10期。

然而考研率、出国率依然是很多高校的关注重点。与此同时，社会方面评判一个学校教育质量的优劣，依然还是更多地停留在关注学校升学率的层面，从而促使学校和教师将学生的智力发展放在最重要的位置上。相较之下，对于道德教育的重视力度不够，将思想品德课程演变成流于形式的说教抑或是寻常意义上的班会，这种畸形的教育理念和教育方式，促使学生智力和品德发展的失衡①。在大学，虽然各高校都开设了相关的道德教育课程，然而，效果却不尽如人意。一方面，任课教师没有将课程上升到相应的高度，另一方面，大学生也对这样的课程缺乏正确的认识，加之没有结合一定的社会实践，使得大学生对社会责任感的理解不够深刻。

（二）大众媒介导向的错位

现阶段，大众媒介已经从带有较为明显的宣传、训导和灌输色彩的传统意识形态阶段，发展至迎合大众消费欲望、建构自我幻象等为目的的新意识形态阶段，并与其他社会商品一样经历生产、分配、流通和消费四大环节，成为资本与社会意识之间寻求平衡的重要机制和新意识形态生成与渗透的平台。尤其是2010年以后，伴随移动通信和互联网二者结合程度的加深，网络新媒体中大量的信息噪声让人难以分辨是非妍媸，网络新媒体的公共性、泛娱乐化和快速传播性的特征，导致在网络新媒体空间中多种意识形态相互激荡，西方利己主义思潮通过新媒体快速传播形成市场，并向社会主义文化侵蚀；而消费主义的精神也在逐渐消解着道德和责任等基本的社会理念，这些都在一定程度上瓦解了当今社会的道德规范和关系纽带。当代大学生自身甄别能力本身就有待提升，而在网络新媒体的多元价值观冲击下，他们的价值观在"啃食"快餐文化中呈现功利化倾向，因而对社会责任边界认知模糊，导致社会责任感的缺失。

（三）个人价值取向的迷失

在西方诸多思潮涌入的社会背景下，受社会无意识心理的影响，大学生们逐渐曲解对私有观念的理解，他们变得自私自利，锱铢必较，习惯以自我

---

① 董越：《当代大学生的社会责任意识培育问题研究》，东北林业大学，硕士学位论文，2014年，第29页。

为中心，在社会交往中宁愿"独立自主"，也不愿互助合作。另外，随着大学扩招带来的人才竞争的加剧和就业压力的增大，大学生们更多地会考虑自身的发展和出路等。久而久之，大学生的社会责任感开始缺失，并始终将自身的利益放在了很重要的位置上。他们对于公平的"界定"，往往是基于自己是否处在公平的一带，对社会责任感的意识，则更多是基于对利益的平衡。

三 社会主义核心价值观与社会责任感的内在契合性

（一）社会责任感是社会主义核心价值观的思想保障

生活的全部高尚源于对责任的高度重视，而生活的耻辱在于对责任的疏忽，古罗马著名思想家西塞罗早有这样的阐述。社会责任感是社会主义核心价值观的保障，主要体现在以下两个方面。一方面，一个拥有社会责任感的人，会以主人翁的姿态勇担社会责任，从而为人们的生存发展创造更好的生活环境。而社会主义核心价值观处于社会主义社会意识形态层面，只有当社会的物质条件相对丰富，才有对大学生进行培育和践行社会主义核心价值观的基础和必要。另一方面，只有增强了社会责任感，大学生才能自觉践行社会主义核心价值观，从而将国家、社会和个人"三个层面"的倡导融入生活的方方面面，并将此作为思想武器，成就思想自信，并为中华民族的伟大复兴做足准备。

（二）社会主义核心价值观是社会责任感的教育内容

大学生社会责任感的缺失，有部分原因是源于道德教育的缺乏。将社会主义核心价值观的具体内容融入大学生社会责任感培育的全过程，为大学生社会责任感教育提供了资源。社会主义核心价值观内容的第三层次，"爱国、敬业、诚信、友善"就是要求个人履行对于国家、社会、他人，以及自身的责任，就是要在把握个体的社会关系的基础上，勇于承担责任、履行义务。将社会主义核心价值观的价值内涵转化成大学生喜闻乐见的生活话语体系，有利于在这一群体中有效开展社会责任感的培育。

（三）社会主义核心价值观和社会责任感的共生交融

古罗马著名思想家西塞罗说："生活的全部高尚寓于对责任的高度重视，

生活的耻辱在于对责任的疏忽。"① 社会主义核心价值观与社会责任感都属于意识形态的范畴，二者具有高度的内在契合性。社会责任感是社会主义核心价值观内核的重要构成，社会责任感是实践社会主义核心价值观的观念先导，二者在相互转化上同步，在实践活中交叉融会。换言之，社会责任是社会主义核心价值观的底线，社会主义核心价值观为培育大学生社会责任感指明了方向，大学生具有社会责任感才能更好地认知认同社会主义核心价值观，成为社会主义核心价值观的自觉倡导者、践行者。

（四）践行社会主义核心价值观是我们的社会责任

要将社会主义核心价值观有机融入社会责任感中，就是要在思想和行动上，把社会主义核心价值观的践行作为自己重要的社会责任。一个人或一个组织的社会责任是复杂的、多方面的，包括对环境的责任、对国家的责任、对他人的责任等。社会主义核心价值观内涵丰富，意义深远，囊括了当代中国社会成员在各方面的基本责任要求，践行社会主义核心价值观就是要将这些责任要求转化为自己的社会责任，并不断增强对这些社会责任的道德意识、道德情感和道德意志，并使之成为强烈的社会责任感，从而始终基于这种社会责任感行动。可见，将社会主义核心价值观的践行转变成我们主要的社会责任感，我们就会高度自觉地践行社会主义核心价值观的各种要求②。

四　社会主义核心价值观视域下大学生社会责任感的培育机制

（一）学校教学传授中强化社会责任感的认知

以高校课堂教学为主阵地，将社会主义核心价值观内涵融入增强社会责任感的全过程，就是要把社会主义核心价值观教育融入社会责任感与高校契合的地方，即教学、管理与服务的各个方面和具体环节中去，融入大学生的日常生活中，争取做到以理服人、以情感人、以德化人。为此必须在谋划和推进学生工作和校园文化的建设中，注重体现思想道德建设的正确导向，彰

① 陈燕红：《网络时代大学生社会责任感培养刍议》，《中国集体经济》2015 年第 36 期，第 154 页。

② 唐亚阳、杨超：《社会主义核心价值观视域下当代大学生社会责任感培养研究》，《思想教育研究》2014 年第 6 期。

显社会主义核心价值观的价值内涵，以及体现社会责任感的基本要求。

高校思想政治课教师要在相关课程的教学过程中，积极倡导渗透式隐性教学方法，积极将从前说教为主的"灌输"式教学理念向注重大学生自我体验的责任教育模式转变。首先，要坚持马克思主义的责任观。社会主义核心价值观充分彰显了马克思主义指导思想的重要指导地位，这为社会责任感的创新培育模式提供了翔实的思想资源，即妥帖地处理好个人与他人、社会和国家的关系，将个体与集体相结合，在促进社会的整体发展中实现个人的利益。其次，要结合大学生的专业特点，在职业道德教育中融入社会责任感和社会主义核心价值观所倡导的"爱国、敬业、诚信、友善"价值理念，并贯穿高校学习和生活的始末，要求每个大学生努力做社会主义道德的示范者。因此，在高校思想政治课教学中，相关教师要以社会主义核心价值观为主线，注重把职业道德教育作为社会责任感培育的重要内容，调动大学生爱岗敬业的思想观念和自觉性，以及践行社会主义核心价值观的意识，并将道德知识内化为信念，从而外化为责任行为。

（二）网络媒体宣传中渗透社会责任感的元素

如今，随着科技高速发展，网络已经逐渐成为大学生获取信息和接受知识的主要途径，其为增强大学生社会责任感提供了载体。要将社会主义核心价值观有机融入网络，从而加强和改进网络内容建设。因此，要善于利用微信、微博、论坛等媒介，积极建立网络教育阵地，利用网络帮助大学生塑造正确的世界观、人生观和价值观。

首先，要重视舆论的作用，主动搭建满足师生需求的校内社交网络，通过网络密切关注学生思想动态，及时与他们沟通交流，启发他们思考，在讨论中增强他们对社会责任感的认同程度。可以通过整合校内资源，从学生的需求出发，将与学生利益密切相关的网站，如教学性网站、校内论坛及校外相关链接等整合起来，搭建集中性、互动性和即时性一站式的社交网络服务平台。其次，通过积极建设贴近生活、贴近学生的主题教育平台，向大学生宣传先进事迹，传播社会正能量。最后，主动占领商业社交网络，鼓励学校知名学者和相关教师通过商业社交网络的使用，从而在与大学生的沟通交流中展现学者魅力，以良性互动积累人气，在观点交流中设置议程，并通过学习讨论、交流互动等方式，来了解学生的心理动态并理性解读问题。将社会责任感的元素渗透在网络媒体中，将践行社会主义核心价值观与增强社会责任感相结合，并把握好社会责任感培育的向度，有助于实现大学生在践行社会主义核心价值观语境下的社会责任感的增强。

（三）社会生活践履中体现社会责任感的担当

马克思指出："凡是把理论引向神秘主义的神秘东西，都能在人的实践中以及对这个实践的理解中得到合理的解决。"① 增强大学生社会责任感是一个通过外在诸多方面的影响促成责任内化的过程，而这个转化只能在大学生与外部社会相互作用的实践活动中实现。实践活动作为大学生体验生活的主要途径，是体现其社会责任感担当的基础。

高校要大力开展实践调研和志愿服务等各项大学生社会实践活动，为社会责任感的增强和发展提供充实的外部条件，使大学生在观察和体味社会生活中激发主体情感，升华主人翁意识，深刻感知社会责任感对个人、国家和社会的重要意义，进而逐步增强对社会和集体的责任感。此外，还可以通过实践提高大学生的专业知识和技能，通过个人素质能力的提升来巩固和增强他们的责任意识，从而在社会主义现代化建设中承担更多的责任。

增强大学生社会责任感的关键在于日常的社会实践活动，要通过社会实践这一途径来引导大学生的社会责任感，可以从几个方面着手。首先，积极创设丰富的校园文化情境。多彩的校园文化不仅可以培养大学生的社会责任感，还可以为其践行社会主义核心价值观提供重要的渠道。积极开展社团文化节、特色演讲比赛、十佳共青团员标兵评选等形式多样的活动，调动学生的参与积极性，让他们在日常生活、学习和交流过程中，接受正能量的熏陶，促成良好生活态度的养成，并培养主人翁意识，勇于承担社会责任。其次，设立相关的勤工助学岗位，鼓励大学生勤工助学。他们可以根据自己的特长，在锻炼自己并减轻家庭经济负担的实践中，增强他们的社会责任感。再次，引导大学生自我管理。为了能够使大学生增强承担责任的意识，可以鼓励他们以宿舍和班级为单位，人人拥有参与宿舍和班级管理的机会，这样能够增

---

① 《马克思恩格斯选集》（第1卷），人民出版社1995年版，第56页。

进大学生之间的团结意识和同学情谊。最后，创造社会实践机会。高校需要以社团为依托，结合各专业特点，充分利用大学生寒暑假、志愿者服务、社会调查和扶贫帮困等活动，引导大学生走出校门，到基层去，到群众中去，进一步了解我国国情，使其责任感在社会实践活动中不断得到升华。

第四节　现代大学学生事务管理机制创新

现代大学的学生事务管理，已经不同于传统单一的制度管理，而是要打造一种适合高校立德树人的育人文化，让管理文化既有制度的"形"，也有环境的"魅"，从而让文化的抽象性和制度的功能性结合，实现管理文化的制约性和导向性。尤其是文化差异作为大学生个体与群体之间差异的重要显性因素，在高校学生事务管理中理应作为重要关注点，加之生源结构复杂的大学生由于家庭因素、成长环境和个体认知的综合因素作用，导致其个体的认知结构和能力具有相对的差异性，所以在当前高校的学生事务管理中，必须重视管理文化的塑造和强化，在学生事务管理层面体现现代大学制度的人本导向。

一　现代大学学生事务管理文化内涵解析

（一）管理文化是现代大学育人文化的应然向度

"文化"概念的提出可以追溯到文化本身的开始。因为每个人的成长环境、受教育程度、社会经验、知识构成、社会阅历等因素的影响，人们的思想水平和认知水平都处在不同的发展水平。这也就是人们常常说的"仁者见仁，智者见智"。对于高校的管理文化而言，就是要在遵循行政管理规律的基础上，结合现代大学管理的客观规律，营造一种学术至上、服务师生发展的管理文化。

（二）学生事务管理文化是学生个体凸显与群体发展的制度文化

鉴于人们受到思想水平和认知水平的影响，会表现出不同的语言表达、行为举止以及思考方式等，这些就是个体在文化上的差异。群体在长期的发展与组织过程中，形成获得大部分成员认可和组织层面的行为方式、理念、规范和价值体系，这就是组织层面的群体文化。这里的群体文化既是共同、共通的，也是会对人们的生产和生活产生影响的。个体文化并不能完全融于群体文化，文化差异会造成个体与群体之间产生冲突和不和谐。在组织群体中，管理者要根据群体的共同目标，积极地引导个体融合到群体中，让个体文化与群体文化实现优势互补，形成凝聚力极强的组织文化。新的组织文化能激发全体成员为组织的共同目标而努力，提升组织协作的高效性①。

二　当前大学学生事务管理文化缺失的问题分析

（一）在指导思想上存在理念偏差

高校是人才培养的主要阵地，高校的一切工作都要围绕人才培养展开，尤其是学生事务管理工作更要好好为人才培养服务。在传统的高校管理体制中，高校和学生处于一种主动和被动的关系，学校占据着对一切事物的主导地位，是教育者和管理者；学生则是处于被动管理地位，是受教育者和被管理者。高校学生事务管理工作通常以社会需求为导向，学生的培养方向也要符合社会发展的需要。过于关注社会层面的需要，往往会忽视学生个体的需求。学校作为管理者需要依据社会发展的目标，也要关注学生的需要。

高校学生管理工作通常以学校的发展为落脚点，忽略了学生的发展。高校作为人才培养的重要场所，也是学生成长、发展和进步的地方。学校的建设、发展应该与学生的个体发展相一致，维护学生的利益，促进学生的个人成长，确保学生享受应有的权利。高校管理社会化之后，学校也要为学生的发展提供相应的服务。只有把学校的发展与学生的发展统一起来，学生事务管理才能获得成功。如果没有把二者统一起来，学生被动地被管理，就无法真正发挥学生自身潜能、追求自身目标。在高校群体中，大学生主体存在差异性，如果不尊重主体的客观差异，大学生在高校中就不能自由发挥，缺乏自信，无法满足自我发展的需求。

---

① 崔益虎：《专家化是我国高校辅导员队伍建设的必由之路》，《江苏高教》2015 年第 2 期，第101 页。

（二）在管理方法上缺少人文关怀

管理科学是一门艺术。高校管理者不能仅仅把学生当作管理对象，把学生当作麻烦制造者，学生就是用来"管""对付"的。而学生事务管理者为了解决当务之急，及时解决"麻烦"，通常会采用容易操作的方式。管理的方式与方法不一样，管理的水平和管理效果就不一样。学校对学生的细化管理，会涉及学生行为的方方面面，规章制度是生硬的、冰冷的，学生只要违反规定，就会受到不同程度的惩罚。学生在这种"独断式""封闭式"的管理中，只是一味受到条例约束，强调对制度的无条件服从，就感受不到温暖和温情。

现代大学制度要求学生事务管理者要凸显人本理念，特别是要从育人文化上营造制度管人和环境育人的双重导向。然而在现实中，学生事务工作者简单地凸显制度的管理属性，忽视了管理文化的环境育人作用。从表面上看，这种方式增强了管理的有序性，提升了学生学习的积极性，保障了教学的正常开展。但是实际上，它是不科学的。当大学生感受到被约束时，其学习的主动性、创造性都会受到严重的影响。学生的参与意识和民主意识也会大大削弱，不利于大学生的全面发展。学生事务的管理是纷繁复杂的，学生事务管理者有时候会采用一些简单、粗暴的方法。学生事务管理者要在繁忙的工作中抽出时间学习学生事务管理的相关理论和工作案例，以便创造性地开展工作。

（三）在管理内容上未能注重学生全面发展

高校致力于培养德才兼备、全面发展的人，即德育、智育、体育、美育等全方位的发展。高校学生事务管理应该为学生发展服务，培养学生的良好的政治素质、强健的身体素质、过硬的专业素养、丰富的科学文化。而目前我国高校的学生事务管理往往只重视学习，忽视了能力的培养，重智育轻能力，限制了学生的发展。

在中学阶段，家长和学校都只关注学生的学习成绩，但是到大学阶段学生不能只学习书本知识，更需要为以后踏上社会打下基础，加强对各种能力的培养和锻炼。高校学生事务管理者可以协助专业教师，积极开辟第二课堂，组织学生参加社会实践，把在课堂中学习的专业知识运用到实际中。学生在这一类活动中，不仅能运用专业知识，还有综合性能力，同时能意识到自己在专业和能力上的不足，更加认真学习、提升能力。作为高校，应该非常明确"成才"的标准，围绕全面发展的目标，为学生提供施展才华、展示个性、发挥特长的条件和环境，以支持学生在学习书本知识的同时培养综合素质能力①。

三　构建现代大学学生事务管理新路向的策略机制

（一）营造良好文化氛围，塑造和培育共同价值观

组织管理者要致力于建立成员认同的价值观，这种价值观具有一定的稳定性，建立共同价值观是文化管理的核心②。在处理同一件事情的时候，价值观的不同也会导致人们处理方式的不同。但是随着年龄的增长，人们的生活环境、经济收入、社会阅历不断变化，其世界观、人生观和价值观都会发生变化。同时，人们的价值观也会受到外界的影响。例如，现在传媒发展很快，尤其是网络普及加上手机等移动终端技术的进步，人们随时随地都接收来自网络的不同信息。当然，其他社会成员的言行也会影响到一个人的价值观。价值观变了，人的行为方式也会发生变化。个体处理事情行为的变化，会影响到群体的行为。因此，我们有必要去构建大学生共同的价值体系。共同的价值体系孕育共同的价值观，这需要得到全体成员的认可与尊重。课堂教学是高校传递共同价值观的基本途径，通过建立良好的校园文化环境以及各类校园活动，向学生灌输学校的价值理念，强化大学生对价值观的认知，以获得个体对群体价值观的支持。在学校的价值体系中，多树立榜样的示范作用，帮助学生树立正确的世界观、人生观和价值观。

（二）坚持以人为本理念，尊重和突出学生主体地位

"以人为本"既是管理文化的核心，也是高校管理的基本原则，因此，只有人才是最珍贵的财富。学生事务管理也应该坚持"以人为本"的基本原则，作为学生事务的管理者，要在尊重学生个性的基础上，深入了解学生的思想动态，处处为学生着想，帮学生排忧解难；以学生利益为首要利益，突出学生的地位。只有公平地对待每一位学生，才能促进学生的全方位发展。

在传统管理模式中，学生事务管理者喜欢那些老实听话、恪守校纪校规

① 胡盛祥：《微时代背景下高校管理态势、范式及路径》，《黑龙江高教研究》2017年第1期。
② 王云霄：《文化管理视域下的高校学生事务管理研究》，浙江工业大学，硕士学位论文，2012年，第64页。

· 159 ·

的学生，那些调皮捣乱的学生成为学生事务管理者的重点管控对象。制度化的管控压抑了学生的主动性，学生处于管理的被动地位，对于各项规章制度只能服从，而没有权利提出个人的意见和建议。学生事务管理者要坚持"以生为本"，强调学生主体地位，提升学生的参与度、提高参与的积极性，为学生管理提供一个更广阔的空间。

学生事务管理者的工作重心要围绕学生利益展开，坚持以学生利益为本，致力于服务学生的成长。许多大学生在经历高考之后，进入大学阶段就放松对学习的要求，因此，大学里有不少后进生。许多寒门子弟通过自身努力进入大学，但来到城市学习，生活成本和学习成本都大幅度增加。学生事务管理者要多关注这些后进生和经济困难的学生，实时了解学生的思想动态，帮助后进大学生认识到学习的重要性，帮助经济困难大学生顺利完成学业。

大学生是高校管理的主要对象，作为群体组织的一部分，大学生要服从学校的各项管理措施，这是基本义务。当然，学校也会尊重学生的一切权益。学生事务管理者要公平公正地对待每一位学生，尊重学生的个人权利和主体地位。大学生作为高校群体的一部分，他们拥有的权利是学校赋予的，学生的发展目标与学校也是一致的。学生明确自己拥有的权利和义务，就能更好地参与到学生事务管理中，体现其主体地位。

（三）创新学生事务管理方法，培养和增强学生自主管理能力

我国著名的教育家叶圣陶先生曾经说过："教育的目的就是为了达到不教育。"① 高校学生事务管理的实质就是教育活动的实践，实现管理的主体由学校、教师转向大学生自我管理，大学生接受正确的思想观念，修正错误的观点和行为，其实就是"不管理"。大学生是一个拥有丰富知识的群体，他们思想独立、思维活跃、行事大胆，在渴望独立与自由的同时，又希望得到他人的认可。可是这个群体在思想和行为上还不成熟，如果在管理上单纯地采用强硬手段，必然会导致大学生的不满和反对，影响管理的效果。对大学生的管理要改变传统的管理模式，强调对大学生自主管理意识的培养，提高大学生自主管理的水平，增强大学生的自我约束、自我教育、自我管理意识，实

---

① 薛丽丽：《非理性在大学生自我教育中的重要性》，《云南警官学院学报》2013 年第 4 期，第 121 页。

现自我发展，形成群体的价值取向。学生在管理的过程中不再是处于被管理者的被动地位，而是群体和自我的管理者。大学生的被动地位得到改观，就能强化大学生在群体中的意识和责任感，激发他们自我管理的意识，从而促使大学生不断对个人的行为方式进行规范和调整，由传统的外力"强硬管理"转变为内在"软管理"。

大学生的自主管理能力并不是与生俱来的，也是需要逐渐培养与强化的。首先，大学生要在群体中立足，必须管好自己的言谈举止，每个人要对自己的行为负责，增强大学生的责任感，在校纪校规允许的范围内规范言行。其次，提升大学生在学生事务管理中的地位。例如，学校在制定各项规章制度时，征求学生的意见和想法，考虑学生的个体和群体利益，邀请学生共同参与到学校制度的制定中。这样一来，学生就会真心地认可这些规章制度的内容，也会自觉地运用这些制度约束自己的行为。在潜移默化的过程中，大学生群体就形成共同的目标、行为准则和价值观。当意识到学生事务管理目标和学生发展目标一致时，学生就会自觉地将学生事务管理目标内化为日常的行为。

（四）转变思想观念，优化学生事务管理者队伍

学生事务管理者要突破传统思想，摆正在学生管理中的位置，改变自身处理事务的方式和方法，要把自己从"管理者"的位置上解放出来，转变原有的思想观念，不要把学生当成"管理对象"。把"管学生"转为"服务学生"，主张让学生表达自己的观点和看法，避免学生事务管理者和学生在管理上形成对立、产生矛盾。

现代大学生在思想上发生很大的变化，个性发展也不稳定，高校学生事务管理的难度不断增加，学生事务管理者也要正确地定位好学生与自己的关系。学生事务管理者要着力为学生提供一个好的学习和生活环境，"想学生之所想，急学生之所急"，时时刻刻为学生服务，增强服务意识。高校学生管理者从事的工作都是类似的，但是由于他们的专业背景不同和个人能力不一，因此，高校要重视建设一支高素质的学生事务管理者队伍，从业务能力、管理水平、职业态度等方面加强岗位培训，帮助学生事务管理者有能力、有信心做好学生事务管理工作。

第二部分

大学生社会主义核心价值观教育长效机制的构建：调查研究

第一章　江苏大学生社会主义核心价值观教育长效机制调查问卷

第一节　《调查问卷》全文

　　调查问卷是搜集相关信息的一种途径，也是调查过程中的起始阶段。通过调查问卷，可以收集信息并加以整合分析，以得出问题的答案，有助于调查者进一步分析处理和完善有关事项并做出有效的决策和策略。

　　就本课题而言，如何设计出一份好的调查问卷本体，是摆在课题组所有人员面前的首要问题。课题组同志经过认真思考，问卷的质量高低直接影响到研究能否顺利进行以及研究的最终结果，一方面要正确表达设计者的意图，并且能圆满地为项目研究而服务，同时还要能使被调查者说真话，消除他们的思想顾虑，调查他们的积极性和责任感，创造出一个使他们容易说真话的气氛。所以，在历经近半年的时间，课题组同志对于问卷，从版面的设计、问题次序的排列，到印刷的格式、纸张的规格、装订的形式等诸多方面，无一不进行了精心的考虑。下述《江苏大学生社会主义核心价值观教育长效机制调查问卷》（以下简称《调查问卷》），为江苏省教育厅 2015 年度高校哲学社会科学研究重点项目"江苏大学生培育和践行社会主义核心价值观长效机制的创新研究"课题组自编原创。全文如下：

江苏大学生社会主义核心价值观教育长效机制调查问卷

各位同学：

为了把握大学生对社会主义核心价值观的认知情况，了解高校在培育和引导大学生践行社会主义核心价值观的情况，总结高校在社会主义核心价值观培育和践行中的经验和规律，进一步构建大学生社会主义核心价值观教育的长效机制。结合我们在研的江苏省教育厅 2015 年度高校哲学社会科学研究重点课题"江苏大学生培育和践行社会主义核心价值观长效机制的创新研究"开展此调查。本次问卷调查采取无记名方式，请您真诚表达意愿，便于我们客观统计与分析。

谢谢您的支持和配合！

第一部分：您的基本情况

学校：　　专业：　　　年级：

1. 您所在高校的地域：

A. 苏南地区　　　B. 苏中地区　　　C. 苏北地区

2. 您所学专业大类：

A. 理工科类　　　B. 人文社会科学类C. 艺术体育类

3. 您的学历：

A. 专科生　　　　B. 本科生　　　　C. 研究生

4. 您来自：

A. 城镇　　　　　B. 农村

5. 您的政治面貌：

A. 中共党员　　　B. 群众

6. 您是否担任学生干部？

A. 是　　　　　　B. 否

7. 您的主要家庭成员就职于（可多选）：

A. 公司、企业　　B. 事业单位　　　C. 政府部门

D. 私营　　　　　E. 个体　　　　　F. 其他

8. 您的家庭月收入状况：

A. 5000 元以下　　　B. 5000—10000 元　　　C. 10000—20000 元

D. 20000 元以上

第二部分：社会主义核心价值观认知量表

1. 您能否背诵24 字社会主义核心价值观？

A. 能完全背诵　　　B. 能部分背诵　　　C. 不能

2. 您认为社会主义核心价值观哪个方面最重要？

A. 富强、民主、文明、和谐

B. 自由、平等、公正、法治

C. 爱国、敬业、诚信、友善

3. 您更愿意通过哪种途径来学习社会主义核心价值观？（限选 2 项）

A. 电视广播网络　　B. 学校教育　　　C. 家庭教育

D. 社区宣传教育　　E. 志愿者活动。

4. 您认为以下哪种途径更有利于宣传社会主义核心价值观？（多选）

A. 评选道德模范　　B. 媒体宣传　　　C. 文艺演出

D. 志愿者活动　　　E. 社区活动　　　F. 其他

5. 您认为我国现在的文明程度如何？

A. 非常文明　　　　B. 比较文明　　　C. 不够文明

D. 很不文明

6. 在校园里您最反感的不文明现象是？

A. 打饭及在公共场所插队

B. 在宿舍打牌、唱歌、看碟，影响他人正常休息

C. 语言不文明，出口成“脏”

D. 在教室课桌、墙上、厕所随意涂画

E. 毁坏公用设施，浪费水电粮食

F. 校园公共场所情侣过分亲密

G. 在教室、图书馆里占座而不用

H. 随地吐痰、乱扔垃圾

7. 您认为目前校园的同学关系是否和谐？

A. 很和谐　　　　B. 比较和谐　　　　C. 不和谐

8. 您认为目前和谐校园文化的发展最应该在哪些方面加强？

A. 凝练和宣传学校的核心精神

B. 进一步推进对学校历史文化的研究和宣传

C. 加强师德师风和学术道德建设

D. 开展丰富多彩的校园文化活动

E. 加强网络新媒体的文化宣传功能

9. 您认为构建和谐社会最突出的问题是哪个？

A. 就业问题　　　B. 教育问题　　　C. 医疗问题

D. 治安问题　　　E. 腐败问题　　　F. 分配问题

10. 您认为下列哪种自由最需要关注？

A. 人身自由　　　B. 言论自由　　　C. 政治自由

D. 宗教信仰自由

11. 您认为下列哪种"平等"最需要关注？

A. 权利平等　　　B. 机会平等　　　C. 规则平等

D. 主体平等

12. 您认为实现社会公正下列哪方面最重要？

A. 公开透明　　　B. 公平平等　　　C. 规范有序

D. 理想正义

13. 您认为以下哪种现象最会加剧社会不公平感？

A. 官员腐败　　　B. 贫富差距　　　C. 城乡差别

D. 性别差异

14. "新法治16字方针"您最关注哪个环节？

A. 科学立法　　　B. 严格执法　　　C. 公正司法

D. 全民守法

15. 您如何看待"法律能够扶起'跌倒'的道德"？

A. 非常赞同　　　B. 赞同　　　　　C. 不太赞同

D. 不赞同

16. 您认为大学生爱国主义最重要表现在于？

A. 支持国产货，拒绝外国货

B. 好好学习、报效祖国

C. 坚决拥护中国共产党的领导

D. 拥护祖国统一、维护国家主权和领土完整

17. 当中国与他国发生利益争端或政治冲突时，您的第一反应是？

A. 很愤怒，会采取游行示威以及冲击其驻中国大使馆、阻止其在华企业的正常生产经营等行动

B. 抵制他们国家的货物

C. 坚持理性爱国，在法治的轨道上表达爱国热情

D. 不太关心，那是国家领导人应解决的问题

18. 关于如何提高当代大学生的爱国主义意识，您认为下列哪一个措施最重要？

A. 网络宣传　　　B. 开设主题讲座　C. 观看爱国题材影片

D. 参观文化遗址

19. 您认为当前为什么要加强大学生敬业精神教育？

A. 大学生敬业意识不强

B. 发展社会主义市场经济的要求

C. 校园文明建设的需要

D. 社会上不敬业现象的客观要求

E. 大学生全面发展的要求

20. 您认为培养大学生敬业精神的主要途径是什么？

A. 理论知识教育　B. 社会实践活动　C. 社会舆论导向

D. 其他

21. 您对"诚实守信是我们中华民族最优秀的品德，是我们的先人留给我们最珍贵的精神财富"这句话的态度是？

A. 非常赞同　　　B. 赞同　　　　　C. 不太赞同

D. 不赞同

22. 目前大学生考试作弊、作业论文相互抄袭等现象时有发生，您的态度是？

    A. 与己无关

    B. 不公平但不会举报

    C. 这是不道德的行为，学校应该好好管理

    D. 作为大学生应该与此类行为进行斗争

23. 您认为目前一些大学生诚信缺失的主要原因是什么？

    A. 社会风气整体不良，诚信的人易吃亏

    B. 缺少宣传和教育，诚信得不到重视

    C. 竞争日益激烈，一些人不得不抛弃诚信以谋求更多利益

    D. 个人自我约束能力差，做事原则性不强

24. 您认为加强大学生诚信建设应该主要从以下哪个方面着手？

    A. 建立诚信档案　　　　 B. 建立严格的失信惩罚措施

    C. 加强舆论监督　　　　 D. 开展宣传教育

25. "忠厚传家久，积善有余庆"，友善是我们中华民族最优秀的遗传基因。

    A. 非常赞同　　　 B. 赞同　　　　　 C. 不太赞同

    D. 不赞同

26. 宿舍里有人咳嗽厉害，使您不能入睡，您会怎么做？

    A. 给他找药或者送他去医院

    B. 装作没听见

    C. 请他小声点

    D. 埋怨他吵到了自己

27. 您认为你是一个友善的人吗？

    A. 是　　　　　　　 B. 不是

28. 在校园里，看到不友善的行为时，您会怎么做？

    A. 主动上前制止　 B. 想制止又怕卷入　　 C. 找老师或保安

    D. 旁观或路过

第三部分：大学生社会主义核心价值观教育调查

1. 目前在学校里，您是通过什么途径学习、了解"社会主义核心价值观"基本内容的？

  A. 传统媒体（报纸、电视等） B. 网络媒体

  C. 思想政治理论课   D. 其他

2. 您感觉大学生社会主义核心价值观教育对您日常学习、生活和工作的影响如何？

  A. 很大 B. 一般 C. 不大 D. 没有

3. 您对社会主义核心价值观的认同程度如何？

  A. 非常认同 B. 基本认同 C. 不认同

4. 您认为以下对大学生社会主义核心价值观的确立最具影响的因素是？

  A. 社会环境 B. 学校教育 C. 家庭理念

5. 您认为您所在学校是否重视对大学生进行社会主义核心价值观教育？

  A. 很重视 B. 比较重视 C. 不怎么重视 D. 完全不重视

6. 您所在学院对于社会主义核心价值观教育活动的开展情况？

  A. 经常开展 B. 很少开展 C. 没有开展过

7. 您认为学校开展的哪类活动对大学生核心价值观的形成影响最大？（多选）

  A. 马克思主义理论课和思想政治教育课

  B. 校园文化活动 C. 讲座

  D. 志愿者活动 E. 其他

8. 您认为引导大学生树立社会主义核心价值观最有帮助的是？

  A. 思想政治课老师 B. 专业课老师

  C. 辅导员或班主任 D. 其他。

9. 您认为引导大学生树立社会主义核心价值观的有效途径主要有哪些？（可多选）

  A. 专家报告 B. 理论学习

  C. 知识竞赛 D. 社会实践

  E. 谈心交流

10. 您认为大学生社会实践活动的开展对促进社会主义核心价值观教育作用如何？

A. 作用很大　B. 作用较小　C. 没有作用　　　D. 不清楚

11. 您认为志愿者精神和志愿者活动的开展对促进社会主义核心价值观的确立作用如何？

A. 作用很大　B. 作用较小　C. 没有作用　　　D. 不清楚

12. 您是否参加过志愿者活动？

A. 经常参加　B. 偶尔参加　C. 很少参加　　　D. 从未参加过

13. 您认为新媒体在大学生社会主义核心价值观教育中的作用如何？

A. 作用很大　B. 作用一般　C. 没有什么作用　D. 弊大于利

14. 您所在学校是否建立了旨在帮助学生形成正确思想、健康心理和良好价值观的微信公众号或其他网络平台？效果如何？

A. 已建立，效果非常好　　　B. 已建立，效果一般

C. 已建立，没什么效果　　　D. 没有建立

15. 您是否浏览过名为"南航徐川"的微信公众号？感觉如何？

A. 浏览过，非常棒，对学生们很有帮助；

B. 浏览过，感觉还不错；

C. 浏览过，"心灵鸡汤"较多，作用有限；

D. 没浏览过。

16. 您认为上述公众号有必要建立吗？

A. 有　　　　B. 没有　　　C. 无所谓

17. 您是否浏览过学校网络上有关红色文化的内容？

A. 经常浏览　B. 偶尔浏览　C. 从未浏览过

18. 您如何看待高校开设的思想政治理论课及自己的上课情况？

A. 非常重要，很少缺课

B. 不太重要，缺课较多

C. 无须开设，从来不去

19. 您如何看待革命伟人、人民英雄对您个人成长的影响？

A. 影响很大　B. 影响不是很大　C. 没有任何影响

20. 您认为学校利用红色资源开展社会主义核心价值观教育中比较好的做法是？

　　A. 经常组织大学生开展红色文化考察

　　B. 将本地区红色资源编入教材

　　C. 组织开展以红色文化为主题的书画摄影展览、英模报告会、公益性文化讲堂

　　D. 建设红色文化资源网站

21. 您认为中国优秀传统文化教育开展对促进社会主义核心价值观的形成作用如何？

　　A. 作用很大　B. 作用较小　C. 没有作用　　D. 不清楚

22. 根据当前高校社会主义核心价值观教育的现状，您认为以下措施中最为切实可行的是？

　　A. 在尊重包容中加强对社会主义核心价值体系的宣传

　　B. 加强人文精神熏陶，创造健康的校园文化生态环境

　　C. 推进核心价值观教育进网络进社团进公寓

　　D. 探寻思想政治理论课教学与专业课教学相互渗透的途径

　　E. 师生之间构建体现民主自由的价值商谈机制

测试结束！

最后，再次感谢您的参与！

第二节　《调查问卷》的设计说明

本《调查问卷》的题目设计共分为三个部分。

第一部分主要是对受调查学生样本进行细化、分类，分别从地域、生源、学校、年级、专业、学历层次、政治面貌和家庭状况等项进行区别考察。本部分问卷共有 8 个小问题。

第二部分主要是考察样本对社会主义核心价值观的认知情况，主要包括

知晓和认同两个方面。本部分问卷共有 28 道题目。前面 5 道题目是考察大学生对社会主义核心价值观是否知晓、知晓程度以及如何知晓的。从第 6 道题目到第 28 道题目，是针对大学生对 24 字社会主义核心价值观具体内容看法而设计的，其中既有从学理角度、应然层面考察大学生对于社会主义核心价值观内容的认识和理解，也有从现实角度、实然层面考察江苏高校目前践行社会主义核心价值观的可行性和着力点。

第三部分主要考察样本群对社会主义核心价值观教育现状的感知、期待和建议，尤其是想通过调查了解江苏大学生对其接触和认识的社会主义核心价值观的感知，以及对社会主义核心价值观教育未来工作的期待和建议。本部分问卷共有 22 道题目，题目内容涉及范围有"点"有"面"，力求做到全面而科学。前 12 道题目都是关于社会主义核心价值观教育开展现状的问答，旨在从大学生角度了解江苏省社会主义核心价值观教育目前开展的情况，以便日后更好地有针对性地对这一群体开展相关教育工作。后 10 道题目的设计目的是了解江苏大学生对当下社会主义核心价值观教育的期待和建议情况。

第三节 问卷调查的方法

1. 调查样本选择

课题组分别在 2015 年和 2017 年进行了两次调研，第一次是以苏北两所应用型本科高校，即盐城工学院和淮阴工学院为例进行的调查。这次调查共发放问卷 1010 份，回收的有效问卷为 998 份。其中男性参与者占 54%，女性占 46%。此次调查问卷内容主要涉及三个方面：一是大学生的需求是什么，通过其回答以便了解对于大学生的激励机制应该侧重于哪个方面；二是探究大学生对于高校培育和践行社会主义核心价值观激励机制的看法，以便了解激励机制的有效性如何；三是了解大学生对于社会主义核心价值观激励机制的期待，以便了解激励机制的重点应该放在哪里。

第二次是分别在苏南、苏中和苏北地区的南京师范大学、河海大学、苏州大学、南京理工大学、扬州大学、江苏师范大学、常熟理工学院、南京晓庄学院、盐城工学院、淮阴工学院、无锡太湖学院 11 所高校进行了专题调研，主要以全日制在校生为样本进行问卷调查，共发放问卷 1500 份，收回有效问卷 1387 份。在问卷调查基础上，对 15 位不同类型的大学生进行个别访谈。

2. 关于无效样本甄别

关于无效样本甄别，测试者明确告知被测试对象，测试为自由、自愿接受测试，希望真实表达心理基本状态并予以承诺。如不愿接受测试，可自行离开。

实验前，测试者向被测试对象详细讲解调查目的与步骤，并告知调查结束后无任何馈赠礼品。同时告知被测试者，调查实验无标准答案，完全依据个人心理真实倾向回答。

3. 关于调查实验环境

所有测试均在相对封闭的实验环境中进行，被测试者受测相对独立，彼此无任何接触和讨论空间。

第二章　"江苏大学生社会主义核心价值观教育长效机制"的调查及数据

如前文所述，本部分主要是从地域、生源、学校、年级、专业、学历层次、政治面貌和家庭状况等方面，对受调查学生样本进行细化、分类。为了对该部分的数据结果能够更加清晰地予以描述，现以表格的形式对 8 个小问题进行统计。

表 2 - 1 - 1　受调查学生所在学校　　　　　单位：人

学校名称	南京师范大学	河海大学	苏州大学	南京理工大学	扬州大学	江苏师范大学	常熟理工学院	南京晓庄学院	盐城工学院	淮阴工学院	无锡太湖学院
受调查人数	25	88	30	80	213	24	208	144	276	256	43

表 2 - 1 - 2　《调查问卷》第一部分相关数据　　　　　单位：人

年级	专业类别	地域	学历层次	生源	政治面貌	家庭月收入
大一 542	理工类 935	苏南 496	本科 1324	城镇 638	群众 1238	5000 元以下 584
大二 541	人文类 365	苏北 583	研究生 33	农村 749	中共党员 149	5000～10000 元 614
大三 208	艺体类 87	苏中 308	专科 30			10000～20000 元 142
大四 69						20000 元以上 47
硕士生 27						

第一节　关于"社会主义核心价值观认知"的调查

《调查问卷》的第二部分为"社会主义核心价值观认知量表"。前五道题目是考察大学生对社会主义核心价值观是否知晓、知晓程度以及如何知晓的。在问及"您能否背诵24字社会主义核心价值观"时，能够"完全背诵"的人数为713人，人数占比52%，"能够部分背诵"的人数为520人，占比40%，回答"不能背诵"的人只占8%。结果见下图：

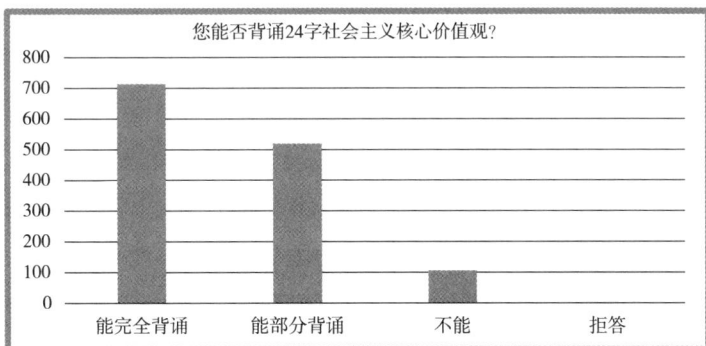

图2-1-1　受调查学生社会主义核心价值观知晓度

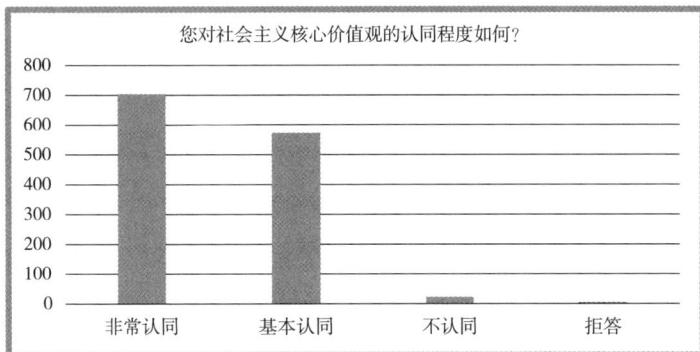

图2-1-2　受调查学生社会主义核心价值观认同度

您感觉大学生社会主义核心价值观教育对您日常学习、生活和工作的影响如何？

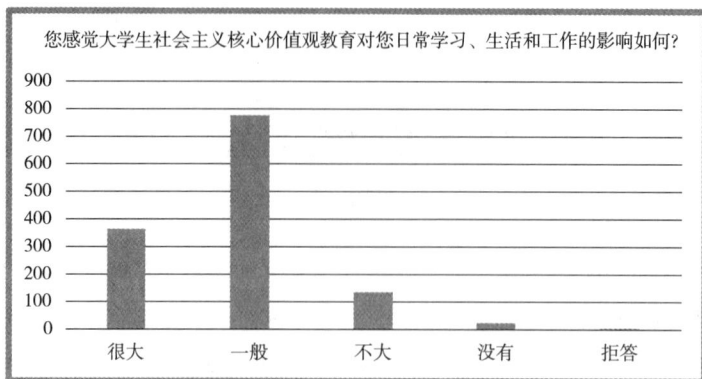

图2-1-3　受调查学生认为社会主义核心价值观对自身的影响度

在学习、宣传社会主义核心价值观方面，学生最青睐的两项是学校教育和新媒体，其次是志愿者活动和评选道德模范。（详见以下两图）

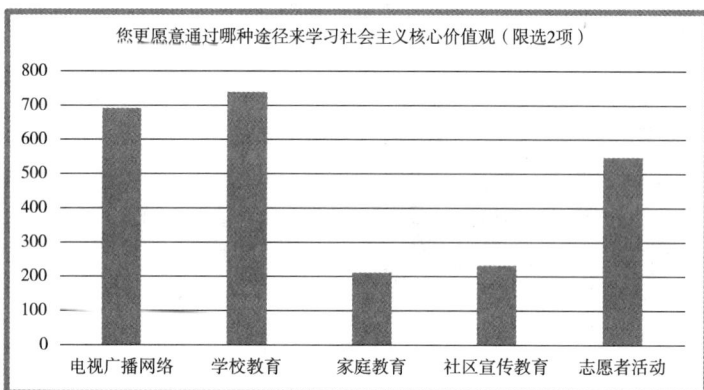

您更愿意通过哪种途径来学习社会主义核心价值观（限选2项）

图2-1-4　受调查学生学习社会主义核心价值观的途径

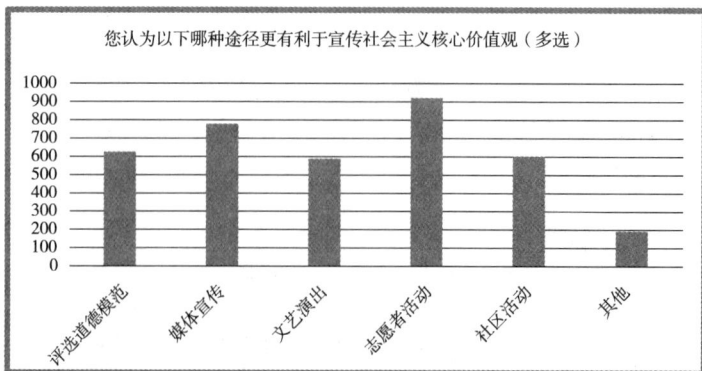

您认为以下哪种途径更有利于宣传社会主义核心价值观（多选）

图2-1-5　受调查学生认为学习社会主义核心价值观的合适途径

从第 6 道题目起，是针对大学生对 24 字社会主义核心价值观具体内容看法而设计的，主要考量江苏省大学生对社会主义核心价值观的认知程度。

从整体来看，大学生们对 24 字社会主义核心价值观的三个方面中的第二个方面的"自由、平等、公正、法治"更为重视，其次是"富强、民主、文明、和谐"。

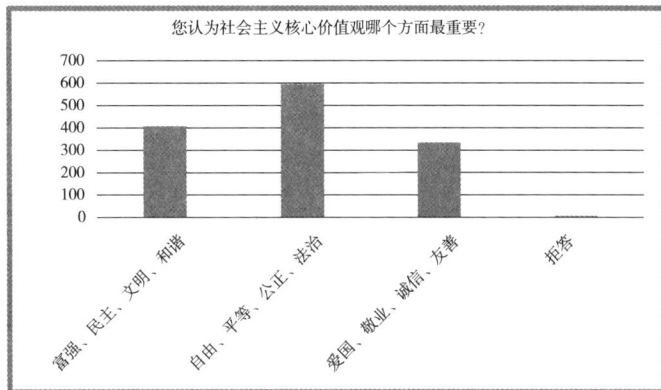

图 2-1-6　受调查学生对社会主义核心价值观三个层面的认识

具体来看，当问及与"自由"的相关问题时，学生们认为人身自由和言论自由在目前最需要关注。

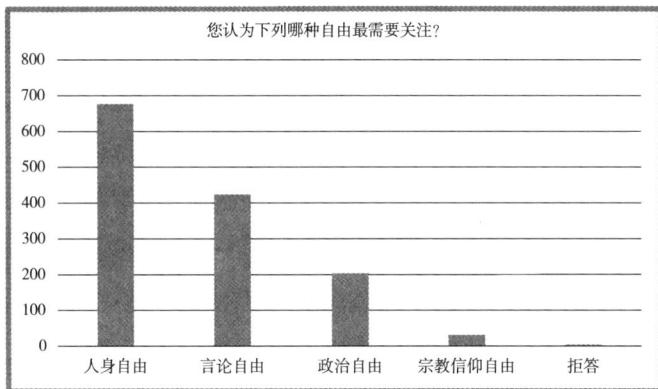

图 2-1-7　受调查学生对"自由"的认识

在"平等"方面，大学生们认为最需要关注的是机会平等和权利平等。

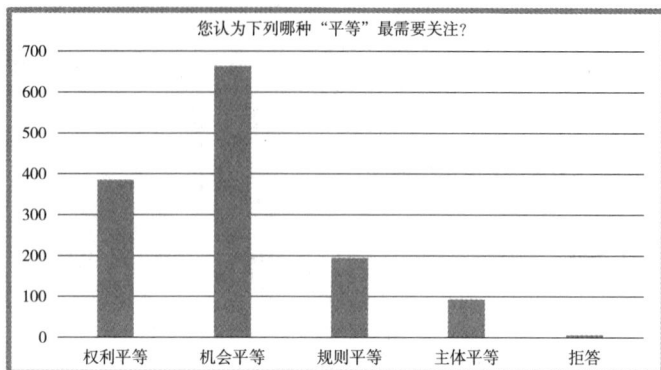

图 2 - 1 - 8　受调查学生对"平等"的认识

在"公正"方面，大学生认为最重要的是"公开透明"这一项，同时认为"贫富差距"是最能加剧社会不公的问题。

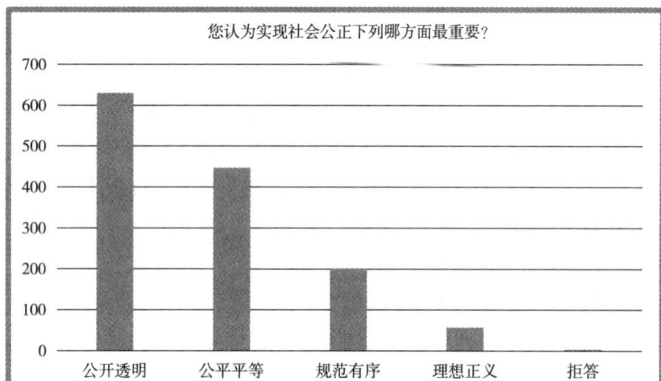

图 2 - 1 - 9　受调查学生对"公正"的认识

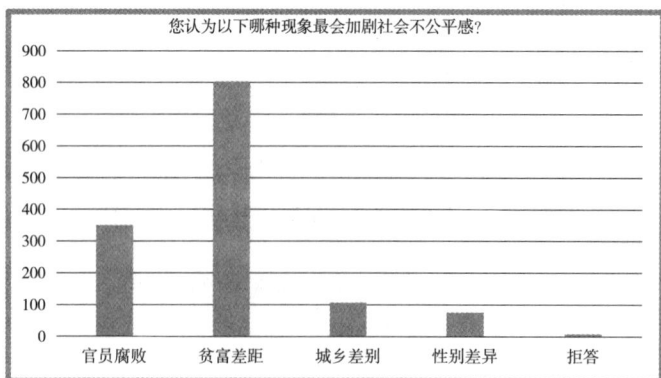

图 2 - 1 - 10　受调查学生对"社会不公平"的认识

在"法治"方面，大学生们是非常有信心的，认为"法治"可以扶起"道德"，构建有序的社会环境，在新法治16字方针中他们最为重视的是"公正司法"。

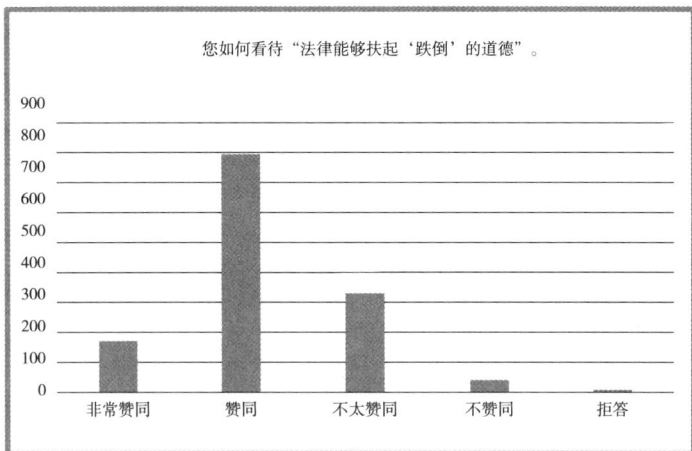

图 2 - 1 - 11　受调查学生对"法治"可以扶起"道德"的认识图

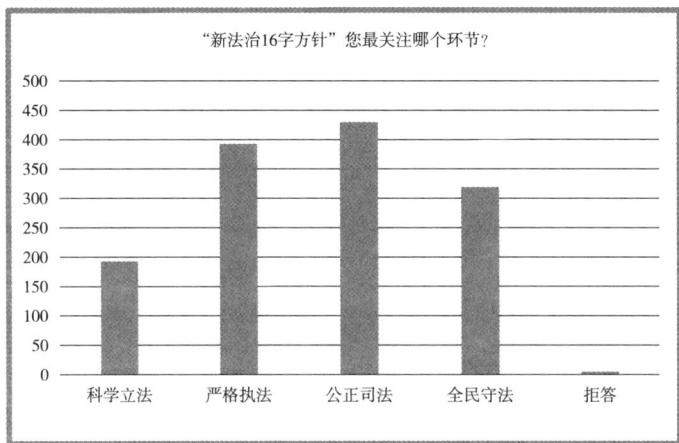

图 2 - 1 - 12　受调查学生对"新法治 16 字方针"的认识

此外，在涉及爱国、友善、和谐、诚信、敬业等话题时，大学生们的回答既有他们这一群体带来的局限性，却也不失理性与谨慎。例如：

您认为大学生爱国主义最重要表现在于？

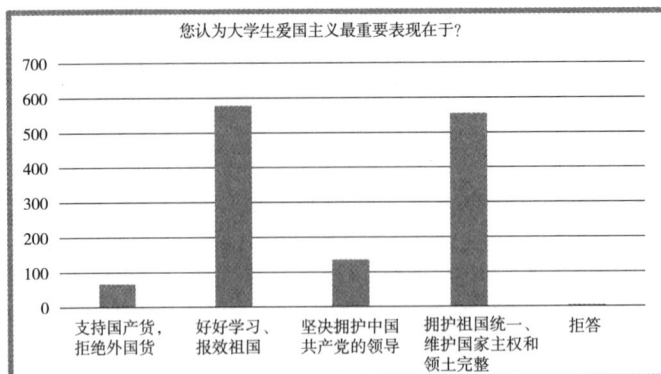

图 2 - 1 - 13　受调查学生对爱国、友善、和谐、诚信、敬业等的认识

您认为目前一些大学生诚信缺失的主要原因是什么？

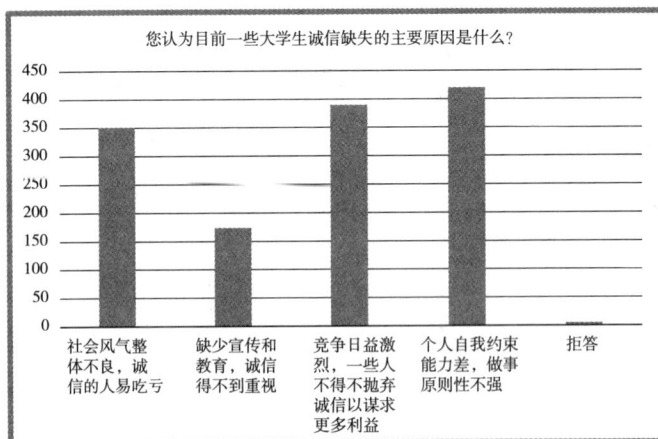

图 2 - 1 - 14　受调查学生对爱国、友善、和谐、诚信、敬业等的认识

在这里，大学生们最为关注的是"好好学习，报效祖国"，原以为"支持国产货、拒绝外国货"可能会成为被选择很多次，但事实并非如此。可见，在全球化大环境下，大学生们已经越来越感知到生产、贸易全球化对于每个国家的意义，而不会盲目地割裂式地来理解整个世界。在分析"诚信缺失的主要原因"时，学生们也同样给人留下了这种印象，他们既能从社会环境角度考察问题，又能从自身来反思，这种成熟和理智是令人欣慰的。

这次问卷调查给本课题组最大的冲击就是江苏的大学生们所表现出来的正能量，从整个问卷第二部分看，在校大学生不但聪慧、理智，而且对我们的国家和社会充满关切和信心。下面两个图表所传达的信息就是这种乐观和信心的最好说明。

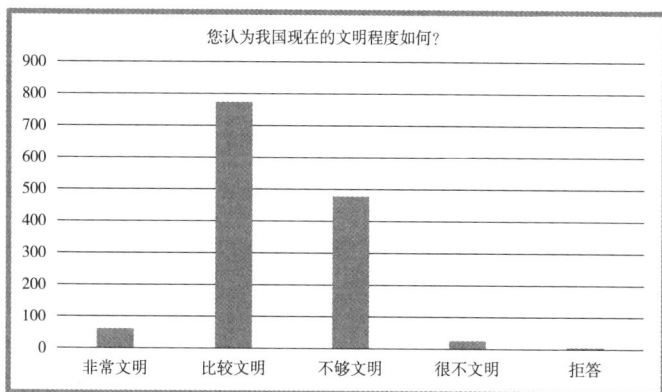

图2－1－15　受调查学生对国家文明程度和同学和谐关系的认识

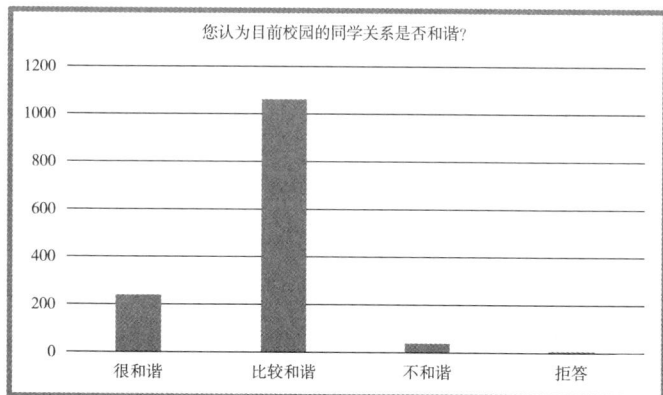

图2－1－16　受调查学生对国家文明程度和同学和谐关系的认识

在第一个有关"文明"的题目中，回答"非常文明"和"比较文明"的比例占到了65%，而认为"很不文明"的，只占到了不到2%。这表明青年学生对于国家、社会的认识是积极而又理性的，既没有如"愤青"般悲观，也不盲目乐观，因为在"不够文明"这里也有33%的份额，而这里正是我们努力的空间。有趣的是，在第二个有关"和谐"的问题中，学生们回答的情况与前者十分相似。

同样，在一些涉及传统文化精华的题目中，江苏高校的大学生们也基本上是这种态度，比如下面这两个问题：

您对"诚实守信是我们中华民族最优秀的品德，是我们的先人留给我们最珍贵的精神财富"这句话的态度是？

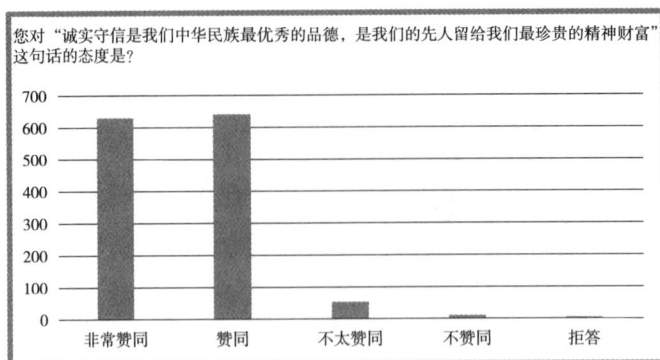

图2-1-17 受调查学生对中华传统文化的认识

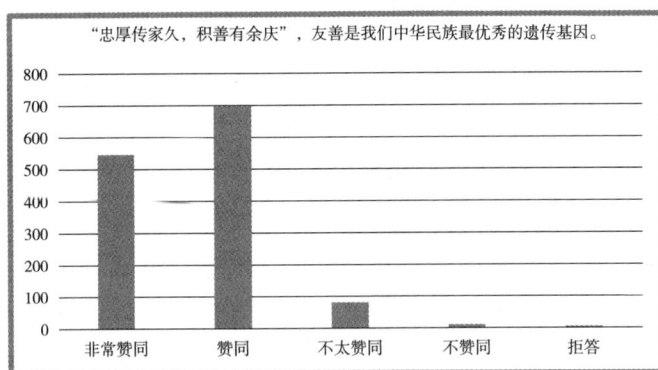

"忠厚传家久，积善有余庆"，友善是我们中华民族最优秀的遗传基因。

图2-1-18 受调查学生对中华传统文化的认识

两道题目当中回答"非常赞同"和"赞同"的人数都超过了90%。

另外，整个问卷中关于个人自我判断的题目并不多，仅有几道题目，其所反映的情况也都是充满正能量的。例如：

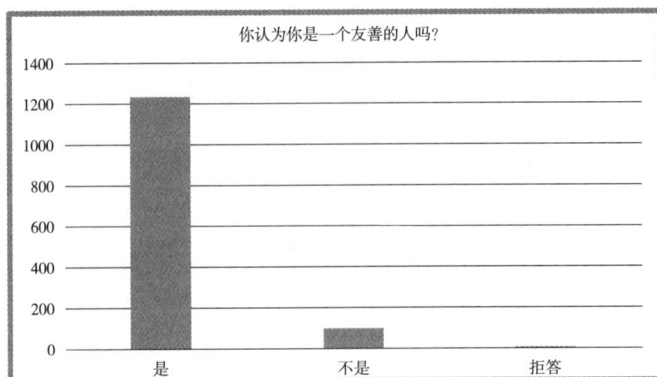

你认为你是一个友善的人吗？

图2-1-19 受调查学生对自我的认识

在这里，回答自己是一个友善的人的学生人数超过95%。而在问及一些更为微观的问题，诸如"你最反感的不文明现象"时，大学生们的回答基本上是一些能够影响到他人或公共环境的现象，而诸如一些涉及个人自由方面（比如情侣的正常交往等）的选项很少有人选择，这说明我们的学生是现代而理性的。

综合上述各点，在第二部分当中，我们不但得到了为日后很好开展社会主义核心价值观教育所需的宝贵数据，还看到了江苏青年学子们"孺子可教"的一面，并且也发现了他们具有很强的自我教育潜能，而激发这一潜能也正是我们教育工作者的职责所在。

第二节　关于"大学生社会主义核心价值观教育"的调查

《调查问卷》的第二部分是"大学生社会主义核心价值观教育调查"，主要是想了解江苏大学生们对其接触和认识的社会主义核心价值观的感知，以及对社会主义核心价值观教育未来工作的期待和建议。

前12道题目都是关于社会主义核心价值观教育开展现状的问答。旨在从大学生角度了解江苏省社会主义核心价值观教育目前开展的情况，以便日后更好地有针对性地对这一群体开展相关教育工作。

在问及学生是通过什么途径学习、了解到社会主义核心价值观具体内容时，我们看到了"思政课"的重要作用和网络的强大影响力。而网络媒体屈居第二位这一事实也是值得我们思考的。从当下的情形来看，学生平时接触网络的时间远比在"思政课堂"上的时间多，然而，他们了解社会主义核心价值观并不是最先、最多从网络上获得，这说明现在的社会主义核心价值观教育在网络新媒体上下的功夫还是远远不够的，其努力空间还是很大的。

目前在学校里，您是通过什么途径学习、了解"社会主义核心价值观"基本内容的？

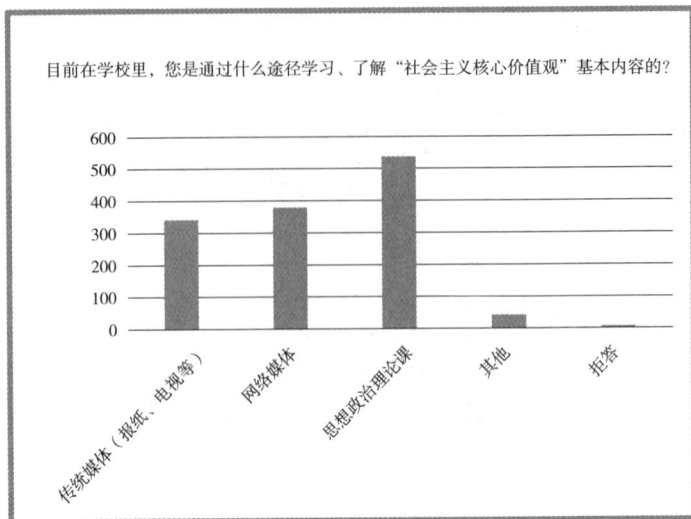

图 2-2-1　受调查学生获知社会主义核心价值观内容的途径

　　而对下面这一问题的回答，也充分说明了江苏省高校当前对于大学生进行社会主义核心价值观教育"用力不足"的现状。虽然能看出学生们的切身体会是"重视"，然而答"比较重视"的占多数，答"非常重视"的则在其次，亦有一小部分人认为"完全不重视"，这当然与个人认知偏差也有关系，但不能就此说明我们的教育工作已经可以满足了。

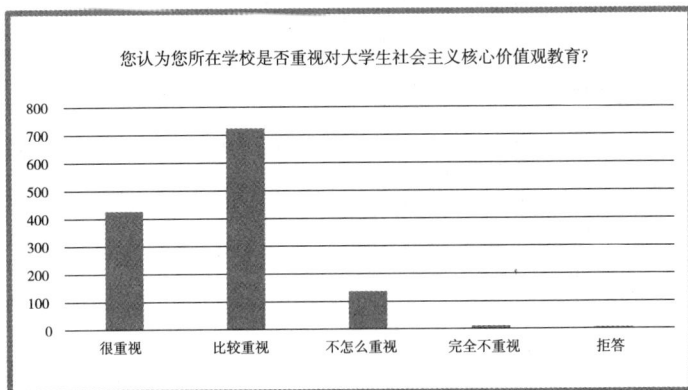

您认为您所在学校是否重视对大学生社会主义核心价值观教育？

图 2-2-2　受调查学生认为高校重视程度

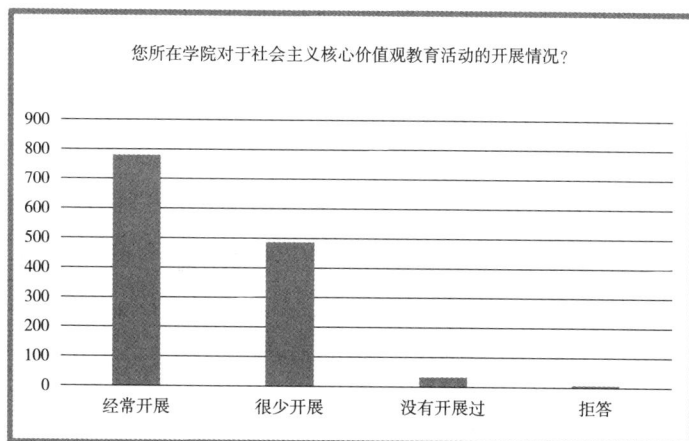

图 2-2-3　受调查学生认为所在学院活动开展情况

从学生们回答情况来看，目前这一点还是值得肯定的，当然，成绩与认可只能代表昨天和过去。

下面的几道题目是针对具体的几项教育手段来设计的：

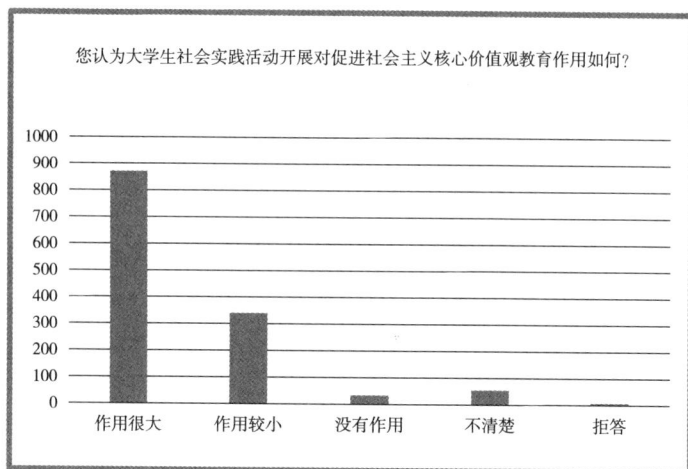

图 2-2-4　受调查学生认为社会实践和志愿服务活动对促进
社会主义核心价值观教育的作用

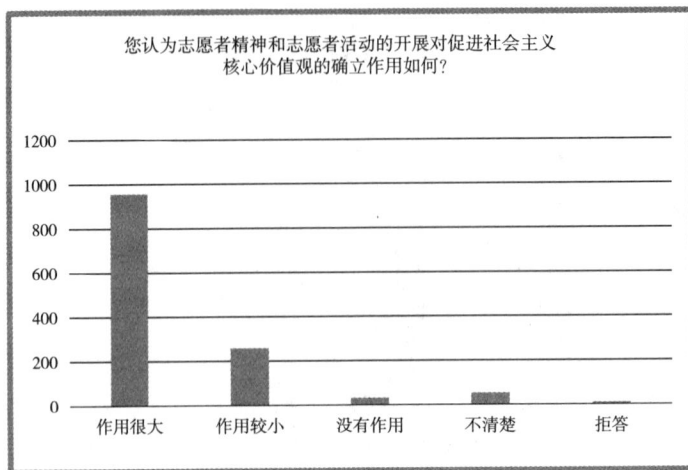

您认为志愿者精神和志愿者活动的开展对促进社会主义
核心价值观的确立作用如何?

图2-2-5 受调查学生认为社会实践和志愿服务活动对促进社会主义
核心价值观教育的作用

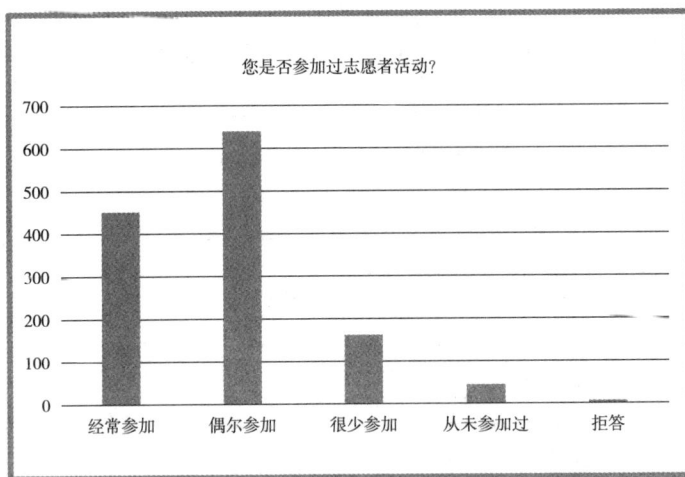

您是否参加过志愿者活动?

图2-2-6 受调查学生是否参加过志愿者活动

关于志愿者活动的两道题目,一方面说明学生们很喜欢和看重志愿者活动,另一方面说明我们在这方面的工作做得还不够。

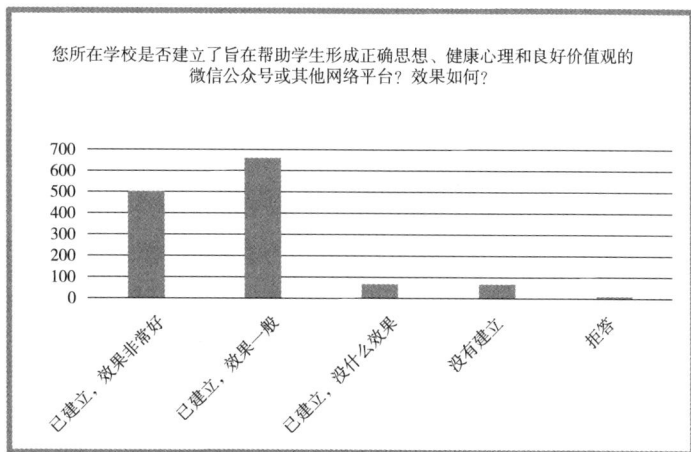

图2-2-7 新媒体建设在大学生社会主义核心价值观教育中的作用

在新媒体这一部分同样说明它是学生们喜闻乐见的，但是我们的工作却是有欠缺的，因此，这也是未来改进的重点区域。

第三部分最后10道题目的设计目的是了解江苏大学生对当下社会主义核心价值观教育的期待和建议情况。

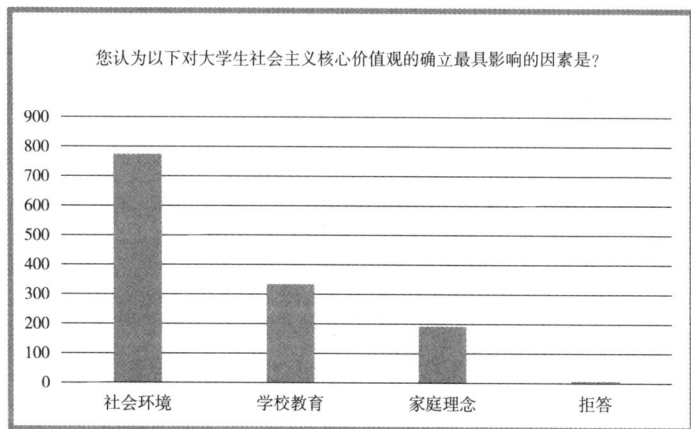

图2-2-8 受调查学生认为社会主义核心价值观确立的最具影响因素

当然，对于青年大学生的理论水平和思维能力还是要客观看待的，比如对如下三个问题的回答就存在一定的矛盾之处：他们认为引导大学生树立社会主义核心价值观最有效的途径是"社会实践"，其次才是"理论学习"，而在回答引导大学生树立社会主义核心价值观最有帮助的人群时又首选了带他们进行理论学习的"思想政治理论课教师",而不是能够带领、推荐或指导他们进行社会实践的辅导员、班主任或专业课教师。

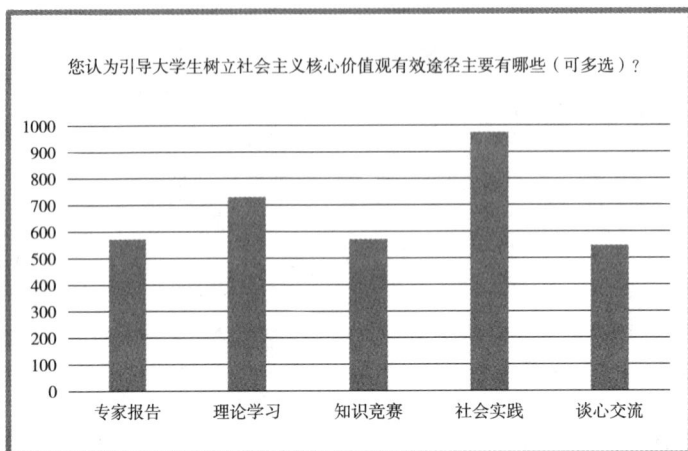

您认为引导大学生树立社会主义核心价值观有效途径主要有哪些(可多选)?

图2-2-9 受调查学生认为社会主义核心价值观树立的有效途径和最有帮助的人群

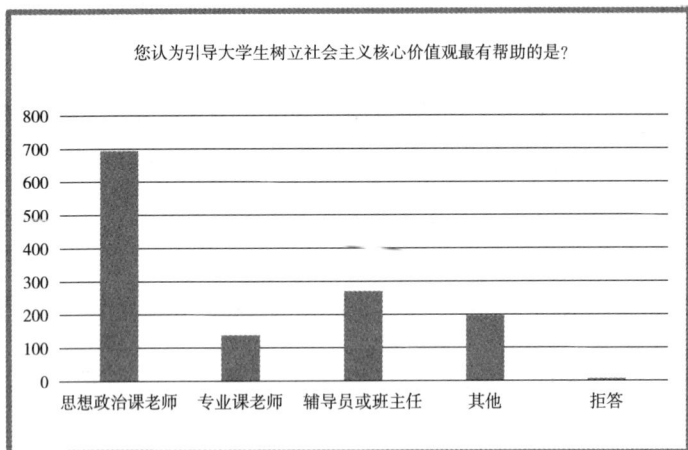

您认为引导大学生树立社会主义核心价值观最有帮助的是?

图2-2-10 受调查学生认为社会主义核心价值观树立的有效途径和最有帮助的人群

不过,"理论学习"虽然没有排在第一位,但其实从这两道题目来看,仍然能够感受到它在大学生社会主义核心价值观教育中的作用,这是值得永远关注、不断提高的方面。而下面这道题目也充分说明了"思政课"的重要性。

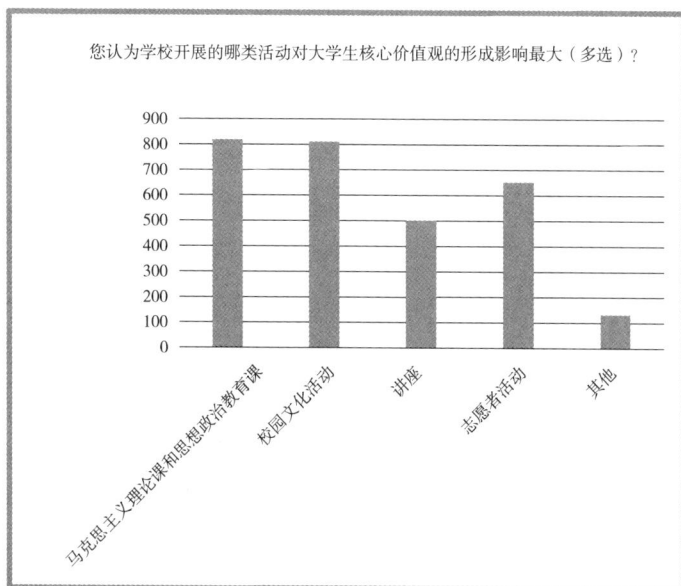

您认为学校开展的哪类活动对大学生核心价值观的形成影响最大（多选）？

图 2 - 2 - 11　受调查学生认为对社会主义核心价值观形成最有影响的活动

对于新媒体在社会主义核心价值观教育中的作用，大学生们的看法与我们是一致的，是意料之中的重视和看好。如下两幅图：

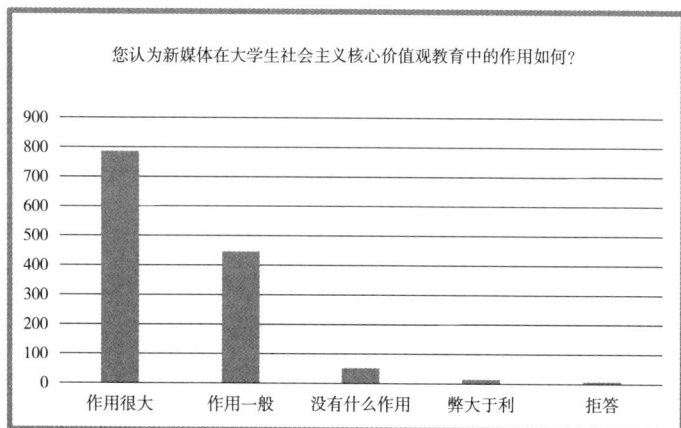

您认为新媒体在大学生社会主义核心价值观教育中的作用如何？

图 2 - 2 - 12　受调查学生认为新媒体和微信公众号在社会主义核心价值观教育中的作用

您认为上述公众号有必要建立吗？

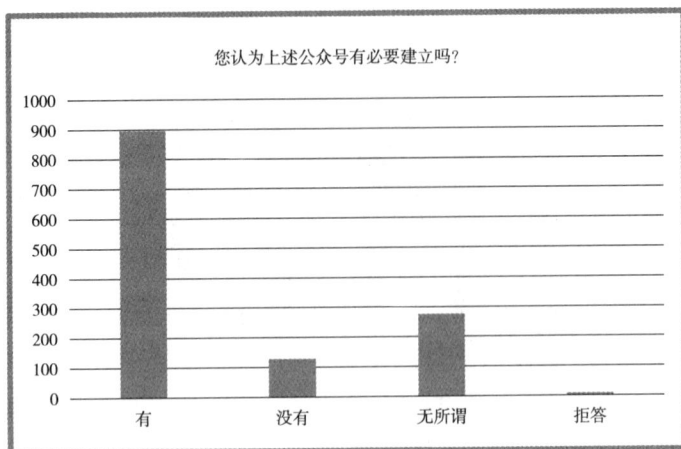

图 2 - 2 - 13 受调查学生认为新媒体和微信公众号在社会主义核心价值观教育中的作用

在红色资源开发方面，学生们也给出了很好的建议：学生们普遍认为"经常组织大学生开展红色文化考察"和"组织开展以红色文化为主题的书画摄影展、英模报告会、公益性文化讲堂"是比较好的做法。

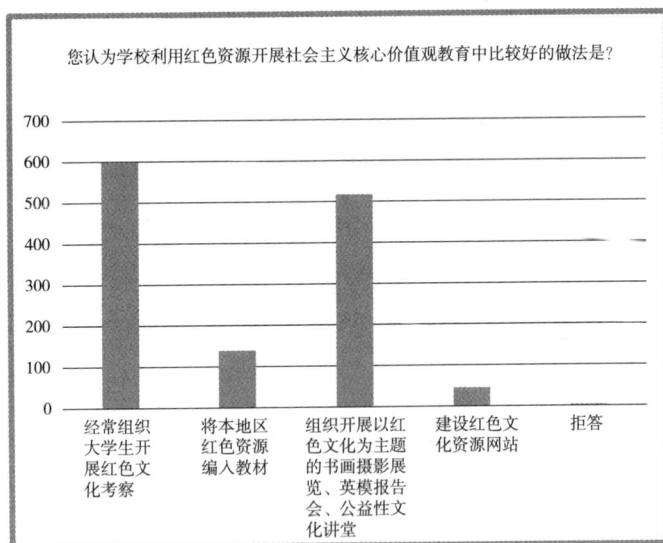

您认为学校利用红色资源开展社会主义核心价值观教育中比较好的做法是？

图 2 - 2 - 14 关于红色资源在社会主义核心价值观教育中作用的调查

在几项针对 24 字核心价值观具体内容的咨询方面，我们得到的数据如下：

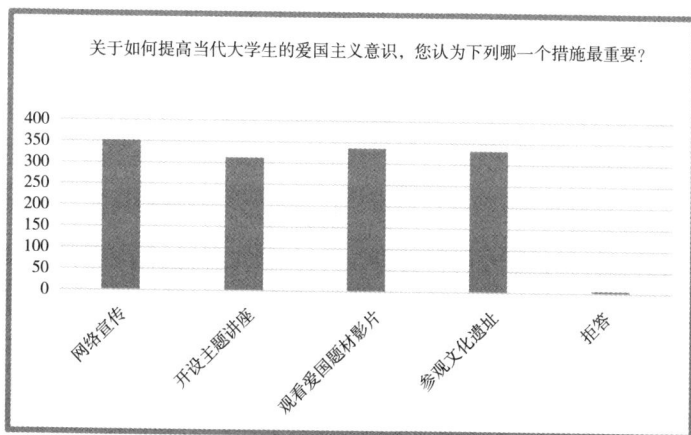

图2-2-15 关于提高大学生爱国主义意识措施的调查

在这里，虽然网络宣传仍然是最被看好的措施，但是其他各项也几乎同样被重视到了，这说明这些措施在未来的教育中应整合发力，配合使用。而在下面的和谐校园发展方面，网络宣传功能却是位居最后的，而"开展丰富多彩的校园文化活动"仍然是学生最为重视的一个方面，可见，学生们在这方面的需求是旺盛的，也是我们日后的教育工作中最应该切实加强的。

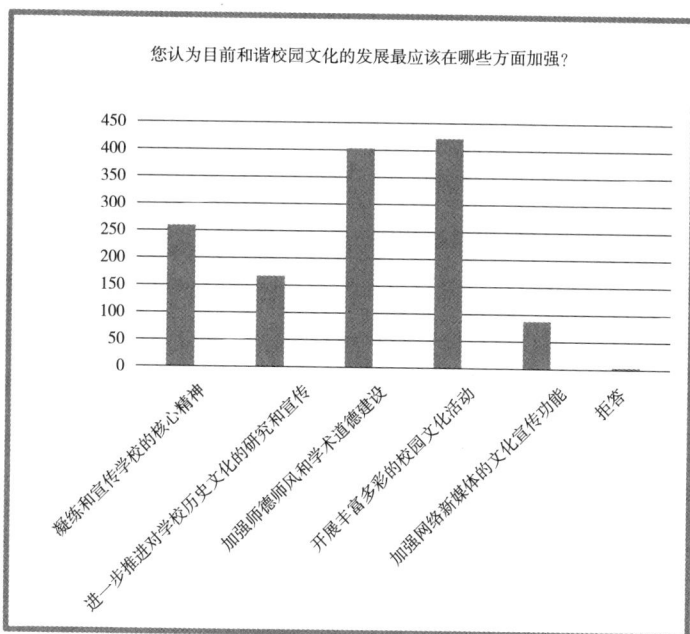

图2-2-16 受调查学生对和谐校园文化建设的认识

在对"敬业"问题的调查中，学生们既能从自身发展角度，又能从社会经济发展的方面思考敬业精神的重要性，同时能给出加强敬业精神教育的建议，从中我们仍能看到学生们对社会因素的理解和重视。

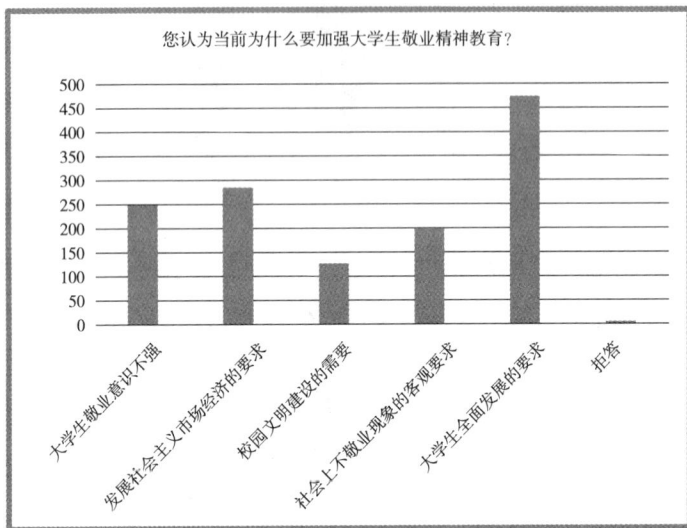

您认为当前为什么要加强大学生敬业精神教育？

图2-2-17　受调查学生对加强敬业精神教育的认识

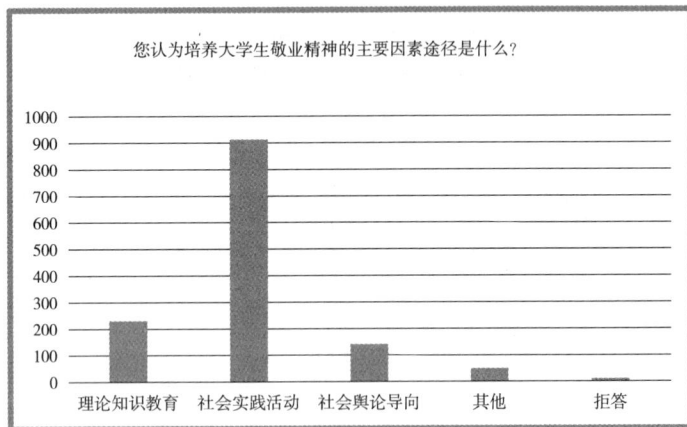

您认为培养大学生敬业精神的主要因素途径是什么？

图2-2-18　关于培养大学生敬业精神主要因素途径的调查

总结来看，学生们在提供教育建议时多数比较青睐社会环境营造与社会实践对于社会主义核心价值观教育的作用。

需要特别说明的是，在本问卷各个问题的调查中，整体来看并没有出现不同特征群体大学生之间的认知差异较大的问题，仅在人数较少的样本分类中偶有出现，比如人数较少的大四年级样本或个别参与人数较少的学校样本，由于差异不大，且没有代表性，本节不再一一列举。其实，在这样的大数据时代，学生们的认知能力与认知结果并不局限于其所处的时空，因而，我们所得数据差异性不大的特点也是好理解的。

第三节　基于调查的对江苏大学生社会主义核心价值观教育的直观认识

总体上来说，当前江苏大学生社会主义核心价值观教育呈现良好态势。从教育管理部门来看，高度重视、时刻督导、全面支持；从具体的教育机构看，响应号召，积极施教，不断创新，卓有成效；从受教育者来看，多数了解和知晓社会主义核心价值观的具体内容；对24字社会主义核心价值观内容及其教育的必要性、重要性的认同度较高；对培育和践行社会主义核心价值观的途径和举措持有较理性的看法。但当前江苏大学生社会主义核心价值观教育面临着相当的问题，归结起来，主要有以下几个方面。

一　大学生对社会主义核心价值观的表层化认知

问卷调查表明，当前多数大学生对社会主义核心价值观相关理论知识缺乏深层次、全方位的理解，部分学生对"三个倡导"层次划分的理解不准确。如在问及"社会主义核心价值观的内容分为哪几个层面"时，仅有约41%的学生选择"国家、社会、个人"。同时，一些学生尚未领会社会主义核心价值观12个词的深刻内涵。例如，问及"自由是具体的、历史的，没有抽象的、绝对的自由"时，22%左右的学生选择了"不赞同"；问及"爱国就要自觉报效祖国"时，约13%的学生选择了"不赞同"。此外，少数学生对社会主义核心价值观的思想渊源缺乏深入思考。在问及"社会主义核心价值观和中华优秀传统文化的关系"时，共有13%的学生选择了"毫无关系"或者"说不清楚"。

在访谈中，绝大多数学生表示知晓社会主义核心价值观，但较少有学生能够从国家、社会和个人三个层面说清楚社会主义核心价值观的具体内容，部分学生对社会主义核心价值观的历史渊源、形成过程、现实意义等方面的认知也较为模糊。

二 思想政治理论课的主渠道作用须进一步发挥

"思想政治理论课"的主渠道作用能否取得实效，直接影响社会主义核心价值观教育的效果。从目前情况看，思想政治理论课的实际效果并不理想。调查发现，在关于大学生所在学校开展社会主义核心价值观教育的形式调查中，47%的学生表示其所在学校主要是通过思想政治理论课来开展社会主义核心价值观教育，这说明思想政治理论课在这一教育中的重要地位和主导作用。而问及"最希望学校通过何种方式开展社会主义核心价值观教育"时，学生们首选的并不是"思想政治理论课"，这需要我们反思学生对思想政治理论课的认可态度。

在个案访谈中，有几位学生提出目前思想政治理论课教学理论脱离实际的问题比较突出，教师不善于将社会主义核心价值观的理论与国内外时事热点或学生思想兴奋点问题进行联系，加之教学方法相对陈旧，不但没有发挥出应有的作用，还引起了学生的反感。这里的问题倒也不是很难解决，比较直接有效的举措是对思想政治理论课进行省际全员培训，互相交流学习，才能取长补短，尽快收到成效。

三 社会主义核心价值观教育"知、情、意、行"环节有待健全

在社会主义核心价值观实际教育过程中，通常人们在"知"的教育结束后，"情""意""行"的教育未能跟上脚步。一种价值观的形成是要遵循一定的科学规律，经过一系列的心理机制前后相契的过程。在我们的调查中，多数学生表示希望通过社会实践来开展社会主义核心价值观教育。

在访谈中，部分学生提出其所在学校较少开展与社会主义核心价值观直接相关的主题实践活动，只是在传统学生活动中简单"冠名"社会主义核心价值观。而且在日常的校园生活、校园建设和学生工作中，也很少将社会主义核心价值观的各个理念融入其中，对社会主义核心价值观的"情感认同"

和"意志训练"比较忽视。

四　新媒体利用尚未形成完善而全面的态势

问卷调查发现，21%的学生表示其所在学校是通过新媒体进行教育，这一比例在新媒体时代较为偏低。对于像"南航徐川"这样的新媒体思政红人，南京市内的大学生都并不是很知道，其他城市的偶有听说。而在关于"最希望学校通过何种方式开展社会主义核心价值观教育"的调查中，各类新媒体已成为最受大学生青睐的教育平台，这值得我们关注。

在访谈中，笔者也了解到，虽然大部分高校建立了微信公众号、官方微博等新媒体平台，但将之应用于社会主义核心价值观教育的并不多。即便是正在应用的，也由于质量不高而得不到学生的认可。同时，一些学生提出，在新媒体环境中，与主流价值不同的意识形态不时呈现，导致大学生在将社会主义核心价值观内化为自身价值追求的过程中不断受到干扰。

五　社会主义核心价值观教育长效机制有待进一步完善

在当前社会主义核心价值观教育过程中，学校教育、社会风气、家庭环境等因素未能形成有机的教育体系。其实，目前令人担忧的是连简单的合作都谈不上。而且还会出现消解教育效果的情况出现。问卷调查中，在问及"影响大学生确立社会主义核心价值观的最主要原因"时，53%的学生选择"社会不正之风"，19%的学生选择"各种媒体传播的负面信息"，22%的学生选择"西方价值观念的冲击"，5%的学生选择"家庭教育缺失或不当"。

在访谈中，部分学生提出，家庭教育和社会教育还存在不同程度的问题。一方面，部分家长在子女进入大学后，认为子女的成长成才只是学校的责任，从而忽略了子女价值观的变化。另一方面，社会上还存在一些价值失范、道德滑坡等现象，加之学校教育工作者对于社会负面现象往往采取回避态度，导致学生对社会主义核心价值观教育内容与现实的反差感到困惑，继而对社会主义核心价值观教育产生逆反心理。

第三章 "社会主义核心价值观"调查的比对研究

第一节 纵向比较：基于本课题组 2015 年的调研

我们所做的调查研究无论从样本数量和研究能力来说都是有限的，通过比较研究可以更加客观、科学地比对数据，整合结果，为后期的分析与研究提供相对丰富、全面的参考，同时也能从中发现优势与不足，以便在未来的研究工作中扬长补短。在这里，主要的比较对象是本课题组 2015 年所作的调查研究。

一 2015 年本课题组的调查研究简述

2015 年年末，本课题曾对于本省两所高校进行了的相关调查，主要是以高校培育和践行社会主义核心价值观的激励机制为逻辑出发点进行的，因此问卷设计基本围绕这一理论前提进行。

样本选取以盐城工学院、淮阴工学院在校生为主。其中男性参与者占54%，女性占46%，共发放问卷1010 份，回收的有效问卷为998 份；问卷设计了18 个与社会主义核心价值观相关的问题，其中有单选、多选和主观题，以匿名方式进行，充分保证了大学生们的参与积极性和真实性。

调查问卷内容主要涉及三个方面：一是大学生的需求是什么，通过其回答以便了解对于大学生的激励机制应该侧重于哪个方面；二是探究大学生对于高校培育和践行社会主义核心价值观激励机制的看法，以便了解激励机制的有效性如何；三是了解大学生对于社会主义核心价值观激励机制的期待，以便了解激励机制的重点应该放在哪里。

二　调查数据之比较

（一）关于大学生需求问题的调查

认为自己上大学的目的是拿文凭、找工作和提升自我、增长知识和技能的大学生人数最多，百分比分别为42%和39%；而大学生们对于"大学里怎样才算成功"（多选）这个问题的看法却出现了较大的分歧，大多数人认为，要在大学里获得较好的人际关系，而"学习成绩突出""找到一份好工作""取得给项荣誉和奖励""顺利毕业"几个选项也都有50%左右的同学支持；当问及个人价值的决定因素时，较多人选择了人格是否高尚和对社会贡献的大小，少部分人选择了事业是否成功，极少的大学生选择金钱的多少和权力的大小。由上可知，参与调查的大学生现阶段面临的主要需求是学业成长需求和职业能力提升需求，较为次要的需求包括生理需求、社交需求和受人尊重和自我实现的需求等。

这些数据与2017年的这次调查基本一致，在相应的调查中，学生们对生存和就业的需求是第一位的（见上节相关图表），而且在个人成长方面十分重视社会及其实践的作用。

（二）关于大学生对高校培育和践行社会主义核心价值观激励机制的看法

51%的受访者将践行社会主义核心价值观与实现自我价值联系起来，认为他们学习道德模范和参加学雷锋活动的主要动力是实现自我价值，另有27%的同学认为动力是发自良心，不图什么。这在2017年的调查中也有所体现，即当问及社会主义核心价值观的意义方面，超过90%的学生认为其对于社会和自己的发展都非常有意义。

对于学校的激励机制，65%的同学对学校的奖惩制度评价一般，存在的问题是激励面窄，且多倾向于学习好的同学，使得激励效果受影响。高达79%的受访者支持拥有全面的综合素质的人应受到奖励，另外，"勤奋的学习态度""优异的学习成绩""良好的人际关系""成为班级或团体的负责人""有良好品德并能严格自律"的支持者也都在50%左右。学校思想政治类课程在过半大学生看来对社会主义核心价值观的培育作用不大或基本无效。

在2017年的这次调查中，学生们认为学校在这方面只是比较重视的占多数，但是在对待"思政课"的态度上却出现了很大分歧，2018年的调查中得到的数据是超过60%的学生认为"思政课"在社会主义核心价值观教育中目前是最重要的途径，而且在这方面认为"思政课""作用很大、从不缺课"的学生数达到84%。在问及未来的社会主义核心价值观教育时，也有超过半数的同学认为除了社会实践之外，"思政课"是最应该被重视的领域。我想，这一定与这两年来国家和江苏省狠抓"思政课"教学质量和教学改革的成效有关。

（三）大学生对于社会主义核心价值观激励机制的期待

大学生心中对社会主义核心价值观的培育有效果的激励方式有：荣誉（被树为榜样、标兵），奖学金或其他物质奖励，学校的德育评分奖励，亲朋及社会的肯定和支持。调查显示，志愿者活动是大学生们最喜欢的学习社会主义核心价值观的途径。

学生们对认为影响社会主义核心价值观践行的因素排序为：丰富的课外活动＞和谐的校园环境＞公平的奖励制度＞科学的评价体系＞榜样的带动作用。围绕社会主义核心价值观，绝大多数受访者表示自己愿意努力学习，以身作则，尽量向核心价值观靠拢。

在2017年的调查中，学生们对于树立榜样、表彰楷模这一项的青睐程度也是令本课题组没有想到的，但是并不与上面的排序冲突，而是基本一致。

三　发现的问题之比较

2015年的这次调查发现当前高校培育和践行社会主义核心价值观存在的问题主要有激励标准单一化、激励手段物质化、激励过程形式化，而这些问题在我们今天的调查中仍然存在，因为这些都是涉及制度、规则的系统工程，并不是一朝一夕能够改变的。下面将这几个问题详细记述如下：

（一）激励标准单一化

评优和奖励是目前大多数高校针对学生个体的激励方式。这些评优和奖励项目主要有"三好学生""优秀学生干部""优秀团员""优秀毕业生",包括一、二、三等奖学金的优秀学生奖和单项优秀奖。而目前我国很多高校的评选标准又主要以学习成绩为主。以盐城工学院为例,关于学生评优文件中有如下内容:"奖学金的评比,以学生的文化成绩占80%,综合测评占20%来计算评奖总分。文化成绩分列班级前8名,毕业设计(论文)成绩为良(包括良)以上,方可参评一、二等奖学金;文化成绩排名在全班人数的60%以内,毕业设计(论文)成绩为及格(包括及格)以上者,方可参评三等奖学金。"其中,占综合考评成绩20%的综合测评又包括四分之一的政治素质分和生活卫生分,以及二分之一的文体素质分。单向优秀奖学金包括社会工作优秀奖、文娱体育活动优秀奖及科技创新奖。可见,在上述条款中,文化成绩是大学生评优的主要标准。据了解,这种现象在很多高校都存在。这种评优标准,使得那些在学习或组织能力方面占优势的少数学生群体就成了这种激励手段的受益者。而大多数的高校学生觉得这种激励手段可望而不可即,长此以往,激励成了对少数人的激励,大多数学生逐渐失去了参与此类竞争的热情。而且,这一标准还影响了学生多样性的需求,抑制了学生个性化的发展,使高校人才培养呈单一化趋势,缺乏创新。

(二)激励手段物质化

目前,高校对于大学生的激励手段物质化,表现为重物质、轻精神。即高校在对大学生奖励的过程中过分追求物质奖励,轻精神奖励,把发奖金、奖品作为对学生进行激励的主要手段,参与各种活动给予一定的物品奖励,甚至是各种"优秀"或"模范"也辅以金钱刺激。"轻精神奖励"并不是说高校目前对于学生奖励时就没有奖状、证书之类的精神奖励,而是对于这些精神奖励不够重视,宣传不够,导致受到表彰的大学生拿到奖金后会主动或被动地请客吃饭,获得的奖状、证书之类的除了找工作时增加点求职的印象分,似乎没有其他的用处。这种奖励方式重物质刺激,忽视了大学生更高层次上的精神需求,既无法彰显先锋模范的作用,不能让学生领悟在物质表象背后所隐含的精神鼓励的实质,也无法形成先进带动后进、比学赶帮超地争优创先的良好氛围,而且过多的物质刺激还会使学生产生拜金主义、享乐主义和个人主义等倾向,不利于调动大学生的积极性,使激励措施和效果呈现出庸俗化倾向，同时也不利于大学生正确价值观的养成，并会影响到思想政治教育的实效性。

此外，激励不等于奖励和表彰，也应该包括批评和惩处。斯金纳的强化理论认为，不仅奖励和表扬能激发人的精神和意志，批评和处罚也是激励人的重要措施。而高校的激励机制往往过多地关注奖励的手段，忽略了惩罚措施的应用。本次调查发现，74%的大学生认为惩罚也是激励手段的一种，适当的惩罚有助于改正错误。可见，目前高校思想政治教育者们对于激励理论的研究还不够深入，激励的手段也不能适应大学生思想的特点。此后在培育大学生践行社会主义核心价值观过程中不仅要用好惩罚这一形式，还要加大激励机制的宣传力度。

（三）激励过程形式化

高校社会主义核心价值观的激励过程中存在着形式化倾向，存在"走过场"现象，缺乏创新。一是教学课堂走过场。部分思想政治工作者授课责任心不强、能力不高，课前不认真备课，上课时只注重强制性的灌输，不分对象、条件、场合，照本宣科，既不能用灵活生动的语言和技巧向学生传授理论知识，也缺乏对当今"90后"大学生的理解和把握，忽略了大学生的自身需要，空谈为祖国做贡献、向某某人学习等空泛的政治口号，激励的过程流于形式，导致激励的效果不佳。还有些高校对思想政治理论课教学重视不够，存在着任意削减课时，或选派行政或后勤部门的人担任任课教师等现象，严重地影响了思想政治理论教学的说服力和影响力。二是社会实践走过场。实践是价值关系和价值活动产生的基础，也是社会主义核心价值观产生的基础，社会主义核心价值观的本质特征是其实践性。作为中国人民实践经验的总结和升华，社会主义核心价值观的根本目的和最终归宿是指导实践活动。离开了实践，离开了生活，再好的价值观也只是空中楼阁。故此，加强理论教学与实践教学的相互统一、相互配合、相互作用是高校在培育和践行社会主义核心价值观的重要途径。但在实际中，这些社会实践类的活动更多地流于形式，既缺乏有主题的实践教学，理论联系实际的教学方式也不够。理论教学和实践教学被人为割裂开来，导致了社会主义核心价值观培育时的"两张皮"现象，严重地影响了理论课的实效性。

第二节　横向比较：基于同期其他省份的相关调研

本课题组的调查研究是针对江苏省的大学生社会主义核心价值观教育状况进行的，事实上，在全国范围内，也有许多针对不同省份的相似研究，这些研究和结果是很值得参考和借鉴的。在这里，根据文献调查情况，我们选取了针对广东省与河北省的相关调查研究进行比较。

一　对广东省大学生社会主义核心价值观教育的调查研究

2016 年 9 月，曹望华和李悦在《学理论》发表题为《大学生社会主义核心价值观的培育路径——基于广东大学生的调查》的调查报告。

（一）样本与问卷情况比较

曹、李两位老师的这份调查报告是基于 1100 份针对广东几大高校学生的调研问卷所提供的数据而撰写的。在报告中，作者及其团队"对珠三角、粤西及粤东地区的大学生进行了长达一个月的问卷调查，较为全面地了解到广东大学生对社会主义核心价值观的认同与践行现状，并尝试提出大学生社会主义核心价值观培育的基本路径"。在这里，无论是问卷数量还是问卷内容都与我们课题组较相似，唯一不同的是我们在思考"培育路径"时着力点在"长效机制"上。

（二）具体数据比较

1. 对社会主义核心价值观的关注度和认同情况比较

（1）关注度

依据上述报告，广东大学生经常关注社会时政的仅占 31.6%；18.8% 的学生认为社会主义核心价值观只是少数人讨论的问题，甚至认为与自己完全无关；大学生对 24 字社会主义核心价值观非常了解和比较了解的比例仅占 29.7%，不太了解和不了解的却占到 31.7%；40% 的大学生对社会主义核心价值观的实现信心不大甚至没有信心；5.6% 的学生认为 24 字社会主义核心价值观意义不大甚至没有意义。这些数字都是对大学生社会主义核心价值观培育的极大挑战，令人担忧。

因而，曹、李两位老师得出的结论为："当代大学生信仰混乱，对社会时政的关注程度不高，对社会主义核心价值观的了解程度较低。这显示出当代大学生缺乏对社会价值的应有重视，缺乏积极融入社会生活、勇于改造现实的使命意识、拼搏精神和社会责任感。"

而在本课题组的报告中，相关数据比较乐观，江苏高校大学生对 24 字社会主义核心价值观非常了解和比较了解的比例占到了 55.1%，而不太了解和不了解的则不过 4%。

（2）认同度

曹、李两位老师的调查结果显示，超过 70% 的大学生愿意根据社会主义核心价值观来确立自己的人生目标，但仍有超过 23.21% 的大学生不愿意甚至非常不愿意根据社会主义核心价值观来确立自己的人生目标，而将社会主义核心价值观作为自身信仰的仅占 20%，且地区之间差异不明显。

他们的结论是："这说明还有相当一部分大学生对社会主义核心价值观的认同度不高。这需要学校注重灌输教育与自我教育的结合，注重理论学习与社会实践的结合，引导大学生在准确把握社会主义核心价值观的思想精髓的基础上，躬行践履社会主义核心价值观，从而提高对社会主义核心价值观的认同感。"针对这一问题，两位老师的报告特别强调了高校思想政治理论课是大学生社会主义核心价值观教育的主渠道和主阵地，对大学生社会主义核心价值观的培育起到了至关重要的作用。

同时曹、李两位老师认为目前广东高校思想政治理论课教育的实效性和针对性仍有待加强。所以高校应进一步发挥思想政治理论课在大学生社会主义核心价值观培育中的载体作用，要有针对性地将社会主义核心价值观的内容融入课程教学当中，并根据各门"思政课程"的特点安排理论教学内容，同时还要重视理论与实践的结合，强化社会实践，拓展实践渠道，充分发挥实践教育基地的育人作用，使大学生能够通过校内外志愿服务、参观体验、寒暑假期社会实践、广泛的社会调查调研等活动的锻炼，提升自己了解社会、适应社会的能力，让更多的大学生提升对于社会主义核心价值观的认知度和认同度，从而自觉践行社会主义核心价值观。这一点正好也能够说明在学习社会主义核心价值观的渠道方面与江苏省的区别。

此外，广东大学生对社会主义核心价值观的了解程度呈现很大的地区差异。大学生对24字社会主义核心价值观不太了解和不了解的占到31.7%，其中粤西地区不太了解和不了解的比例达34.7%，粤东地区的这一数字更是高达50%，而粤西地区大学生对24字社会主义核心价值观完全不了解的竟然占到15.2%。调查还显示，珠三角地区53.2%的大学生是通过网络传媒来了解社会主义核心价值观的，而这一比例在粤西地区仅占32.5%，粤东地区甚至只占14.3%。调查结果表明，广东珠三角、粤西、粤东地区大学生对社会时政的关注程度、对社会主义核心价值观的了解程度差异较大。珠三角发达地区大学生对社会主义核心价值观的了解和认知程度较高，而欠发达的粤西、粤东地区大学生对社会主义核心价值观的了解和认知程度较低。因此，他们的结论是："在大学生社会主义核心价值观的培育中，各级政府特别是教育部门以及高校，要制定大学生社会主义核心价值观培育的总体规划，统筹兼顾，并根据实际情况，因地制宜，分别制定不同地区大学生社会主义核心价值观教育的不同政策，有重点、分层次、多渠道地开展大学生社会主义核心价值观的培育活动，特别是要加大对经济信息相对落后和薄弱地区的支持力度，推进区域文化、志愿服务等培育和践行社会主义核心价值观的载体建设，提高大学生社会主义核心价值观培育的整体实效。"而在我们课题组的调查中几乎不存在地区差异，无论是对社会主义核心价值观的知晓、认同，还是对现在、未来社会主义核心价值观的教育感知和期待，并没有出现苏南地区与苏北地区的数据大不相同的情况，严格来说是根本没有出入。

2. 学习、了解社会主义核心价值观的渠道比较

从其调查结果看，广东大学生了解社会主义核心价值观的渠道主要是网络传媒，占58.5%，而学校宣传相当薄弱，仅占37.5%，通过同学、朋友间的口口相传，也仅占4%。

因而，两位老师的结论为："从整体来看，高校社会主义核心价值观的宣传渠道单一，无法满足学生的需求，因此有必要拓宽宣传渠道。"

在本课题组的调查中，江苏大学生了解社会主义核心价值观的最主要渠

道为学校的思想政治理论课，其后才是网络媒体。

此外，在曹、李两位老师的调查中，有 47.5% 的学生认为学校很有必要开展倡导社会主义核心价值观的活动，63.3% 的学生认为学校偶尔开展此类活动，还有 20.3% 的学生认为学校没有开展过此类的活动。因此，他们认为："高校应该多组织开展社会主义核心价值观的培育和践行活动，鼓励学生积极参与其中；不断推进校园文化建设，丰富体现社会主义核心价值观的校园文化载体，找准社会主义核心价值观与校园文化载体的连接点，努力让社会主义核心价值观渗透到校园文化建设的每一寸土壤中，以保障社会主义核心价值观的培育起到显性和隐性效果。"这个问题和这种感触，在我们的调查中也存在，尽管江苏高校在社会主义核心价值观的显性教育做得相对成功到位，但是在隐性教育上下的功夫同样是不够的。

3. 对社会主义核心价值观培育的期待

曹、李两位老师并没有在问卷中设计这个方面内容。

二 对河北大学生社会主义核心价值观教育的调查研究

2016 年 5 月，刘艳琴在《河北青年管理干部学院学报》发表的一篇名为《河北省大学生社会主义核心价值观培育和践行情况调查研究》的调查报告，报告中记录了其课题组对河北省五所高校的近千名大学生进行的走访调查和问卷调查结果。

（一）样本与问卷比较

刘艳琴课题组所选取的五所高校，包括三所本科院校：河北师范大学、河北经贸大学、河北建筑工程学院，两所专科院校：河北政法职业学院和河北交通职业技术学院。每所院校发放问卷 200 多份，共收回问卷 1020 份，其中本科 560 份，专科 460 份；大一的 830 份，大二的 190 份；男生 450 人，女生 570 人；参加调查的学生中党员只有 9 人，其他都是共青团员。因为大部分学生是大一的，还没有发展为党员。专科生是大一第二学期的，本科生是大二第二学期的。

从样本选择和问卷发放情况来看，与我们课题组有一定的差异，但总体思路基本相同。样本群都经过了一两年的大学生活，上完了必修的高校思想政治理论课，大多参加过学校各类社团活动，接受过社会主义核心价值观的培育，个人的世界观、人生观、价值观也初步形成，能够独立自主地表达自己的观点。

刘老师课题组的问卷内容包括三个方面：一是大学生对社会主义核心价值观的了解情况；二是大学生培育社会主义核心价值观的渠道和途径；三是大学生当前的价值取向。这与我们课题组的问卷内容也基本一致。

（二）调查结果及数据比较

1. 对社会主义核心价值观的了解和认可程度比较

河北大学生绝大部分了解、认同社会主义核心价值观的内容，政治价值取向正确，但部分学生不能准确掌握。其调查显示，97%的学生认为中央提出社会主义核心价值观以及加强大学生社会主义核心价值观的培育是有必要的，74%的学生对社会主义核心价值观的内容很了解或基本了解，22%的学生表示知道、学过但没有掌握，4%的学生不了解；40%的学生能够完全正确选出社会主义核心价值观三个倡导的内容，54%的学生只能选对一项或两项，6%的学生完全不对，因为他们不知道是选三项，大多只选一项还选错了；90%的学生正确地选出了公民个人层面的价值准则。可见，绝大多数学生了解社会主义核心价值观的内容，只是不能完全记住其内容。虽然不能完整准确表述其内容，但大学生对社会主义核心价值观是认同的。

这里，从调查数据看，与江苏大学生的差异不大，只在背诵情况方面，江苏大学生略胜一筹。

2. 了解、学习社会主义核心价值观的渠道之比较

河北的调查数据中可以看到，大学课堂是学生们学习了解社会主义核心价值观的主渠道，"思政课"对大学生社会主义核心价值观的教育发挥着主导作用。82%的学生是通过课堂了解社会主义核心价值观的，网络、电视占14%，报告讲座占4%。因此，其结论为"大学生学习了解社会主义核心价值观的渠道并非唯一，网络电视也是重要途径，而且可能更生动，本科生中选择报告讲座的较多，可见本科院校的此类报告会较多，而专科欠缺些"。他们的数据进一步显示：有83%的学生认为学校现在开设的各类"思政课程"（如思修、概论等）对大学生社会主义价值观教育作用较大；但也有15%的

学生不认可，"这可能是个别老师宣讲不到位的原因，也可能是学生根本就没有认真接受或根本没去上课。所以必须解决大学生'翘课'和课堂上玩手机打游戏等问题。课堂是学生思想政治教育的主渠道，但对学生来说它并不是最好的形式。那么最有效的形式是什么？"其调查结果显示，90%的学生选择了先进人物的事迹和明星偶像的公益行为。这表明普通人的不平凡事迹更能触动人心，要加大对先进人物、先进事迹的宣传力度，发挥榜样的力量；明星偶像作为公众人物拥有大批青年粉丝，他们的言行举止、生活方式、观点倾向都会影响青年，进而影响社会风气，所以明星偶像崇德向善的公益行为必然会给大学生们树立良好的价值取向。

本课题组的调查结果与其基本一致，但本课题调查增加了"社会实践"内容。

3. 高校对社会主义核心价值观的重视程度比较

刘艳琴老师课题组的调查显示：河北高校都严格贯彻落实中央精神，非常重视对大学生进行社会主义核心价值观的培育。调查显示，95%的学生认为学校领导和老师都很重视社会主义核心价值观的教育，社会主义核心价值观不但进课堂，而且还通过各种活动渗透和强化。不过91.5%的活动都是在校内进行，如诗歌朗诵、演讲、辩论赛、文艺表演等，而真正到社会上进行实践的活动不足10%。

这与本课题组的调查十分相近。但从数据来看，江苏高校在这方面相对于他们的工作还是有所欠缺的。

4. 对社会主义核心价值观的看法之比较

刘老师的调查数据显示，河北大学生普遍具有社会责任感，热爱祖国，关心国家发展，但一部分人具有功利化、实用化的价值取向。统计显示，95%的学生认为我们国家距离"富强、民主、文明、和谐"这一目标有一定距离，通过努力一定会实现，87%的学生愿意为国家的发展牺牲个人利益，这表明绝大多数学生对于我们国家的发展目标和现状是清楚的，而且有高度的责任感；92%的学生认为中国特色社会主义道路是实现中国梦的正确路径，90%的学生对我国改革开放以来的发展持肯定态度，这表明大学生对中国特色社会主义事业充满信心。

在我们的调查中我们也同样看到了大学生的责任心、乐观和理性的态度。

5. 对社会主义核心价值观具体内容的现实把控之比较

刘老师的调查结论是：绝大部分学生崇德向善，道德品质良好，道德认识正确，部分学生犹疑摇摆、茫然无知，在对"雷锋精神"是否过时、是否还具有现实意义的调查中，56%的学生认为仍然有很强的现实意义，12%认为太过理想化，不现实，32%表示内心认可，不去行动；在面对摔倒老人"扶不扶"的问题上，34%毫不犹豫，赶紧去扶，60%是先做好防讹诈准备再去扶，6%表示不想惹事，赶紧走开。这些数据表明，大部分学生主观是向善的，能做出正确选择，但一部分有迟疑的态度，跟动辄出现的讹人诈骗现象也有关系。极少数同学抱着少惹事、明哲保身的态度，冷漠地离开，丝毫不去关心他人危难。

类似问题在我们的调查中也有存在，只是数据稍有差异。

6. 学生们对个人价值观形成的认识情况之比较

从对河北大学生调研研究的数据看，多数学生认为家庭是影响大学生个人价值观确立的主要因素，76%的学生认为自己价值观的确立主要受父母影响，受老师影响的占14%，受朋友、明星、模范人物影响的分别占3%。这反映了家庭教育对一个人价值观人生观的形成具有决定性的影响。所以，他们的结论是"社会主义核心价值观要宣传普及至社会大众，这不仅关乎每个人自己如何立身做人，更关乎对下一代的影响"。

同时，在他们的调查中，有72%的同学表示很清楚自己的价值观，认为自己的价值追求符合主流价值观。这部分学生是积极向上的，有责任、有担当的未来社会中坚力量；另外28%的同学表示不清楚、不知道自己的价值观，这样的学生在大学中的确也不少见。有些学生从上大学起就没有明确的奋斗目标，没有了学习成绩的压力，整日沉浸在游戏中，浑浑噩噩，不但虚度光阴，荒废学业，还损害了身体，萎靡了精神。这部分学生大多不清楚自己的人生观和价值观，对时政、社会、民生没有关注，说不出自己的观点，往往是一问就直接回一句"不知道"。这部分同学正是需要接受社会主义核心价值观培育的主要对象。从大学生的追求来看，"十年之内你的奋斗目标"的调查结果是：36%选择更高的专业技能，27%选择有一定级别的职位，22%选择赚更多的钱，15%选择精神充实，心灵安宁；"选择另一半你最看重什么"，调查结果是外表28%、金钱13%、德才45%、背景14%；数据表明大学生对个人预期和配偶要求上，金钱不是排在第一位的，专业技能和德才成为大多数人的选择，主流是好的、健康的，但仍有22%选择金钱，说明拜金主义者还不少，必须加强金钱观教育。

这一部分的调查情况与我们的结论基本一致，只不过这部分的两份研究的方式不同，他们主要是通过问卷，我们主要是通过长期日常观察与个案访谈的方式实现的。

此外，我们搜集到的其他省份的相关研究数据，除了空间差异外，也存在一个时间上的问题，比如河北省的刘艳琴老师的调查研究都基本是在2015年到2016年间，曹望华和李悦两位老师对广东省大学生所作相关调查也主要是在2015年开展的；陈少平和郑铮彬两位老师在福州地区开展的相关调查研究也主要在2015年；时玉柱老师对江西省大学生的相关研究也是在2014年到2015年间进行的……所以横向比较不能下定论说江苏省大学生社会主义核心价值观的情况优于其他省份，除却误差，也只能说从我们在今年（2017年）对江苏大学生所做的调查数据来看，目前江苏的情况较好，而这种相对乐观的教育情况和效果也许只是缘于时间的先后。

第三节　调查补充：基于《调查问卷》的个案访谈

个人访谈的部分，是我们为了弥补《调查问卷》的不足，从样本群中依据不同年级、地域增加选取了15位大学生进行面对面访谈。访谈内容的设计是本着拓展和补充问卷调查的目的，旨在详细了解学生们的"三观"现状而进行的。主要涉及三个方面，即大学生们对外在世界与自身关系、人生目标、善恶是非标准的认识和判断。具体访谈情况如下：

一　外在世界与自身的关系

在这一内容的访谈中，我们得出的结论是大学生们是充满矛盾的。在问到"你觉得国家、社会、民族的发展与你自身成长之间的关联大吗?",每一个人的回答都是"大啊"或"非常大"。再进一步追问"那你平时关注时事吗"的时候,又几乎无一例外地说"不怎么关注"。详细的访谈结果是,在平时的信息获得里,手机是第一渠道,而在与手机的"交往"中,从社交软件(QQ、微信等)、游戏、段子、小说、电视剧获得的社会信息占主要方面,平时也都会浏览新闻APP,但是学生们的回答是,这里面的新闻主要以社会新闻和娱乐新闻为主,很少深入关注与分析经济、政治、外交和国际发展大势。但是在10个大一、大二年级的样本那里,他们特别提到了学校的"政治课"(即"思政课"),他们说老师会讲很多,不过,他们共同的感受是老师讲的过于"报喜不报忧",让他们感觉不是很"过瘾"。当学生们用"过瘾"这个词的时候,我们作为调查者觉得这里需要深入思考和研究一番,这在报告的第三部分会有体现。

关于24字社会主义核心价值观,从实然角度讲,学生们认为目前我们国家所做得还不错,就是希望以后更好,希望官方或政府应该再加大力度。他们也愿意为此出力。有一位受访的同学讲了一个亲身经历,他说一次他妈妈得重病入院治疗,花了十几万块钱,到后期他和爸爸四处借钱,当时的困境也让他觉得很无助,结果出院时医疗费直接报了近80%,确切钱数已经不记得了,但是他和爸爸觉得一下子就轻松了,他说那是他第一次在头脑中对"文明、和谐社会"有了震撼式的印象。从应然角度讲,受访的学生无一例外地充满敬意与支持,有一位同学说:"如果这24个字实现了,我们的国家一定就进入共产主义社会了吧!"

反之,在问及自身发展要不要与国家、社会、民族发展目标相契合时,同学们的反应还是理智而现实的,"我们首先肯定是先考虑自身利益的,我不会盲目地支援落后地区啊,或者国家的一个什么项目,除非有很好的回报条件。""我那些去当村官的同学要么是从农村来的傻傻的,要么就是找不到合适工作的,还有的就是有政治野心,想把这一经历当升官资本的。""如果我的发展规划正好与国家发展目标一致,那才是最完美的。"较好地回答是:"我们自身发展好了,不就是给国家做贡献了吗?"

问到学校发展与自身关系时,学生们仍呈现出茫然之态,几个受访的同学说："我们希望学校能教给我们很多实在的东西""我们不喜欢学校里枯燥落后的教科书""可是好像学得好不好也没什么用""我爸说在学校结交人脉比学习重要"。一位普通二本的学生说："就我们学校的层次，只有剑走偏锋学点儿特别的硬东西才行。我有一个学机械的师兄，后来就是凭借他过硬的德语能力在单位脱颖而出的。说到底学校对自己影响不大，还是自己拼搏最重要。"对于校园文化建设，有位同学的回答是："学校搞那些活动，要是能锻炼我自己，我就参加，否则意义不大。"不过，听到这里有一位同学反驳道："好的校园环境与文娱活动是能够陶冶情操的，只是他没有即时感受到而已。"

调查中，我们还发现了一个令人担忧的问题，这个问题就是本课题组第一次调查所着重考察的，即学校的激励机制，被调查者中仅有两位学生干部的回答是相对乐观的，其他几位同学都认为当下校园对学生各方面发展的激励机制还需要进一步研究和改进。

二　人生观方面

在这部分里，我们设计了一个很有趣的题目，即"你最想实现的三个愿望是什么"时，虽然回答得五花八门，但是一个中心问题就是一定要有钱，不管这钱从"一份好工作""自己喜欢的事业"，还是"中彩票"中得来的，也不管这钱是为了"报答父母""环游世界""娶白富美"，还是"做慈善"……还有一位受访者直接回答他的三个愿望就是"香车，美女，别墅"。只有一位同学的回答中有"世界和平"。不过，同样令人感到困惑的是，在下一个题目中的回答却又与此相矛盾。即在我们问"你最想留给你孩子的忠告是什么？"答案基本在下面几个理念中游走：一是"做你自己"；二是"自己开心就好"；三是"不要强求，跟着自己的感觉走"。在这里，没有一个人想告诫自己的孩子要好好学习、认真工作、努力赚钱……更加没有人说"报效祖国""为人民服务""为社会做贡献"……这是特别值得我们注意和思考的。

问到读书的目的，基本上是"当然是找个好工作啦"，但他们在这里也愿意多谈一些，比如"增长见识"、"充实心灵"、"交到好朋友"、"找到好对象"等也都在其中。问到愿意不愿意把24字社会主义核心价值观作为他们自己的人生目标，都会回答"愿意啊"，就是"这些目标是宏伟的大目标"，"我们得从小目标做起"，"愿意配合学校开展社会主义核心价值观教育，但不要占用太多个人时间"。

还有一个问题令人深思，就是"如果你有一次改变自身的机会，你想改变什么?"，在受访问的15人中除了两个受访者回答"智商"和一位受访者回答"情商"外，其他人都是"颜值"。

三　价值观方面

这里的访谈结果很简单，每一个受访者都能很主流地去判断善恶、美丑、是非、对错，但是一旦涉及具体行动，诸如是否敢于捍卫"真善美"、打击"假丑恶"时，学生们又会犹豫和退缩。愿意为24字社会主义核心价值观奋斗，但是在不损害个人利益的前提下。

第四章　"江苏大学生社会主义核心价值观教育长效机制"调查分析

通过前三章的数据及相关分析，我们既看到了江苏省大学生社会主义核心价值观教育取得的成就，也感受到了江苏高校社会主义核心价值观教育面临的困境，同时也在一定意义上发现了这一教育及其效果的时空差异。

第一节　江苏大学生社会主义核心价值观教育的总体分析

习近平总书记在党的十九大报告中指出，社会主义核心价值观是当代中国精神的集中体现，凝结着全体人民共同的价值追求。他还强调，要把社会主义核心价值观融入社会发展各方面，转化为人们的情感认同和行为习惯。目前看，全国各地的社会主义核心价值观培育和践行，包括现在看来态势较好的江苏省，在实践过程中取得了一定进展，但并未系统建立长效机制，教育效果的惯性也没有形成，而且在教育中还存在一定的困境。究其原因，本课题组归纳了以下几点。

一　学校层面

在人才培养方面关注较多的是指标可量化的各项，而社会主义核心价值观培育的成效很难在短时间内被定义和量化。因此，在外部竞争和内部人才培养的双重压力下，学校难免陷入传达者角色，基本上是始于传达，重视宣传，止于形式。

当前的大学生核心价值观教育还没有充分发挥、利用好网络的教育功能，还有许多空间和技术有待于进一步探究。虽然近些年来国家高度重视高校网络思政阵地建设，在这项工作中，也取得了很多突破和成绩，各高校校园网络平台在为学生的教学、科研、管理和服务等方面发挥了重大作用，借助论坛、QQ、微信公众号等平台在师生之间搭建了开放沟通的桥梁，初步形成网上育人环境。但是，网络思政建设仍存在问题。一方面是校园网络建设自身存在一些问题，比如校园网络公约的制定，对有害信息的过滤，网络的监管，校园网络思想文化建设，特色化，个性化服务，公共信息的共享并未完全发挥其积极作用。另一方面，网络的思想政治宣传优势发挥不够。作为新的思想政治教育阵地，网络应该是带给学生不同于思想政治理论课堂的内容和模式，如果只是空间转换，尤其是"换汤不换药"，就不可能赢得学生们的关注和喜爱，也不会有实质性的效果。

二　学生思政教育层面

高校思想政治教育师资队伍主要包括思想政治理论课教师和思想政治辅导员两个群体，而目前这两个群体在数量和质量上都存在不足，使得大学生在社会主义核心价值观教育方面出现短板。思想政治理论课教师是高校思想政治理论课程的主要承担者，这支队伍的现状与国家提出的贯彻践行社会主义核心价值体系、积极培育核心价值观的要求和目标还有差距。部分思政教育工作者对课程中的实践教学的重要性认识不够，多以理论教学替代实践教学环节；有部分领导和老师观念错误，认为实践教学就是大学生的社会实践活动，不予关注；有的老师认为必要的实践环节是费力不讨好的事，仅满足于课堂传授；有的老师自身就与社会联系不紧密，缺少实践性，对学生更是缺乏必要的指导和鼓励。

思想政治辅导员队伍除了平时被繁杂的日常学生管理工作所困扰，还要兼顾自身的发展，因而很少有人主动在社会主义核心价值观培育方面下大力气，通常是随着政策"一阵风"式开展相关工作，而且即使有人坚持投入，其成绩也很难被记取和认可。在南航徐川的报告中就曾提到有同行向他吐槽：

"我也坚持了八年（辛勤工作），可是你红了，我还是我!"

三　思想政治理论课方面

本调查研究发现许多高校"思政课"没有充分开展社会主义核心价值观教育，主要体现在两个方面：

一是教育手段过于单一。学校的思想政治理论课是进行大学生社会主义核心价值观的重要课程，学校和老师主要是通过思想政治理论课以及形势政策课来集中传授社会主义核心价值观知识。但传统的思想政治课主要以直接的"灌输式"的教育方法、通过实际的课堂教育和教育实践活动形式，这明显已经不能满足现代大学生学习的需求。在"互联网＋"这一时代背景下，高校面向大学生群体开展社会主义核心价值观教育，不能仅仅停留在教材、黑板、粉笔三者之间，而是要不断探索教学的新技术、新手段、新方法。现在的大学生更加需要灵活、多样化的教育形式来吸引他们的兴趣，引导他们接受教育并转化为自己的行为导向。所以，现在的思想政治理论课不能发挥其本应有的最大效果。

二是社会主义核心价值观教育并未做到因材施教。大学生作为群体，有其鲜明的群体特征，同时个体的差异性也是明显的，每一个大学生智力思维与思想觉悟不同、领悟能力和对事物的接受能力也各有不同，这也直接导致他们对社会主义核心价值观教育的接受程度也存在差异性。教育者在课堂讲授中，要承认受教育者个体差异性的现实，授课不能搞"一刀切"，要从受教育者的差异性出发，做到因材施教、因人施教。在社会主义核心价值观教育过程中，教育者若忽视了受教育者存在的差异性，用整齐划一的教学标准，将会使社会主义核心价值观教育脱离现实、脱离生活，使得这种教育泛化、空化。

四　受教育者角度

广泛、深入系统地让大学生接受社会主义核心价值观教育的可能性不大，这主要是从大学生们紧张的学业和就业焦虑两个普遍存在的事实而言的。在上文中，我们从价值观内化过程分析大学生对社会主义核心价值观接受状况的分析时，意识到他们受到来自社会中多元价值观的影响，从而很难在短时间内将社会主义核心价值观内化为自己的观念并转化为一定的行为。那么，在内化之前的认知阶段中，我们看到的障碍是学生们并没有太多的时间与精力放在社会主义核心价值观的学习与认知上，也没有充分而强大的内在学习动机。因为摆在他们面前最重要的问题是学业负担和就业压力，在我们的调查中，这两大问题排在大学生最关注的问题之首，后面则是人际交往困惑和单身问题，再往后才是对社会上和校园里文明、和谐等方面的思考。

此外，许多学生家长也同样并不关心社会主义核心价值观在大学生群体中的培育和践行。较多家长对大学生正确价值观的形成关注度不高，而是过度追求智育，期待其"升官发财"，带有明显的功利化倾向，从而影响大学生核心价值观的培育与践行。前些年一些选择让自己的孩子读香港高校的家长居然说逃避大陆的思想政治理论课是其中原因之一。他们关心孩子的学业和健康无可厚非，但是社会主义核心价值观教育同样很重要，由此可见社会主义核心价值观教育困难重重。更令人担忧的是社会转型期，社会矛盾向家庭内部延伸所带来的各种家庭问题也会对大学生的价值观教育产生负面影响。例如夫妻双方在养老育幼方面的分歧，离婚率的持续上升，家长自身不健康生活方式……尤其是对独生子女的纵容娇惯，使得当代大学生普遍比较势利自私，较难适应集体生活，缺少奉献和分享的精神，在价值取向方面也更加偏向于实用。

家庭对一个人成长的影响是深刻而持久的。要想孩子树立正确价值观，不能一味对其进行说教，而是要通过对自身行为对其进行约束，形成一个良好模范，从而在无形中产生影响。家庭环境对一个孩子的道德品质养成具有潜移默化的影响，家庭氛围的好坏直接影响到大学生的价值观的形成。如果家长自身认知和行为符合社会主义核心价值观的要求，大学生的正确价值观的树立也较为容易。

第二节　江苏大学生社会主义核心价值观教育的认知现状

无论是从本课题组的调查数据来看，还是本省其他学术团队的研究结果来看，当下江苏大学生群体对于社会主义核心价值观的知晓状况是比较乐观的，而且从时间上来看，目前好于过去。但是，这种认知状态仍然难以避免识记性和表面化。

一　从国家层面来看

（一）高度重视青年的社会主义核心价值观教育

社会核心主义价值观是社会主义核心价值体系的内核，体现社会主义核心价值体系的根本性质和基本特征，反映社会主义核心价值体系的丰富内涵和实践要求，是社会主义核心价值体系的高度凝练和集中表达。党的十八大以来，中央高度重视培育和践行社会主义核心价值观。习近平总书记多次作出重要论述、提出明确要求。中央政治局围绕培育和弘扬社会主义核心价值观、弘扬中华传统美德进行集体学习。2013 年 12 月 23 日中共中央办公厅印发的《关于培育和践行社会主义核心价值观的意见》（以下简称《意见》）。该《意见》分为培育和践行社会主义核心价值观的重要意义和指导思想、把培育和践行社会主义核心价值观融入国民教育全过程、把培育和践行社会主义核心价值观落实到经济发展实践和社会治理中、加强社会主义核心价值观宣传教育、开展涵养社会主义核心价值观的实践活动、加强对培育和践行社会主义核心价值观的组织领导等 6 部分 23 条。

党中央的高度重视和有力部署，为加强社会主义核心价值观教育实践指明了努力方向，提供了重要遵循。然而，任何方针政策从出台到最终在各省各地的基层落实都会有一个时间差问题，社会主义核心价值观教育也不例外，从中央部署到地方执行，再到在现实中真正起到作用，从规律和逻辑上来讲，必须经过一定的时间才能展开和发酵，最终体现在社会成员的行为中。

2014年5月4日，习总书记在北京大学师生座谈会上还专门作了题为《青年要自觉践行社会主义核心价值观》的讲话，深刻阐释了"五四"精神的当代价值，热情鼓励广大青年勇担时代重任，自觉践行社会主义核心价值观，努力在实现中国梦的伟大实践中创造精彩人生，强调"青年要从现在做起，从自己做起，使社会主义核心价值观成为自己的基本遵循，并身体力行大力将其推广到全社会去"。大学生是青年践行社会主义核心价值观的主要群体和接受社会主义核心价值观教育的重要对象，推进大学生社会主义核心价值观的培育成为青年社会主义核心价值观教育的重要任务。各省各地都相继根据这次讲话精神开展了相关工作。

大学生社会主义核心价值观教育被提升到前所未有的高度基本始于2014年后半年。再经过2015年和2016年教育工作的全面展开，这样到2017年所做的调查结果就有了优于2014年和2015年的可能。从整个江苏省在这方面的努力来看，虽然从未放松对于大学生的社会主义核心价值观教育，但这方面工作最为突出的成绩也基本上是在近几年取得的。党的十九大报告指出，培育和践行社会主义核心价值观，要以培养担当民族复兴大任的时代新人为着眼点。这一重要思想观点，聚焦实现中华民族伟大复兴的历史使命，进一步明确了社会主义核心价值观建设的出发点和落脚点。

尤其是在2018年9月10日全国教育大会上，习近平总书记指出，在党的坚强领导下，全面贯彻党的教育方针，坚持马克思主义指导地位，坚持中国特色社会主义教育发展道路，坚持社会主义办学方向，立足基本国情，遵循教育规律，坚持改革创新，以凝聚人心、完善人格、开发人力、培育人才、造福人民为工作目标，培养德智体美劳全面发展的社会主义建设者和接班人，加快推进教育现代化、建设教育强国、办好人民满意的教育。他强调，要努力构建德智体美劳全面培养的教育体系，形成更高水平的人才培养体系。要把立德树人融入思想道德教育、文化知识教育、社会实践教育各环节，贯穿基础教育、职业教育、高等教育各领域，学科体系、教学体系、教材体系、管理体系要围绕这个目标来设计，教师要围绕这个目标来教，学生要围绕这个目标来学。凡是不利于实现这个目标的做法都要坚决改过来。

（二）国家的现实发展

一方面，我国近些年的发展态势越来越好，无论是经济、政治、社会还是文化发展都取得了全面进步，国际影响力也不断提升。2014 年 11 月，习近平到福建考察调研时提出了"协调推进全面建成小康社会、全面深化改革、全面推进依法治国进程"的"三个全面"。2014 年 12 月在江苏调研时则将"三个全面"上升到了"四个全面"，即要"协调推进全面建成小康社会、全面深化改革、全面推进依法治国、全面从严治党，推动改革开放和社会主义现代化建设迈上新台阶"。在这一理念的引导下，全国各地积极出台各项政策措施，保证"四个全面"的齐头并进，尤其是关系国计民生的基础设施、就业、教育、医疗和养老育幼等重要领域都有突破性的进展。在访谈中，学生们就不止一次谈到国家进步给他们个人生活带来的巨大变化，这一切都让人们切实感受到了国家的"富强、民主、文明、和谐"……

另一方面，我国正在进行的各项改革逐步推进至"深水区"，改革难度加大，利益层面牵涉众多，利益格局调整深刻，致使社会结构变动剧烈。一方面，主要体现在阶层之间及其内部各成员之间的利益分配不均衡；另一方面，公平公正理念越加受到年轻人的认可，固有利益格局不得不重新调整，利益博弈逐渐变得激烈。在这种博弈过程中，如果出现不平衡，就会使青年人在思想价值取向、利益追求方式、思想文化向度和政治理念的选择等方面呈现出多样化甚至分裂态势。在这一社会进程中，"社会分化、分层正在加速，社会正在按照新的差异原则在差异化地重新组合，差异化的利益结构、收入结构、生活方式、身份结构、组织形式、社会分层正在被纳入一种规范化的秩序中，人们的身份多元化、文化需求多元化、多层次化、多样化，使各种价值之间存在明显的甚至尖锐的文化矛盾"。这种转变"反映在文化上，就是文化矛盾，因此必然出现先进文化与落后文化乃至反动文化的矛盾，交织着对变革发展的利益相关者的各种文化心态之间的矛盾"。在此种矛盾重重的文化环境中，"差异价值观之间的矛盾和冲突又必然消解共识资源，使社会隔膜、疏远甚至离散"。所以，作为具有凝聚共识、促进团结、提振精神作用的社会主义核心价值观在培育过程中不得不面对社会结构变动带来的排斥力和反作用力。当然，这是不可避免的一个历史过程，这个问题需要较长一段时间才能得到解决。

此外，全球化进程不断推进，网络社会日渐成形，各种外来挑战，特别是西方的各种思想观念冲击也是社会主义核心价值观在青年心里得以稳固确立的主要阻力之一。西方一些并不适合于其他地区和民族国家的理念、思想及文化连同资本主义大工业文明持续冲击着中国传统社会思潮并在一定程度上造成负面影响。虽然，自从党的十六届六中全会以来，党始终站在科学发展观的高度要求将社会主义核心价值体系建设纳入更加广阔和更具时代感的范畴中，探索如何更好地引领社会思潮的有效途径，尤其需要抵制各种非马克思主义的、腐朽的、落后的思想的影响，切实把社会主义核心价值体系融入国民教育和精神文明建设的全过程，转化为人民群众的自觉追求。但是，新自由主义、极端私有化主张、历史虚无主义、民主社会主义、民族分裂主义、伪科学和利己主义以及各种意图颠覆中国共产党领导的敌对意识形态等思想打着"民主""自由""公平""正义""人权"的幌子，总是千方百计通过各种渠道和名目，特别是通过网络传播渗透到我国社会生活的各个领域，妄图歪曲和否定改革开放，否定中国革命历史实践，要求中国照抄照搬西方政治制度，从而使得一些不明就里的群众尤其是青少年群体，包括具有一定文化素养的大学生在内的价值观、人生观发生动摇并改变。

二　从江苏省来看

（一）大环境：各条战线齐抓共管

从江苏省来看，省委省政府及其相关部门在党和国家关于培育和践行社会主义核心价值观的总体方针和顶层设计下早早进行了全面部署，所有具体工作都是以《关于培育和践行社会主义核心价值观的意见》为土壤和基础，使核心价值观得到民众的认同并成为民众共识，从而为区域发展提供精神力量。

此外，利用具有长效意义的法治建设来推进社会主义核心价值观教育工作。2016 年 12 月，中共中央办公厅、国务院办公厅出台《关于进一步把社会主义核心价值观融入法治建设的指导意见》，促进了核心价值观由"软性要求"向"硬性规范"转变。为推动这个《指导意见》的贯彻落实，前不久，中央宣传部、中央政法委又专门下发了重点项目分工方案。从江苏来看，省委把这项工作列入全面深化改革重点任务，纳入"十三五"发展规划，作为建设"强富美高"新江苏的重要内容，明确提出要让法治成为江苏核心竞争力的重要标志。全省各地各有关部门坚持一手抓法治、一手抓德治，积极运用法治思维和法治方式推动核心价值观建设，各方面工作呈现出向上向好的发展态势。但也要看到，与中央和省委的要求相比，把核心价值观融入法治建设还存在不小差距，有的法规和政策价值导向不鲜明，一些地方和部门把核心价值观融入法治建设的意识还不强，依法治理解决道德领域突出问题的方法手段还不多，全民法治观念需要进一步提高；等等。

在诸如上述行动宗旨和相关政策措施的普遍影响下，江苏省的社会主义核心价值观教育形成了整体性共识和全面推进的大环境，为青年们尤其是高校大学生的社会主义核心价值观的培育提供了支持与依据。

（二）微环境：全省学生工作中的社会主义核心价值观教育

1. 初期

在习近平总书记的 2014 年的"五四"讲话后，江苏团省委随即便围绕"社会主义核心价值观主题宣传月"开展了一系列工作，拉开了江苏省大学生社会主义核心价值观教育序幕。那次活动通过理论学习研讨、宣传氛围营造、主题活动创新、文化产品开发——"四位一体"模式，帮助全省大学生牢记、熟知核心价值观的基本内容，全面宣传社会主义核心价值观。相关部门和高校也积极参与和配合。以便将这一模式在日后的教育中常态化。具体工作如下：

第一，重视理论学习研讨，保障宣传工作打好坚实基础。

在江苏团省委召集江苏高校团委书记召开的"培育和践行社会主义核心价值观工作研讨会"上，各家高校不但分享对于社会主义核心价值观的理解和体会，共同探讨形成此项工作特色品牌的方法路径，与会人员就如何开展相关教育工作也提出了工作思路和工作创新的方向。各高校都承诺切实发挥优势主阵地作用，在培育和践行核心价值观工作中积极探索、不断创新、多出经验和成果，努力为全团核心价值观教育工作作出积极贡献。在各级团组织也开展了丰富的理论学习研讨活动。校级层面组织团干部、主要学生干部分别开展工作研讨会、布置会、座谈会，青马工程方面将社会主义核心价值观学习列入教学计划，基层团支部依托团日活动分别开展交流会、专题讲座，以扎实的理论学习基础保障宣传工作的扎实开展。

第二，宣传氛围营造日有日新，线上线下互动保证宣传效果。

江苏团省委及各高校团委依托团属网站、官方微博、PU 平台等新媒体工具，适时结合时事热点，开展丰富的线上线下活动，营造良好氛围。诸如，在开学季，为引导广大青年坚定中国特色社会主义理想信念、积极培育和践行社会主义核心价值观，江苏团省委、省学联联合南京邮政开展江苏高校"青春最美开学季"、"我和大学的第一张合影"活动，线上邀请新生通过"江苏共青团""团学苏刊"微信发送和自己学校的合影，线下由活动主办方选择校园标志性建筑物搭建活动场所，邀请参与者合影，并给予拍摄服务。当时比较吸引人眼球的还有南京师范大学组织开展的"#艾特 e 起来，身边的核心价值观#"微博话题接力活动，促进线上线下宣传模式融合。发挥团员青年的主体性作用，利用新媒体平台，充分发挥网络宣传员作用，让每位团员青年都成为"社会主义核心价值观"的学习者、传播者和践行人。

第三，主题活动常开展常创新，形式丰富多样。

江苏团省委、省学联于 2014 年 9 月初至 10 月中旬继续在全省高校开展"我为核心价值观代言"主题活动，在以往活动收到良好成效的基础上，丰富形式，参与者除了可以通过将自己的代言照片和代言感言发送至官方微博、微信平台参与网络活动，还可以在各高校设立的主题活动场所提供的主题背板前创意自己的摆拍 POSE，并通过主办方微信、微博参与活动，可获得活动纪念品一份。活动一经推出，吸引了同学们的广泛参与，青年学生的"代言"作品普遍源于学习生活和自身经历，温馨真挚，富于感染力，其中不乏"90后"对"社会主义核心价值观"精辟、独到和个性化的解读，如"爱国，就是拥有'中国灵魂，世界胸怀'"；"友善，就是微笑背后的灿烂"；"法治，就是法律面前人人平等，无需拼爹"；"诚信，就是高数考试不作弊"等。其中，南京大学创办全国高校首家公益学院，实体践行社会主义核心价值观。学院是与青年共产主义学校并行的共青团培育机构，专门整合大学生公益和志愿服务的教学培育、项目孵化、信息资源，与具体的社会实践、校园义工、城市社区义工项目对接，在具体的项目运行实践中践行核心价值观，同时注重在项目中专门的针对核心价值观学习、实践、体验的引导、分享和总结。

第四，文化产品开发寓教于艺，方式新颖有效。

团省委在青年社会主义核心价值观教育中特别重视青年精神文化产品（不论影视、书籍、游戏、文艺、理论宣讲、主题党团日活动、学术报告、网络文化互动行动等）的开发设计，努力打造以核心价值观内容为产品内核，以直面、贴近青年真实诉求的价值观内容载体为产品包装，以青年学生喜闻乐见、乐于参与的传播媒介为传播途径的特色文化产品。诸如南京航空大学开发了一分钟系列——"一分钟共青团""一分钟社会主义核心价值观"等一分钟视频系列，各大社交网站、视频网站浏览量超过 10 万次；南京理工大学、江苏大学等高校开发"新生攻略"宣传册，将社会主义核心价值观的内容嵌入新生入学宣传教育的方方面面；南京理工大学围绕社会主义核心价值观的内容，开发创作了一系列漫画作品。

最难能可贵的是，这一系列举措并非"跟风""应景"的短期行为，而是在日后的社会主义核心价值观教育中逐渐常态化，各相关部门和高校在人、财、物各方面都积极投入，诸如各级各类哲学社会科学项目的申报指南中也都增加了以"社会主义核心价值观"为研究对象的类别。

2. 近期

从 2015 年到 2016 年，全省在社会主义核心价值观教育最突出的成绩主要体现在学生工作者的具体工作和思想政治理论课的改革中。其中最为人们所熟悉的是以南京师范大学为典型的高校思想政治理论课"网络专题化教学改革"，他们在整合教学内容、形成专题的前提下利用网络工具进行线上线下合作教学，提高了思想政治理论课的教学效果和亲和力。他们的改革不但在江苏，而且在全国都产生了广泛影响，陆续有省内外高校前来学习取经。当然，对本省思想政治教育的影响是最直接和有力的。而且借着 2017 年"思想政治理论课质量年"的东风，思想政治理论课将社会主义核心价值观教育工作向前推进了一步。

同时，在学生工作中，江苏省也率先在全国利用新媒体进行改革、创新。在此过程中诞生了"南航徐川"公众号这样成功的学生思想政治教育平台，同时像徐川、何畏这样的优秀教师和辅导员也起到了示范带头作用。相关工作者通过学习这样的典型不断提升自己的育人水平和工作能力，也在此过程中找到了有效的社会主义核心价值观培育模式。

然而，从调查数据看，以上的努力和成果还处在由点到面的过程中，还没有形成有机网络或长效机制。很多高校的社会主义核心价值观教育工作还有待进一步加强，工作的努力程度和教育效果的提升空间还很大。

（三）发展的局限

当前，江苏的经济社会发展随着国家的发展不断进步，而且各项发展指标在全国排行中一直处于前列。然而，由于历史和现实的种种原因，江苏的发展仍然存在一定的不平衡性，苏南、苏北的发展存在较大差异，苏北部分地区还较落后。这对于人们理解和认同社会主义核心价值观都存在一定的阻碍作用。同时，相对落后地区在教育软硬件上也存在局限，那么教育效果必定受到影响。

第三节　江苏大学生社会主义核心价值观教育的认同现状

在认同度方面，与认知状况大体相似，原因也基本相同。但是有一个问题需要说明，即学生常常会把"应然"层面的社会主义核心价值观教育与"实然"层面的社会主义核心价值观混淆掉，因此在回答相关问题时误差会比其他项目大。尤其是在问及"您是否赞同24字社会主义核心价值观"时，回答"非常赞同"的占52.6%，"基本赞同"的42.8%，"不赞同"的仅占4.6%。在社会主义核心价值观具体三方面内容的调查中，也基本保持这种态势。因此，整体来看，江苏大学生对社会主义核心价值观的认可程度是比较乐观的。然而，令课题组感到困惑的是：面对这12个词汇所蕴含的充满正能量价值观内容，仍然有4.6%的大学生是不赞同的，这是怎么回事呢？对这个疑问我们在个案访谈中作了深入调查和研究。原来，同学们在思考社会主义核心价值观内容的认可度问题时，有个别人混淆了"实然"和"应然"层面的认识。

一 从实然角度讲

我们国家"富强、民主、文明、和谐"的程度确实还没有达到非常完美的理想状态，所以，有一部分同学在回答相关问题时误以为是评价眼下的现实情况，就出现了上面那 4.6% 的情况。但即使是这样，仍然有 95% 的绝对认同度。深究产生这一情况的原因，基本有如下几点：

首先，仍然归结于我国整体良好的发展态势和在此基础上人民物质文化生活不断得到改善的事实。国家一天天富强，政治民主、社会文明和谐，人民在生活中充分享受自由、平等和公正，社会生活在法治下清明有序，表现在个人行为上就是越来越诚信、爱国、敬业、友善。

其次，社会的教化系统也在不断地向人们传递这些价值观的重要性和必要性。这种传递既有体制和法律法规方面的隐性传递，也有教育教学上的显性强化。

二 从应然角度看

除去极个别持消极态度、完全不关注社会主义核心价值观教育的情况，大学生们则无一例外地表示认同我们社会主义国家对这 24 字的价值追求，大学生们也非常期待这些价值观不断在社会生活中得到践行和印证。

此外，学生对于社会主义核心价值观的认同情况和践行情况也受到他们自身的洞察力、理解力和理性程度的影响，当然，更与我们的相关教育工作分不开。

第五章　江苏大学生社会主义核心价值观教育长效机制建设的理论准备

如何把培育和践行社会主义核心价值观落到实处？党的十九大报告指出："要以培养担当民族复兴大任的时代新人为着眼点，强化教育引导、实践养成、制度保障，发挥社会主义核心价值观对国民教育、精神文明创建、精神文化产品创作生产传播的引领作用，把社会主义核心价值观融入社会发展各方面，转化为人们的情感认同和行为习惯。"[①] 通过上述分析，我们可以得出的结论是：要扎实推进社会主义核心价值观的培育和践行，建立一种长效机制既是前提和基础，也是获得思想政治教育实效性的重要保障。其主要宗旨就是在开展社会主义核心价值观教育的过程中，使社会主义核心价值观各教育要素和各个组成部分之间建立有机联系，同时明确分工、各尽其能，并相互配合、相互协调，从而建立能够长期、稳定而有效发挥社会主义核心价值观教育功能，促进人们培育和践行社会主义核心价值观的工作机制。

第一节　江苏大学生社会主义核心价值观教育长效机制建设的理论依据

唯物史观的诞生让世人明确了社会发展也是有规律可循的，也是一个客观必然的过程，那么人在发挥主观能动性以前必须尊重规律、利用规律，不

---

① 习近平：《决胜全面建成小康社会 夺取新时代中国特色社会主义伟大胜利——在中国共产党第十九次全国代表大会上的报告》，人民出版社 2017 年版，第 42 页。

能凭借偶然、零散、片面、无序的主观经验和一时的热情而盲目行事。而一定的科学理论就是对规律的认识和阐释，同时也内在地包含着规律的利用方式。因此，人们在发现问题、分析问题和解决问题时，不能缺少必要的理论依据。

一 哲学依据：唯物史观的内在要求

马克思主义理论告诉我们，价值观属于社会意识，是上层建筑中的观念上层建筑。根据唯物史观的基本原理，即社会存在决定社会意识，以及社会发展两大基本矛盾——生产力与生产关系的矛盾运动，经济基础与上层建筑的矛盾运动，要求我们在培育一种价值观时要到社会存在中去寻找根本途径。仅靠观念改变观念，就相当于在社会意识领域解决社会意识问题，这是本末倒置的思路。因而，社会主义核心价值观最根本而有效的培育途径与方法都在社会存在领域，即在生产方式中，在经济基础中，在社会运行模式中……我国当下的"四个全面"工程正是力图在这些领域有所进展。对于社会主义核心价值观的培育而言，是如何将"四个全面"的理念与系统推进融入教育，融入校园，融入大学生的生活与思想。

然而，在社会存在决定社会意识的前提下，社会意识又具有相对独立性，也就是社会存在与社会意识发展的不平衡性。在转型期的中国社会中既存在一定的农业社会价值观，也出现了一定的后现代价值观，这与我国当下的社会存在发展是不协调的，然而社会存在的发展往往不会马上反映在社会意识当中，这时，教育和文化工作者的作用就显得格外重要了，人的主观能动性不能破坏社会规律，却可以利用社会规律，通过科学的方法对社会成员进行有组织、有目的的教育行为在社会意识领域破旧立新。

难点是：如何将人们在社会存在中的努力与在社会意识中的努力有机协调成一个完善的系统、长效的机制，让二者共同发挥作用。

二 道德生成理论：知、情、意、行的有机统一

品德心理结构由道德认识、道德情感、道德意志和道德行为四种心理成分所组成。道德认识能够判断是非、善恶，也是道德情感产生的依据；道德

情感是道德认识的原动力，对道德意志的产生起催化作用；道德意志使道德行为能产生巨大的社会效果；道德行为是实现道德动机的手段，是衡量道德品质的客观标志。它是我国古代思想家德育理论的重要内容。要培养高尚的品德，必须培养正确的道德观念、高尚的道德情感、坚强的道德意志和良好的道德行为。

这一理论告诉我们，价值观教育不能止于"知"，即认知阶段，那只是个开始，所以，无论是宣传栏里的张贴，还是思想政治理论课堂上的讲解，抑或是辩论会上的争论，都是社会主义核心价值观培育的第一个阶段，而将这24个字的理念融入校园建设、后勤服务、教学管理、人才培养和实践实习……才能在学生的日常生活中深刻感知和认同社会主义核价值观。再经过社会与家庭长期的同质配合，才能期待行为上的呈现。

那么，只有建立相应的长效教育机制才可能形成社会、学校和家庭的有机且统一的运行。

第二节　江苏大学生社会主义核心价值观教育长效机制的建设内涵

社会主义核心价值观教育长效机制是指在社会主义核心价值观教育系统中，各教育要素和各个组成部分相互联系、作用和影响的联结方式，及通过它们有序作用形成的持久有效的教育因果联系和教育功能运转方式。具体而言就是在开展社会主义核心价值观教育中，各系统、各部门之间，明确分工、各尽其能，相互配合和协调，从而建立能够长期有效发挥其教育功能作用，促进人们树立社会主义核心价值观念的工作机制。

简而言之，社会主义核心价值教育长效机制就是由相互联系和影响的若干社会主义核心价值观教育要素组成，并按照一定方向、路线、速度、规模、方式活动而构成的一个有机整体。每个机制都是由其运行的目标、主体、环境、资源、条件等有相关要素和生成机制、动力机制、运行机制、保障机制、评估机制等运行环节构成，那么社会主义核心价值观教育机制就是由其教育主体（教育者、受教育者）、教育目标、教育环境、教育方法和手段、教育载体、教育评估、教育反馈与调控等要素构成。因此，具体而言，社会主义核心价值观教育长效机制就是指教育主体、教育目标、教育环境、教育方法和手段、教育载体、教育评估、教育反馈与调控等社会主义核心价值观教育的构成要素由于某种机理形成的具有长效性的因果联系和运转方式。

社会主义核心价值观的教育主体包括教育者与受教育者，教育者指具备一定知识和技能，并能够通过自己的言行举止对他人的思想和行为产生影响的人。社会主义核心价值观的受教育者指在校的学生和社会大众（包括工人、农民、医生、军人等），在我们的课题中即指高校大学生。

社会主义核心价值观的教育目标是指教育者对受教育者进行社会主义核心价值观教育，使其普遍接受认同社会主义核心价值观并在实践活动中不断内化为自己的行为指南；社会主义核心价值观的教育环境包括学校环境、社会环境、家庭环境和网络环境；社会主义核心价值观的教育方法和手段形式比较多样化，包括社会主义核心价值观的说理教育法、情感教育法、身教示范法、疏通引导法、教育主客体双向互动法、榜样示范法、实践教育法、综合教育法等；社会主义核心价值观的教育载体就是指在其教育过程中承载和传递社会主义核心价值观教育内容和信息，能为其教育主体所操作并与其教育客体发生联系，是主客体相互联系的桥梁，发挥着中介的作用。

社会主义核心价值观的教育评估是指根据对社会主义核心价值观教育的目标要求，在科学、全面地分析、整理其相关信息的基础上，运用一定的评估指标和方法，对其过程和效果进行价值判断。它为整个社会主义核心价值观教育系统的顺利运行和自我优化提供可靠的依据，建立社会主义核心价值观教育评估体系必须与其目标体系相对应。

社会主义核心价值观的教育反馈与调控是指对评估信息的反馈，对原有目标体系进行修正，对原有实施机制进行完善，从而达到优化整个社会主义核心价值观教育系统的目的。它包括反馈和调控两个环节，灵敏、畅通的信息反馈是及时、有效的调控的必要条件，及时、有效的调控是信息反馈的根本目的。

第三节　江苏大学生社会主义核心价值观
教育长效机制的建设原则

一　科学性原则

社会主义核心价值观是中国特色社会主义的主流价值观念，具备理论上的科学性和彻底性。

首先，要坚持科学理论的指导。马克思主义、毛泽东思想、中国特色社会主义理论和习近平总书记的系列讲话精神是建设和发展中国特色社会主义的指导思想。我们构建社会主义核心价值观教育长效机制也必须坚持这一总的指导思想，只有坚持这一科学理论体系为指导，才能保证社会主义核心价值观教育机制的构建不偏离正确方向。

其次，要坚持从客观规律出发。尊重客观规律要求我们严格按规律办事，它是马克思主义唯物论中重要的方法论之一。第一，要遵循社会主义核心价值观发展的客观规律。恩格斯指出："任何意识形态一经产生，就同现有的观念材料相结合而发展起来，并对这些材料作进一步的加工。"① 因此，社会主义核心价值观教育长效机制的构建必须遵循其发展的客观规律，按照其发展变化的客观规律实事求是地构建机制内容，不构建哗众取宠与不符合实际需求的机制内容。

最后，要遵循社会主义核心价值观教育规律。任何教育都是一个循序渐进的过程，不是一蹴而就的事情。因此，我们在构建社会主义核心价值观教育长效机制时要遵循它的教育规律和客观现实，不仅要构建起符合当前教育发展需要的机制，还要预测今后教育发展的趋势，保证其建构的机制对后续社会主义核心价值观教育发展也具有长效性。

---

① 《马克思恩格斯选集》（第 4 卷），人民出版社 2012 年版，第 261 页。

二 人本性原则

以人为本是科学发展观的核心，是社会主义核心价值观的本质特征。人民群众是历史的创造者，是社会发展进步的决定力量。建构社会主义核心价值观教育长效机制必须要坚持人为本的原则，尊重劳动人民主体地位，坚持发展成果更多更公平惠及全体人民。在本课题中的以人为本即是以学生为本。

首先，要尊重受教育者主体地位。坚持从教育主体的根本利益出发，既要坚持尊重教育者的主导地位又要注重受教育者主观能动性的发挥。传统的教育方法就是"教"与"受""我讲你听""我打你通"等硬性说教、单向灌输等强制性教育方式，只注重教师"教"的主导地位却忽视受教育者主观能动性的发挥，受教育者也是教育教学活动的主体，也要尊重其主体地位，要强化其主体意识，要注重教育者和受教育者之间的双向互动，必须建立起一种相互信任、相互尊重、相互平等的新型关系，充分发挥主体性功能。

其次，要充分依靠和发动广大学生。构建社会主义核心价值观教育长效机制并不是某个组织或者某个个人就能独立完成的，这就需要充分依靠和发动受教育者，需要这一教育活动的参与者齐心协力，共同出谋划策，以增强他们践行和培育社会主义核心价值观的凝聚力和向心力，提高他们践行和培育社会主义核心价值观的积极性和有效性。

最后，要坚持从人民群众实际出发。以学生们众喜闻乐见的方式方法和最通俗易懂的语言积极宣传社会主义核心价值观，让学生们易于理解、便于践行。要坚持从最广大学生根本利益出发，站在学生的立场上把握最现实、最迫切的问题，了解学生们最关心、最担忧的问题，切实结合大学生的实际问题，构建起有效的社会主义核心价值观教育长效机制，能真真切切解决大学生们面临的价值迷失、价值真空、价值扭曲等问题，让他们切身感受到有了坚定、正确、高尚信仰所带来实实在在的益处。

三 兼顾性原则

统筹兼顾是马克思主义唯物辩证法中重要的方法论，它要求总揽全局、科学筹划、协调发展、兼顾各方。社会主义核心价值观教育长效机制是一项复杂的系统体系，它是由许多要素和部分组成的一个有机体。社会主义核心价值观教育长效机制的构建需要统筹兼顾各个要素和各个组成部分之间的关系，各个要素和各个组成部分相互作用、相互协调发展是社会主义核心价值观教育机制整体功能有效发挥的基础，是发挥整体功能长效性的关键。因此我们构建社会主义核心价值观教育长效机制必须要统筹兼顾，把事物各要素和各组成部分有机结合起来，使它们在相互作用、相互联系的运作过程中整体有效发挥出机制的合力作用。如果各个要素和各组成部分之间不能统筹协调发展，那么将会影响社会主义核心价值观教育长效机制的整体功能的发挥。

四 理论联系实际原则

理论联系实际是马克思主义最基本的原则之一，是党的思想路线的根本途径和方法，它体现了认识与实践的辩证关系。理论联系实际中的"理论"，就是人们借助一系列概念、判断和推理表达出来的知识体系和经验总结，是一种思想意识；理论联系实际中的"实际"，就是客观存在的事物及其发展规律。坚持理论联系实际的原则就必须坚持从实事求是出发，把理论与实际有机统一起来，反对脱离实际的主观主义和形而上学思想。

首先，社会主义核心价值观教育必须要坚持理论联系实际的原则。理论具有高度的抽象性，而现实具有高度的复杂性和鲜明的时代性。这就要求教育工作者要根据现实不断研究出现的实际问题，并结合理论进行深入分析，运用生动形象、贴近生活实际的案例进行理论传授，防止华而不实、纸上谈兵、大而且远等空洞乏味、脱离实际的教学，这样不但达不到好的教学效果，反而会使大众形成该价值理念是空头理论的错误认识。

其次，构建社会主义核心价值观教育机制要坚持理论联系实际的原则。目前社会主义核心价值观教育机制建构存在敷衍了事，做表面文章，形式主义、喊口号、讲大话等不切实际的现象，社会主义核心价值观教育机制建构理论与实际严重脱节。因此我们一定要坚持在实事求是的基础上把机制、理论与党中央提出的培育和践行社会主义核心价值观长效机制建设意见有机结合起来，扎实推进机制建设。坚持好实事求是，还要做好调查研究。习近平指出："调查研究是谋事之基，成事之道。没有调查，就没有发言权，更没有决策权"①。构建社会主义核心价值观教育长效机制一定要做好调查研究工作。通过调查，把握目前机制建设的状况、存在的问题以及存在问题的原因。有了这些调查和分析，我们在构建社会主义核心价值观教育机制时才能对症下药、实事求是。

五　差异性原则

层次差异性原则就是要求我们要注重不同个体与不同群体之间的差异性和层次性，每个个体与群体都具有其独特的特征，要防止"一刀切"的现象。社会主义核心价值观教育是一个关系到社会各界全体公民的一种国民教育，有着不同群体、不同阶段、不同年龄、不同层次的各类教育对象，在进行社会主义核心价值观教育及机制建构时要根据不同群体、不同个体、不同层次、不同阶段、不同年龄人们的实际情况有的放矢地进行，根据这些不同教育对象的差异性和层次性构建不同的机制类型，研究不同群体、不同年龄阶段独特的心理特征，制定出不同层次的目标、措施、手段、方法、内容及制度保障、评估体系等社会主义核心价值观教育内容和机制建构内容。要防止狭隘、片面、一刀切的社会主义核心价值观教育机制的出现，这样的机制不注意层次差异性，没有分出别类，不够全面、系统，其机制功能发挥的效果也不好。因此社会主义核心价值观长效机制的构建不仅要注意整体功能的发挥，根据机制各要素和环节进行构建同时还要关注不同教育对象的层次性与差异性。只有坚持这些原则，才能系统全面地建构出一套完备科学的教育长效机制。

---

① 《调查研究是谋事之基成事之道——论贯彻落实习近平总书记关于在全党大兴调查研究之风的重要指示精神》，《光明日报》2018年2月24日，第1版。

第六章 江苏大学生社会主义核心价值观
教育长效机制的构建

机制既不是单纯地由事物各要素和部分构成，也不仅仅是各要素的单独运行，而是要把要素和运行有机结合起来，才能发挥其机制功能。因此机制功能能否有效发挥主要在于机制的各个组成部分和要素之间的相互联系、相互影响、相互作用及有序运行。同时机制长效功能的发挥不仅要求各个要素相互配合，而且有赖于各个机制的逐步完善和丰富才得以运行。为了能更好地发挥社会主义核心价值观教育长效机制功能，我们在构建其长效机制时就要统筹兼顾，要把各要素和各组成部分有机结合起来。各个机制之间不仅要求在内容上融会贯通，同时在其运行上也要相互配合，随着实践的发展还得不断对其丰富和完善。只有它们在相互作用、相互联系、相互完善的运作过程中，才能整体有效发挥出机制的合力作用，发挥出持久、稳定、长期有效的功能。

第一节 环境优化机制

一个人思想观念的形成与其所在的环境有着密切的联系，环境与人之间的影响是相辅相成的，一个良好的环境会促进人形成良好的思想观念意识，相反人的思想观念污浊也会影响良好环境的形成。"近朱者赤，近墨者黑"及古代的"孟母三迁"都充分说明一个良好的环境对人的影响很大。因而，价值观的形成与践行也离不开环境的影响，营造一个良好的环境对于社会主义核心价值观的培育与践行起着重要的作用。

一 优化社会大环境

（一）充分发挥党和国家的主导作用，为社会主义核心价值观教育营造良好的宏观环境

2018 年 3 月，国家倡导社会主义核心价值观被写入宪法，社会主义核心价值观成为国家意志的体现。培育和践行社会主义核心价值观要有一个和谐、稳定、健康的社会大环境，要把社会主义核心价值观融入社会生活的方方面面。当前，我们要继续全面深化改革，通过经济体制、政治体制、文化体制、社会体制、生态文明体制等的改革实现经济发展、政治公平、文化繁荣、社会稳定、生态和谐这样一个健康、和谐、稳定的社会大环境，为社会主义核心价值观的培育筑牢社会根基。同时还要加强党风廉政建设，为社会主义核心价值观教育创造一个良好的社会氛围。中国共产党是推行社会主义核心价值观的主导力量，如果党内的党风都不严明、都不端正，何以让广大民众信服，去践行社会主义核心价值观？

（二）优化舆论环境，形成弘扬社会主义核心价值观的正气

形成积极向上的舆论氛围是培育和践行社会主义核心价值观的重要条件，只有在正确的舆论导向下，才会使社会主义核心价值观教育不偏离正确的方向。因此，我们要坚持在科学理论指导下，深入开展社会主义核心价值观教育。一是要充分利用报纸报刊、电视、广播、户外广告、手机、微博、微信等各种媒介的舆论导向作用，把宣传教育的重点放在树立正确的思想观念上，放在弘扬社会正气，提高人们的思想道德水平上。通过表扬先进、塑造典型、播放公益广告等方法大力开展爱国主义、集体主义、社会主义教育，积极有效地引导形成社会主义核心价值观舆论氛围，积极宣传党中央的方针政策以及各项决策部署，使社会形成与党中央保持一致的健康、积极、向上的舆论环境。二是要充分发挥好精神文化的舆论导向作用，要在继承中华优秀传统文化的基础上继续挖掘中国现代文化精神，通过文学艺术、社会科学等优秀的精神文化产品宣传社会正气，弘扬社会主义核心价值理念，形成正确舆论导向，为其教育提供良好的舆论环境。

二　优化社会小环境

（一）优化学校环境，增强学校氛围的熏陶与教育作用

学校是每个人进入社会之前接受思想文化教育的主要场所，同时学校教育是人生价值观念形成的重要时期。学校教育是一个人的人生观、世界观等形成的重要场所，优化学校环境也是进行社会主义核心价值观教育的关键所在。学校环境的优化包括物质环境与精神环境的优化。

第一，加强学校硬环境的建设。要合理规划学校整体环境，完善教育教学设施。通过校园规划、校舍建设、校园绿化、教学资源配备等物质环境的建设，例如建设整洁的林荫小道、创造引人深思的雕塑、以专业特色或校训命名教学楼、名言警句的张贴、古今国内优秀名人头像的悬挂等，通过这些物质环境的创设体现校园环境育德、益智的作用，使学校环境真正成为育人之所。第二，注重校园精神文化的优化。要发挥好校训、校风、教风、学风的引领作用。通过校园长廊、警示牌、标语、宣传栏、LED 大屏幕等形式积极宣传社会主义核心价值观，让社会主义核心价值观的内涵与理念无时无处不呈现在学校师生的眼前；开展丰富多彩的活动，如：学生社团活动、社会实践活动、科技竞赛、学术报告会、青春歌手赛、读书论坛、摄影展，以及演讲赛、辩论赛、数学建模大赛、文艺汇演等活动丰富学生健康的文化生活形态，增强学生的社会责任感、使命感，提升学生的审美情趣、审美鉴赏力塑造科学的艺术观；利用各种评比活动，如文明班级、和谐寝室、先进个人、优秀党员、模范先锋、三好学生等形式激励学生积极践行社会主义核心价值观。

（二）优化家庭环境，积极开展社会主义核心价值观教育

家庭是人出生后的第一所学校，父母是孩子的第一任老师，苏联教育家马卡连柯在谈到父母在家庭教育中作用时曾说过："你们怎样穿衣服，怎样跟别人谈话，怎样谈论其他的人，你们怎样表示欢欣和不快，怎样对待朋友和仇敌，怎样笑，怎样读报，——所有这些对儿童都有很大的意义。"① 家庭教

---

① ［苏］马卡连柯著：《马卡连柯全集》（第 4 卷），《马卡连柯全集》编辑委员会编辑，耿济安等译，人民教育出版社 1957 年版，第 400 页。

育、父母言行对孩子会有耳濡目染、潜移默化的影响，因此家庭环境对一个人的思想、品德和人格形成具有重大的影响。将家庭的力量动员起来，对社会主义核心价值观教育会有事半功倍的效果。

优化家庭环境，第一要提高家庭成员的综合素质和思想观念，最重要的是要提高父母的道德修养。父母对孩子的教育主要是体现在日常的言行举止中，他们的为人处世、待人接物、行为举止对孩子起着榜样示范的作用，只有父母的思想道德素养提高了，才会对孩子起着重要的模范作用。父母可以通过自我教育、自我学习，及时关注党和国家的方针政策等方式积极提升自己思想道德观念，运用社会所倡导的主流价值观，对孩子进行榜样教育。第二，父母要运用合理的教育方式，建立起良好的家风。只有在一个民主平等和谐的家庭氛围中，孩子才会形成积极乐观、开朗、思维活跃、富有创造性的个性，家长要转变粗暴、高压政策的教养方式，不要给孩子提出不符合实际的要求，要做孩子的朋友和玩伴，在寓教于乐的过程中培养孩子健康的心理和个性。虽然家庭氛围要民主平等，但也不能目无尊长，一个家庭也要建立起稳定的行为规范和行为准则，对于传统家庭美德如：尊老爱幼、勤俭节约、夫妻和睦、男女平等要严格倡导下去，并做好自身表率，形成高尚、和谐的家风家纪。

（三）优化社区环境，营造良好的文明风气

社区是人们除了学校、家庭外重要的活动区域，居民在社区里的生活包括各种各样情景和行为，一个良好的社区环境和风气，对居民的思想道德也有着重要的影响。优化社区环境最重要的是要净化社会风气，加强社区道德建设。社区要做好积极宣传集体主义、爱国主义、社会主义的宣传教育，通过社区公告栏、展示栏等积极传达党和国家的方针路线，弘扬社会主义核心价值观。通过社区文艺活动、公益活动、节日庆祝活动等的组织以及文明小区、和谐家庭、整洁街道、身边雷锋等活动的评比，让人们直接地体会到社会主义核心价值观并不假大空，它就体现在我们的日常生活中，是我们都力所能及的事。

（四）优化网络环境，净化网络思想教育

随着互联网的普及和运用，网络成了当代进行社会主义核心价值观教育的新兴阵地，网络环境的优化对社会主义核心价值观教育也起着重要的作用。要充分利用好网络的普及性、及时性、开放性、多样性，积极建设网络传播阵地，积极宣传正面积极的新闻报道，发布具有正能量的先进案例，通过QQ、电子邮件、新闻网、专题栏、公众号等网络方式积极进行社会主义核心价值观教育，用正面声音和先进文化建设网络阵地。更为重要的是，在利用好网络的优越性时，我们必须清醒地认识到网络虚拟性所带来的负面影响，我们要加强网络道德教育，加强网络信息维护与制度建设，培养大学生自觉抵制不良网络信息的干扰的习惯，净化网络思想教育，让网络成为思想教育的积极阵地。

社会主义核心价值观教育环境的优化并不是说各个环境各自为阵，我们要综合利用各种环境，有机结合大环境和小环境之间的相互作用，将学校教育、家庭教育、社区教育、网络教育等和谐统一起来，并融入社会大环境中，让它们在互动的教育中，发挥各种教育环境的合力作用，让社会主义核心价值观润物细无声般渗透在社会的各个方面。

第二节　资源整合机制

社会主义核心价值观教育载体在教育中发挥着中介的作用，是社会主义核心价值观教育主客体相互联系的桥梁和纽带。传统的价值观教育载体主要是语言文字为主，例如：书本、会议、座谈、思想政治理论课等。而现代是一个多元化、信息化的时代，紧靠传统的教育载体远不能满足当代教育的承载和传递作用。我们要进一步挖掘其他载体，综合利用各种载体最大化促进社会主义核心价值观的传播。

一　优化学校课程教学载体

学校课程教学是进行思想政治教育的传统载体，也是进行社会主义核心价值观教育的重要载体。学校课程教学尤其是思想政治理论课的教育，通过教师有目的、有计划、有组织的传授和学生的集中学习，使得社会主义核心价值观教育目标能够在教学活动中实现，在当前仍具有一定的时效性、规模性、简易操作性。但由于目前课程教学载体还缺乏及时更新，许多教师在授课时存在形式主义，不重视社会主义核心价值观教育，教育目标不清晰，缺乏灵活多变的教学形式。因此必须要加快学校课程教学载体的改革。

（一）及时更新教学内容，完善教学体系

根据党的十八大、十九大提出的社会主义核心价值观内涵在教材内容中及时更新和体现，以生动有趣、深入浅出的语言精确提炼和设计社会主义核心价值观的教学内容，以贴近生活、贴近实际、贴近群众的鲜活案例丰富教学内容，让学生在寓教于乐、寓教于情的学习中深刻领会社会主义核心价值观。

（二）更新教学方法，改变传统的单向灌输

美国著名教育家布鲁姆认为，知识的获得是一个主动的过程，学习者是知识获得过程的主动参与者。教师在教学过程中要尊重学生的主体性，注重启发式、互动式的教学方法，同时要综合利用现代多媒体和网络等教学手段，以生动形象的图像或音频丰富教学活动氛围。

（三）积极利用各类课程的教育功能

社会主义核心价值观教育不只是思想政治理论课的教育任务，同时也是其他各类课程教育的题中应有之义，因此我们要将社会主义核心价值观教育渗透在各类课程教学过程中，将知识传授与价值引导紧密结合，深入推动社会主义核心价值观教育的开展。

二 丰富文化载体

文化载体是一种相对较隐性的教育载体，它是指在思想政治教育过程中，将思想政治教育内容寓于文化建设过程之中，通过社会文化、企业文化、校园文化等提高人们的思想认识和道德水平，实现思想政治教育目标。社会主义核心价值观教育文化载体，是指教育者充分利用各种文化产品和文化活动，将社会主义核心价值观内容寓于各种文化建设中，以促进人们对社会主义核心价值观的认同和内化。因此我们在教育过程中，要将社会主义核心价值观融入企业文化、机关文化、校园文化、社区文化等领域中，充分利用好各领域中的物质文化和精神文化，使社会主义核心价值观潜移默化地对人们产生积极的影响。

（一）加强物质文化的建设

物质文化是通过一定的空间物质形态，将文化价值寓于在一定的物质形态中，使之发挥对人们的教育功能。各企业、机关、学校、社区可通过环境的创设，人文景观的布置，对公共基础设施，如普及互联网、数字化电视，完善图书馆、展览馆、活动中心等，构建富有标志性的建筑或雕像、建设干净整洁的街道、加强绿化工作建设、横幅标语、公告展示、LED 电子大屏幕等物质形式强化人们对社会主义核心价值观的认识。

（二）加强精神文化的建设

各类单位可以宣传先进模范如焦裕禄精神及突出自身专业特色如大庆精神、石油精神、航天精神等加强自身精神文化建设；各级党政机关可以通过争先创优、依法执政、党风廉政建设、做人民满意的公务员等方式强化机关为人民服务的精神文化；各级各类学校可以通过校训、校歌、校风、教风、学风等强化校园的精神文化；各社区可以因地制宜，通过文明社区、公益电影、免费书吧等形式丰富社区的精神文化。通过各领域和谐精神文化的建设，此来培养、教育和引导人们树立起正确的世界观和价值观。

（三）加强文化产品的创造

全社会应努力创造各种通俗易懂的书籍、论文、电影、电视、纪录片等利于社会主义核心价值观弘扬的文化产品，加大各种优秀文化产品的推广力度，开展优秀文化产品展播展演活动、经典文化阅读竞赛活动，如开展国学经典诵读、竞赛活动，汉字书写大赛等活动，让一切文化产品和文化活动都能成为弘扬社会主义核心价值观的载体。同时还要依托各种文化传播阵地，如文化馆、图书馆、革命纪念馆、展览馆、博物馆、科技馆、美术馆等，把社会主义核心价值观融入各种文化传播阵地中，使社会主义核心价值观渗透在各种文体活动中，让人们在寓教于乐的学习和生活中无处不在地受到社会主义核心价值观的熏陶。

三 拓展活动载体

社会主义核心价值观教育活动载体是指，在其教育过程中，为了达到教育目的，通过有意识地开展各种活动，将社会主义核心价值观寓于活动中，使人们在活动中受到教育，自觉将其价值理念内化于心、外化于行。

各行各业要积极开展各类精神文明创建活动，如通过文明城市、文明行业、文明单位、文明村镇、文明家庭以及各级党政机关，尤其是各大高校的创先争优等活动，将社会主义核心价值观融入各种"讲文明树新风"的主题建设之中。各教育单位可以通过社会实践活动、专业实习活动、小组活动、工会活动、党团活动、社团活动等丰富学生们的社会生活，促进学生们对社会主义核心价值观的培育；可通过开展支教、走基层、社会调查、志愿者服务、勤工俭学、"三下乡"以及希望工程、扶残助残、手拉手等公益活动组织大学生走进孤儿院、养老院、低保户，深入边远山区、贫困山区等走近弱势群体，增强他们的社会责任感、集体主义和社会荣誉感；同时还可以通过摄影展活动，参观祖国风景名胜、红色遗址、历史博物馆及爱国主义基地、伟人故居，节日文艺表演等活动激发人们的爱国主义情怀，增强民族责任感和自豪感。

四 积极发挥新兴媒介的中介作用

任何社会的核心价值体系要在全社会范围内宣传与普及，都离不开大众传媒的参与和支持。当前社会主义核心价值观教育的宣传与普及也离不开各种媒介的作用，尤其是随着信息技术的发展、互联网的普及，教育载体由传统的课堂教学、报纸、期刊、广播、电视、宣传栏等媒介迅速向现代网络、手机等新媒介转变，因此，我们要继续广泛利用传统媒介手段，加强在报纸、期刊、广播、电视等上建设社会主义核心价值观专题、专刊的同时，还要充分发挥好高新技术如网络、手机等新兴媒介的积极作用。

（一）发挥好网络载体的积极作用

在互联网上学习、查资料、看新闻，在 QQ、微博、电子邮件上聊天、交流已成为现代人生活中的重要组成部分。网络正以其独有的魅力影响着人们的学习、生活、工作等各方面，所以我们要积极利用网络的普及性、交互性加强各种网络载体建设，如开辟社会主义核心价值观专题网、专题栏、国家时政网、新闻网、易班、党建网、心理健康教育网、国防教育网等网站或栏目的建设，将社会主义核心价值观与人们的实际生活相结合，以喜闻乐见的方式融进网络的方方面面，让各种积极向上的思想浸润学生们的头脑。

（二）发挥好手机的积极作用

手机是现代社会重要的通信和生活工具，随着现代技术的发展，也是新兴的教育载体。它具有短信、微信的群发，上网操作及时、便捷的特点，这可以使人们快捷、及时、准确地获得各种大量有价值的信息与资源，尤其是微信订阅号平台的兴起，人们通过微信可以获得更多的有价值信息。因此我们要充分利用好手机受众面广、互动性高的优势，丰富各种有价值的信息与资源，将社会主义核心价值观渗透进各种信息与资源中，使得学生们在最快、最短的时间内获得各种国内外新闻动态及主流价值。同时我们还得完善网络覆盖的设施设备，让人们在各种场合、任何时间、地点等都可以利用手机上网学习，提高自身的思想道德素质。

综上所述，我们在运用载体时不仅要整合设计好各种载体，将学校课程教学载体、文化载体、活动载体以及新媒介载体有机结合起来，还要认真研究各种载体的运行规律，并与时俱进地不断开发各种新兴的教育载体，挖掘更多的载体成为主流价值观教育阵地，促进社会主义核心价值观教育功能得到有效发挥。

第三节　方法创新机制

一　生成机制

（一）宣传认知机制

宣传社会主义核心价值观，主要目的就是让大众认知社会主义核心价值观念。只有被大众广泛认知才能被人们认同，只有被认同才能内化于心，外化于行。所以加强社会主义核心价值观的宣传教育，促进人们的认知是积极推动其教育的关键环节。做好社会主义核心价值观的宣传教育，我们必须要充分利用好社会、学校、家庭、社区等各种环境的熏陶和各种载体资源的中介作用，将环境和载体综合利用起来共同推进社会主义核心价值观的广泛宣传教育。

一要发挥好各种环境的宣传教育，在建筑设计和环境布局上，应体现社会主义核心价值观的相关内容。高校要做好各种路标语、警示牌、广告牌、公告栏、横幅、橱窗、板报、励志名言、小贴士、温馨提示语等的环境创设，通过创设富有教育意义的标志物与雕塑，以及为楼宇和办公室科学命名等方式，将社会主义核心价值观内容以朗朗上口、通俗易懂的形态呈现在以上环境创设中。

二要充分利用好课堂教学、思想培训等理论学习的机会进行宣传教育。学校教师要充分发挥好教育宣传的主导作用，将社会主义核心价值观的内容渗透在学科教学中，让学生在轻松愉快的学习中潜移默化其价值内涵。高校可通过定期召开思想培训、会议学习及时学习党中央下发的各种文件精神等理论学习的形式，加强社会主义核心价值观的宣传教育，强化各企事业单位员工对其价值观的主体认知。

三要利用各种媒介的广泛宣传作用。一方面要广泛运用传统媒介，如报纸、杂志、书籍、电视等手段进行宣传，巩固社会主义核心价值观的宣传和教育阵地。同时要积极利用好互联网、微博、QQ、电子邮件、手机、微信、数字电视等新兴媒介，强化社会主义核心价值观的宣传教育作用。尤其是加强学校官方新闻网、社会主义核心价值观教育专题网的建设，以网络的交互性强、信息量大、渗透力深的优势将社会主义核心价值观进行广泛的宣传教育。另外，我们还应该利用现代高新技术在新媒介上运用各种软件，将社会主义核心价值观以生动形象的图片、音频等形式表现出来，以喜闻乐见的方式增强宣传效果，从教育技术角度增强教育吸引力。

（二）认同内化机制

社会主义核心价值观教育仅靠宣传认知教育是远远不够的，使其被认同并被内化于心才是进行社会主义核心价值观教育的根本目的。认同内化机制首先是要认同，然后才会内化。社会主义核心价值观的认同内化是指人们在认知了解的基础上，认可、接受其为我国社会主义初级阶段的主导价值观念，并赞同、亲近，将之内化为自身价值取向的心理过程。

第一，我们在充分利用各种环境和载体进行社会主义核心价值观宣传认知时要有意识地进行教育引导，通过对环境创设寓意的阐述、对各种广告标语进一步讲解、对文件精神的进一步解读以及在进行课程教育或理论学习的过程中积极利用现代教学媒体，以图片、视频、音乐等方式增强教育的直观性和生动性，将社会主义核心价值观抽象概念具体化、通俗化。

第二，我们要多开展社会调查，深入基层了解人民的内在需求和矛盾，多了解民生民意，在社区、单位、学校、居委会等建设心理咨询办公室、人民调解委员会或信访机构，当人们在遇到心理不平衡或对社会产生偏激想法时要及时给予合理帮助、心理咨询，及时化解他们的心理矛盾。

第三，我们要始终坚持为人民服务的执政理念，凸显人文关怀，针对弱势群体要给予更多的制度保障、法律援助和惠民措施等，在医疗、教育、住房等方面多倾向广大劳动人民，让平民百姓都能进得起医院、上得了学校和住得起高楼，让他们深深感受到在中国共产党的带领下我们的日子会越来越好，从而就会更好地维护执政党的价值观。我们要紧密结合社会生活上的各种实际，指导人们用社会主义核心价值观解决现实问题和各种疑虑，深刻揭示社会主义核心价值观对实际的指导作用。总之，只有真正在价值层面上认同了社会主义核心价值观，人们才会自觉维护其尊严，不会作出与其相违背的举动，才能将其价值理念内化于心，外化于行。

二　动力机制

（一）引领示范机制

在美国心理学家阿尔伯特·班杜拉看来，由于人有通过语言和非语言形式获得信息以及自我调节的能力，使得个体通过观察他人（榜样）所表现出的行为及其结果，不必事事经过亲身体验，就能学到复杂的行为反应。因此在推进社会主义核心价值观教育的过程中还得发挥好先进典型的引领示范作用。先进典型是普通群众中的优秀人物，是社会主义核心价值观的积极实践者，其奉献社会的优秀品质和爱党爱国、爱岗敬业、奋力拼搏的模范行为，对整个社会成员起着一定的激励和引领作用。充分发挥先进典型的引领示范作用，是弘扬社会主义核心价值观的有效手段。一方面，各个党员干部要积极争做社会主义核心价值观的践行模范和先进典型，以身作则，注意自己的一言一行，如不损公肥私、不铺张浪费、廉洁自律等行为体现作为共产党人的先锋引领作用，争做人民的好公仆。另一方面，当前我们要利用各种媒体大张旗鼓地对各种先进个人等大公无私舍己为民的行为进行积极宣传，对具有模范作用的先进学校、先进单位、先进部门等集体进行宣传，通过对这些先进个人和先进集体的宣传，对大学生能起着潜移默化的示范引领作用，并能形成点带面、面带全的格局。

当然，还可以广泛开展各种争先创优活动，通过最美教师、劳动模范、道德模范、优秀党员、感动人物以及志愿者服务队优秀队员等先进人物的评选和文明社区、文明单位、先进班级、和谐家庭等先进集体的评选活动积极倡导社会主义核心价值观。通过开展先进典型面对面访谈活动、先进典型故事讲演活动、先进典型巡回宣讲等活动，使人们认识到先进典型及模范人物并不是那么遥不可及的人，其实他们就是我们身边平凡之人，我们每个人都可以成为那样的人，促使全社会形成学习先进典型、学习道德模范的良好风气，积极推进人们对社会主义核心价值观的培育和践行。

（二）奖惩激励机制

人是社会中的人，他们在活动中所追求的一切都与他们的利益有着密切联系，因此，我们在社会主义核心价值观教育中要采取一定的措施，通过奖惩的方式来激励人们自觉并积极去培育和践行社会主义核心价值观。

一是构建奖励机制。对于积极践行社会主义核心价值观的个人或者集体进行积极表彰，授予他们相应的荣誉称号，如对有先进事迹的个人授予道德模范、劳动楷模、雷锋榜样、最美教师等荣誉称号；对具有模范作用的集体授予文明单位、先进集体、和谐之家等荣誉称号。通过对这些先进事迹的个人和集体积极表彰，不但对他们自身有激励作用，同时在社会上也能起到激励引领的效果。

二是构建惩罚机制。对于各种违背社会主义核心价值观的个人或组织要进行相应的惩罚，对于一般背离社会主义核心价值观的言论和行为要采取批评教育和强制改正的措施，对于情节严重的恶劣行为要采取法律法规进行制裁，尤其是对于各种腐败和黄赌毒等现象，以及其他严重损害党和国家利益与形象的贪污腐败要严惩不贷，以营造良好的教育示范氛围。因此，相关部门和各大高校要根据实际情况制定好相应的奖惩机制，对于积极倡导和践行社会主义核心价值观的个人或集体要及时给予表扬和表彰，在年度绩效考核中进行加分并对其进行一定的物质奖励；对于不履行好本职工作、玩忽职守、背信弃义、贪赃枉法等行为要严肃处理。通过这些奖惩的方式促使人们正确认识和规范自身行为，并以积极践行社会主义核心价值观为荣，以背离社会主义核心价值观为耻。

三　运行机制

（一）组织领导机制

教育工作者在社会主义核心价值观教育整个过程中发挥着主导的作用。但单靠教育者的主导作用远远不够，还需要各个单位和部门发挥好组织领导的作用，只有在一个有序的组织领导下，教育者才能充分发挥好主导作用。中共中央办公厅指出：各级党委和政府要充分认识培育和践行社会主义核心价值观的重要性，把握方向，制定政策，营造环境，切实负起政治责任和领导责任。因此，各单位和部门要积极响应党中央的号召，发挥好各级党委的组织领导作用，尤其是各级党委书记和各部门领导负责人要起好领导指挥的组织作用，应成立专门的社会主义核心价值观教育领导小组、组织人员，对本单位和部门的社会主义核心价值观教育进行组织领导、统筹计划、监督考核，形成各级党委、部门人员分工明确、权责清晰、相互协调的领导机构、组织部门，为推进社会主义核心价值观教育提供有力的组织领导保障。

（二）实践养成机制

社会主义核心价值观的养成并不是一日之功，我们进行社会主义核心价值观的教育工作也不是一蹴而就的。这是一个长期系统性工程，不仅要培育社会主义核心价值观，重要的是要人们在认知、接受的基础上将社会主义核心价值观内化于心，外化于行。只有将价值观在具体的实践中表现出来，并形成稳定的行为方式，在知行上达到一致，才能说明完整的价值观得形成。要让人们做到知行合一，还必须通过一定的实践活动促进其养成。我们要高度重视实践活动的养成作用，开展有助于社会主义核心价值观养成的主题实践活动。

对于大学生而言，我们要加强道德实践活动和表彰道德模范、先进个人等活动的开展；要加强志愿服务实践活动如支教、暖冬行动、扶贫济困、关爱空巢老人、留守儿童等下基层实践活动的组织；要加强精神文明创建，开展一些有趣的主题活动的评比，让学生们在亲身实践、参与活动中加深对社会主义核心价值观的深刻理解和认同，并将其价值观内化于心、外化于行。

第四节　条件保障机制

推进社会主义核心价值观教育是一个系统复杂的工程，首先必须要有一定的机构、组织或部门来负责相关的工作，制定社会主义核心价值观教育内容、目标、计划和措施，并对其工作的开展情况进行监督、评价与反馈等。没有扎扎实实的保障基础，没有人力、物力的投入，没有组织和制度保障，社会主义核心价值观教育只能是纸上谈兵，水中捞月，并不会有什么真正的实效，因此建立相应的条件保障机制具有重要意义。

一　工作队伍保障机制

"工欲善其事，必先利其器"，因此推进社会主义核心价值观教育，其工作队伍的建设是首要基础。

（一）建设专职的工作人员

目前很多单位和部门并没有建立起专门的社会主义核心价值观教育工作队伍，有的是身兼数职，这会严重影响社会主义核心价值观教育的推行。因此，应严格把关其他专职人员的组成，在人员选进上要高指标高标准，要严格考核和选拔，对思想先进、政治立场坚定和先进模范等人员才能引进，并要不断监督和定期考核，保证社会主义核心价值观教育工作队伍永远是先进的思想工作者。

（二）在福利待遇上促进社会主义核心价值观教育工作队伍的稳定

要提高其工作人员的工资和其他福利，对于工作认真、成绩显著的人员要给与积极奖励，以激发他们的工作热情。同时要尽可能创造机会促进他们自身素养的进一步提高，经常培训学习或者参加社会实践，让他们深入基层，了解民情，感同身受，真正成为奉献的群体、思想的引路人、实践的带头人。

二　物质保障机制

（一）加大资金投入

社会主义核心价值观教育需要部门的组织机构与专职人员、相应的环境创设与基础设施建设、各种活动的开展与培训交流学习等方面来推进，如果没有充足的资金投入社会主义核心价值观教育只能是举步维艰。各单位和部门要按照中共中央与各地方政府的要求，根据实际情况、因地制宜地制订资金划拨计划，对社会主义核心价值观教育要建立专项经费，对于组织机构与工作队伍建设、环境创设与基础设施以及各种宣传教育活动、社会实践活动与培训交流学习等方面的投入要保证足够。

同时，还得加大资金投入，改善其工作环境和条件，给予配备相应的教育场所和教育设备如电脑、办公桌、摄像机、多媒体等；要保障社会主义核心价值观教育的环境创设与基础设施建设、网络建设与设备维护等有相应的资金预算。为了提高社会主义核心价值观教育工作者的思想素养，要设立专项研究费和培训费，定期开展各种培训交流研讨会如报告、讲座、业务学习、座谈等活动。

（二）加强各类教育基地建设

加大资金投入，对各类教育基地的建设和维护，如历史博物馆、抗战纪念馆、红色旅游胜地等教育载体的建设，为促进社会主义核心价值观教育提供良好的教育载体。

三 制度约束保障机制

邓小平曾经说过："制度好可使坏人无法横行，制度不好可以使好人无法充分做好事，甚至会走向反面。"① 价值观是一种意识形态，并不会自发地存在于人脑中，还需要有关的制度来维系。

（一）在社会主义核心价值观教育过程中，要建立起相关的管理制度。

通过各种管理制度规范教育主体的行为准则，使教育主体遵循一定的规章制度，做到不唯上、不违法，要严格按照管理制度扎实推进社会主义核心价值观教育，不敷衍了事，不做表面文章，要切实按照党中央和上级的要求有计划有目标地将其教育贯彻落实下去。

（二）在社会主义核心价值观实践过程中，要建立起规范养成制度。

要制定各种规章制度规范人们的实践行为，把社会主义核心价值观教育同法律法规、城市管理条例、行业行规、道德规范、社会管理和日常管理规范等紧密结合起来，将社会主义核心价值观的柔性要求贯穿在各种规章制度中，促使人们在他律的规范要求下形成自律并逐渐内化为人们自觉的价值取向和行为准则。各单位部门也要利用制度安排的方式建立健全规章制度，制定出相应的工作制度、行为守则和行业行规，通过法律法规以及各种行为规范的刚性约束规范和制约国民的行为，对违背核心价值观的举动和言论进行抵制和批评，对认真履行核心价值观的举动和言论给予鼓励。同时网络媒介的建设也离不开制度保障，我们要建立健全网络媒介建设的各项规章制度、运行办法和管理条例，让网络媒介成为宣传主流价值的正面阵地。

总之，社会主义核心价值观建设要与具体的社会制度紧密结合，要建立以党和政府为主导，法律规章、道德规范、社会监督、民众参与等一体化的制度保障机制。只有在一个有章可循的规章制度中，才能保障社会主义核心价值观教育有序进行并取得良好的效果。

---

① 《邓小平文选》（第 2 卷），人民出版社 1994 年版，第 333 页。

第五节　考核评价机制

社会主义核心价值观教育的考核评价其目的在于，通过考核评价其教育过程和结果以进行经验总结，为正在进行或后续的社会主义核心价值观教育活动提供反馈信息和调控依据。因此，正确、科学的考核评价机制不仅可以进一步起到激励的作用，还可以提供及时的反馈信息与调控策略。

一　提升社会主义核心价值观教育考核评价主体素养

当前该教育的考核评价很多存在形式主义，走过场，除了对考核评价的不重视以外，更主要的原因是当前评价主体的专业评价素养低。社会主义核心价值观教育的评价主体是参与考核评价活动的组织者和实施者，其素养的高低与方法的科学直接关系到评价效果的真实性和科学性。社会主义核心价值观教育的考核评价主体不只是教育者和受教育者，还包括管理主体和其他专业工作人员。从不同评估主体角度开展评估对教育的效果和目的会有特殊的作用。我们要根据不同评价主体的知识背景进行相应的培训，使他们认识到考核评价的重要意义与作用，尤其是要加强对他们评价方法的培训与指导。对于高校教育工作者和学生可通过开展社会学、心理学课程来提升他们的考核评价素养，提高他们对考核评价意义的认识，加强对评价方法和过程的培训与指导，以使他们在评价过程中能够认真负责、对症下药并科学有效地进行考核评价工作，避免评价过程走过场。

二　健全社会主义核心价值观教育考核评价的方法体系

（一）坚持客观性与实效性原则

必须坚持实事求是，注重知与行的统一，坚持调查研究，进行实地考察与追踪调查，为考核评价提供充分而必要的第一手资料，努力使评价效果达到公正、客观、准确。

（二）坚持全面性与整体性原则

一是要注重对社会主义核心价值观教育开展的整个过程进行评价，不可片面地强调某一方面或几个方面而忽视其他方面，不只对教育结果进行评价。二是要对社会主义核心价值观教育的各个要素都要做到全面性评价，对教育者、受教育者、教育目标、教育内容、教育方法、教育过程以及教育结果等都要进行一个系统全面的评价，不能只见树木不见森林。同时在评价的过程中，要听取各方面的意见，综合大多数人的意见和考评结果，遵循少数服从多数的原则，以使评价结果公正、客观。

（三）坚持科学性原则

考核评价的方法要具有科学性，要综合利用多种方法如调查法、纵横比较法、自我评价与他人评价法以及定性评价法与定量评价法。随着互联网技术的广泛运用，要加强对网络技术考核评价方法的运用，改变传统的评价方法如：通过试卷考试、发放问卷、写报告、总结、读后感、观后感等考核评价方法。要将社会主义核心价值观教育的考核评价落实到整个教育活动中，综合运用各种科学的评价方法，从理论学习、实践行为、政治倾向等方面对社会主义核心价值观教育工作进行科学评价，以使评价结果科学有效。

三 完善相应的考核激励制度

高效、科学的社会主义核心价值观教育评价机制能起到较好的激励作用。其教育工作应该与其个人业绩、科研、工作量等一同纳入年度绩效考核中，考核结果要记录到个人的人事档案中去，与其年终奖金、职称晋升、先进个人的评选等相挂钩。对于工作认真、业绩突出的教育工作者、党员、干部等进行积极表彰奖励，对教育贡献特别大的工作者纳入中央、政府对社会贡献较大的表彰激励体系中去。

第六节　反馈调控机制

社会主义核心价值观教育的反馈与调控是指依据对社会主义核心价值观教育的评估信息的反馈，对原有目标体系进行修正，对原有实施机制进行完善，从而使整个社会主义核心价值观教育系统得以优化。因此，完善的反馈与调控机制对社会主义核心价值观教育具有重要的意义。

一　完善信息反馈机制

（一）建立部门的信息反馈部门与设立相应的调研人员

各个单位和组织在成立社会主义核心价值观教育专职人员时就要将信息调研与反馈人员纳入其人员建设的计划范围内，并将各个部门的职责进行明确分工。尤其是要明确反馈部门的职责，通过考核制度和工作规章制度强化从事信息反馈工作人员的责任，要将信息反馈作为自己的岗位职责和工作任务。要定期收集各方面的反馈信息，尤其是要从权威机构或官方渠道得到正确、及时、有效的评价结果，从中总结出好的结果和不好的信息，将好的结果进行积极、正面的宣扬，将不好的结果要加以分析、总结并反馈给相关工作者，为目标的调整和下一轮决策的形成提供有效依据。

（二）完善信息反馈方法

要多方法、多渠道进行信息反馈，可运用如调查报告、工作会议、座谈会、质量检测等形式多方位进行信息反馈。在反馈的过程中还要营造轻松和谐的民主氛围，可让人们对反馈的信息畅所欲言、综合评估、集体总结，以使反馈的信息准确、有效。

二　完善调控机制

（一）建立调控沟通机制

及时、有效的调控是建立在灵敏畅通的信息反馈基础上的，因此要加强工作系统内部的沟通。加强信息反馈与调控的有机结合，在信息反馈部门与调控部门之间建立起联动的工作机制，可以将两个部门安排在一个工作环境中。反馈部门要及时将所搜集和总结的反馈信息对调控部门进行工作汇报或任务衔接，使有关信息能够及时有效地传达。调控部门也应认真对待反馈部门提供的各种信息，结合实际情况对社会主义核心价值观教育目标、内容、方法和过程等进行相应的调整，使达到最优化的教育效果。

（二）建立调控管理机制

调控部门与工作人员要制定相应的监督与管理制度，上级要负责对下级部门的执行情况进行严格监督，对于玩忽职守、工作不认真、违反管理制度的工作人员要进行相应的惩罚，并对于部门的其他人员建立起联动的惩罚机制。

（三）完善危机调控机制

社会主义核心价值观教育难免会发生一些突发状况，尤其是对那些如邪教、藏独台独、恐怖袭击等有害社会思潮和动态，要及时进行了解和分析，建立起相应的预警机制，对于那些有害思潮要及早进行瓦解，要因地制宜、实事求是地调整社会主义核心价值观过程、方法、途径、内容、目标等进行思想教育，避免公共突发事件和危机事件的发生。

参考文献

一 重要文献

《马克思恩格斯选集》第 1—4 卷，人民出版社 1995 年版。

《列宁选集》，人民出版社 1995 年版。

《毛泽东选集》第 1—4 卷，人民出版社 1991 年版。

《邓小平文选》第 1—3 卷，人民出版社 1994 年版，1993 年版。

《江泽民文选》，第 1—3 卷，人民出版 2006 年版。

《胡锦涛文选》，第 1—3 卷，人民出版 2016 年版。

《习近平总书记系列重要讲话读本》，学习出版社、人民出版社 2016 年版。

《决胜全面建成小康社会 夺取新时代中国特色社会主义伟大胜利——在中国共产党第十九次全国代表大会上的报告》，人民出版社 2017 年版。

《习近平谈治国理政》第 1 卷，第 2 卷，外文出版社 2014 年版，2017 年版。

《习近平新时代中国特色社会主义思想三十讲》，学习出版社 2018 年版。

《关于培育和践行社会主义核心价值观的意见》，人民出版社 2013 年版。

二 中文著作

陈章龙：《大学生精神彼岸的探寻：社会主义核心价值体系引领校园文化的实现机制研究》，社会科学文献出版社 2012 年版。

方铭：《鉴古知今：社会主义核心价值观古典释义》，凤凰出版社 2017 年版。

方旭光：《认同的价值与价值的认同：社会主义核心价值观论》，中国社会科学出版社 2014 年版。

冯颜利、廖小明：《问题·旨趣·路径：社会主义核心价值观新探究》，人民出版社 2013 年版。

付治平：《精神的升华——中国共产党的精气神》，人民出版社 2016 年版。

韩同友：《周恩来推进马克思主义中国化的贡献研究》，中国社会科学出版社 2015 年版。

韩延明：《红色文化与社会主义核心价值观建设研究》，人民出版社 2014 年版。

韩震：《全球时代的文化认同与国家认同》，北京师范大学出版社 2013 年版。

户可英：《大学生社会主义核心价值观教育方法研究》，新华出版社 2016 年版。

季明：《核心价值观概论》，人民日报出版社 2015 年版。

李德顺：《价值论：一种主体性的研究》，中国人民大学出版社 2013 年版。

刘顺厚：《青年学生社会主义核心价值观的培育和践行：基于多元文化的视角》，复旦大学出版社 2015 年版。

马国祥：《培育和践行社会主义核心价值观》，西南交通大学出版社 2016 年版。

孙伟平：《价值哲学方法论》，中国社会科学出版社 2008 年版。

田鹏颖：《社会主义核心价值观七论》，社会科学文献出版社 2015 年版。

汪信砚：《社会主义核心价值观与当代中国文化软实力研究》，人民出版社 2018 年版。

温小勇：《培育社会主义核心价值观的民生视野》，河北人民出版社 2016 年版。

吴新文：《社会主义核心价值观》，重庆出版社 2009 年版。

谢晓娟：《社会主义核心价值观研究》，中国社会科学出版社 2012 年版。

徐金学等：《培育和践行社会主义核心价值观实践探索》，云南大学出版社 2017 年版。

宣兆凯：《中国价值观现状及演变趋势》，人民出版社 2011 年版。

杨晓慧：《社会主义核心价值体系融入大学生思想政治教育全过程的基本问题研究》，人民出版社 2011 年版。

杨业华：《当代中国大学生核心价值观研究》，人民出版社 2016 年版。

袁贵仁：《价值观的理论与实践》，北京师范大学出版社 2013 年版。

张岱年：《中国伦理思想研究》，江苏教育出版社 2005 年版。

张耀灿：《思想政治教育学前沿》，人民出版社 2006 年版。

赵国付：《周恩来思想政治教育理论与实践研究》，东南大学出版社 2013 年版。

赵建华：《社会主义核心价值观与中华优秀传统文化传承》，河北美术出版社 2016 年版。

赵庆寺：《讨论式教学与大学生社会主义核心价值观认同》，上海人民出版社 2016 年版。

赵兴宏：《思想政治教育理论与实践若干问题研究》，社会科学文献出版社 2015 年版。

郑承军：《理想信念的引领与建构——当代大学生的社会主义核心价值观研究》，清华大学出版社 2010 年版。

郑文范：《五维契合：社会主义核心价值观与中国特色社会主义理论关系研究》，社会科学文献出版社 2015 年版。

周谨平：《社会主义核心价值观的政治伦理内涵》，湖南大学出版社 2016 年版。

周向军、高奇：《核心价值体系：铸造当代中国文化建设的灵魂》，济南出版社 2013 年版。

朱晨静：《社会主义核心价值观日常社会化育研究》，社会科学文献出版社 2018 年版。

朱颖原：《社会主义核心价值观多维研究》，人民出版社 2013 年版。

三 期刊论文

卜逸凡：《红色文化：培育社会主义核心价值观的重要资源》，《学理论》2018 年第 12 期。

陈融：《社会主义核心价值观入法的理论基础、现实需求及实现路径》，《毛泽东邓小平理论研究》2018 年第 10 期。

崔涛：《"课程思政"视域下高校社会主义核心价值观教育路径新探》，《教育评论》2018 年第 11 期。

戴木才：《对社会主义核心价值观几个基础理论问题的思考》，《马克思主义与现实》2017 年第 4 期。

邓若伊、蒋忠波：《网络传播与大学生社会主义核心价值观的建构——基于五省大学生的调查分析》，《西南民族大学学报》（人文社会科学版）2011 年第 9 期。

邓显超、邓海霞：《十年来国内红色文化概念研究述评》，《井冈山大学学报》（社会科学版）2016 年第 12 期。

方鸿志、刘广远：《新时代家风与社会主义核心价值观的培养》，《思想理论教育导刊》2018 年第 11 期。

冯刚、王振：《着眼大学生成长发展需求，构建培育践行社会主义核心价值观长效机制》，《思想理论教育导刊》2017 年第 2 期。

冯玉军：《把社会主义核心价值观融入法治建设的要义和途径》，《当代世界与社会主义》2017 年第 4 期。

顾其银：《社会主义核心价值观及其当代构建》，《人民论坛》2011 年第 23 期。

郭朝辉：《当代大学生社会主义核心价值观认同感实证研究》，《西南民族大学学报》2014 年第 9 期。

郭敏：《道德引领：社会主义核心价值观的实践指向》，《道德与文明》2019 年第 1 期。

韩同友、周亚军：《论红色资源对大学生社会主义核心价值观教育的现实价值》,《国家教育行政学院学报》2016 年第 10 期。

韩同友、于建业:《责任伦理视阈下大学生社会主义核心价值观的培育》,《西南民族大学学报》2016 年第 11 期。

韩同友、于建业:《社会主义核心价值观与"四个全面"战略布局的在内逻辑关系探析》,《西南大学学报》(社科版)2018 年第 2 期。

韩振峰:《全面理解和把握中国梦的精神实质》,《中国高等教育》2013 年第 12 期。

韩振峰:《社会主义核心价值观体现社会主义的本质要求》,《光明日报》2015 年 5 月 7 日第 16 版。

何金定:《在"四个全面"中推进社会主义核心价值观建设》,《经济日报》2015 年 7 月 9 日第 14 版。

侯惠勤:《在社会主义核心价值观的概括上如何取得共识?》,《红旗文稿》2012 年第 8 期。

胡建、冯开甫:《红色资源:大学生社会主义核心价值观教育的重要载体》,《思想理论教育导刊》2016 年第 1 期。

黄蓉生、石海君:《论习近平社会主义核心价值观思想的鲜明时代特征》,《学校党建与思想教育》2018 年第 1 期。

纪安玲:《论加强大学生社会主义核心价值观教育的三个维度》,《宁波大学学报》(教科版)2019 年第 1 期。

江畅:《核心价值观的合理性与道义性社会认同》,《中国社会科学》2018 年第 4 期。

柯缇祖:《社会主义核心价值观研究》,《红旗文稿》2012 年第 2 期。

李成学、钟俊铧:《论中国梦的人本思想》,《人民论坛》2013 年第 23 期。

李金和:《"90 后"大学生社会主义核心价值观教育的范式转换》,《思想教育研究》2011 年第 9 期。

李蕊:《弘扬社会主义核心价值观需厘清的基本理论问题》,《社会主义研究》2016 年第 3 期。

李诗夏:《大学生榜样教育:践行社会主义核心价值观的新路径》,《学习与实践》2016 年第 12 期。

李晔、王涛：《以社会主义核心价值观认同推进高校主流意识形态建设》，《教育研究》2016 年第 12 期。

李勇：《新媒体环境下社会主义核心价值观传播体系的建构研究》，《理论探讨》2015 年第 2 期。

刘建军：《高校培育和践行社会主义核心价值观的四个步骤》，《思想理论教育》2016 年第 3 期。

刘祚玉：《运用地方红色资源提升大学生核心价值观》，《人民论坛》2015 年第 36 期。

龙春霞：《隐性教育与学生社会主义核心价值体系教育的契合性》，《教学与管理》2015 年第 4 期。

马平均、胡新保：《社会主义核心价值观融入大学校园文化建设的几点思考》，《思想教育研究》2017 年第 1 期。

孟轲：《论民众认同社会主义核心价值观的外推路径》，《毛泽东邓小平理论研究》2015 年第 11 期。

欧清华：《构建社会主义核心价值观传播体系初探》，《科学社会主义》2012 年第 3 期。

裴晓涛：《多元社会思潮中的社会主义核心价值观培育》，《中国高等教育》2018 年第 18 期。

荣开明：《论"四个全面"的重大意义、逻辑关系和突出特色》，《观察与思考》2016 年第 2 期。

佘双好：《社会思潮对高校学生核心价值观形成的影响研究》，《思想教育研究》2011 年第 6 期。

佘双好：《构筑国家和民族发展的精神支柱——学习习近平关于培育和践行社会主义核心价值观的论述》，《社会主义核心价值观研究》2017 年第 1 期。

沈侨、孙克俊：《当代中国大学生社会主义核心价值观培养策略略探》，《学周刊》2019 年第 1 期。

沈壮海：《社会主义核心价值观培育和践行的着力点》，《思想政治工作研究》2012 年第 12 期。

施惠玲：《社会主义核心价值观传播中的两种张力关系》，《中国特色社会主义研究》2012 年第 6 期。

石云霞：《党的十八大以来我国社会主义意识形态理论的新发展研究》，《南京政治学院学报》2015 年第 2 期。

孙其昂、侯勇：《论社会主义核心价值观建设的现代性境遇与超越》，《中国特色社会主义研究》2011 年第 2 期。

覃事太、吴长锦：《当代大学生社会主义核心价值观的培育路径探析》，《学校党建与思想教育》2013 年第 3 期。

唐晓燕：《社会主义核心价值观建构的理论资源与方法论》，《浙江社会科学》2012 年第 9 期。

王丹：《当代大学生价值观与价值选择状况的调查分析》，《思想理论教育》2018 年第 2 期。

王管：《社会主义核心价值观深度融入志愿服务的机制驱动探析》，《毛泽东思想研究》2016 年第 4 期。

王管：《社会主义核心价值观认同教育的实践进路》，《思想理论教育导刊》2017 年第 4 期。

王管：《略论高校宿舍文明建设与大学生核心价值观培育》，《思想政治教育研究》2017 年第 5 期。

王贺：《大学生社会主义核心价值观的认同与评价》，《高教发展与评估》2016 年第 5 期。

王晓晖：《积极培育和践行社会主义核心价值观》，《求是》2012 年第 23 期。

王新刚：《论中华优秀传统文化与社会主义核心价值观的内在契合》，《思想理论教育导刊》2018 年第 12 期。

王易、安丽梅：《传统家训在培育和践行社会主义核心价值观中的作用探析》，《思想教育研究》2017 年第 8 期。

吴蕊：《大学生社会主义核心价值观的培养》，《山东社会科学》2014 年第 5 期。

吴向东：《社会主义核心价值观的表述与逻辑：一种可能的思路》，《哲学研究》2013 年第 1 期。

奚洁人：《习近平治国理政的科学思想方法论——兼论中国智慧的时代内涵和理论特征》，《中国浦东干部学院学报》2017 年第 5 期。

徐柏才：《论大学生社会主义核心价值观构建的主要原则》，《理论月刊》2011 年第 10 期。

徐志远、张灵：《文化软实力与社会主义核心价值观》，《马克思主义研究》2017 年第 11 期。

许耀桐：《关于社会主义核心价值观的若干问题》，《中共中央党校学报》2012 年第 4 期。

薛一飞、邢海晶：《社会主义核心价值观大众传播的现实情境与未来走向》，《马克思主义研究》2018 年第 9 期。

杨明：《国家与公民：社会主义核心价值观概括的基本路径》，《红旗文稿》2012 年第 4 期。

杨晓苏：《红色文化价值生成的渊源及其核心价值观探究》，《学校党建与思想教育》2014 年第 17 期。

姚红艳：《人民性：社会主义核心价值观的本质特征》，《道德与文明》2012 年第 6 期。

易金华：《以红色资源推动马克思主义大众化》，《湖南社会科学》2015 年第 6 期。

虞崇胜、叶长茂：《社会主义核心价值观与人类共同价值》，《中共中央党校学报》2016 年第 2 期。

占毅：《红色资源融入高校思想政治理论课教育教学探究》，《思想教育研究》2016 年第 1 期。

张福军、程恩富：《在落实"四个全面"中完善中国道路与中国模式》，《思想理论教育导刊》2015 年第 4 期。

张颢：《红色资源与马克思主义中国化、时代化、大众化论纲》，《马克思主义研究》2011 年第 8 期。

张朋智：《社会主义核心价值观与中国梦的内在联系》，《光明日报》

2013 年 4 月 6 日第 11 版。

张天华、田慧颖：《社会主义核心价值观融入高校创业教育路径研究》，《国家教育行政学院学报》2016 年第 7 期。

张长虹：《充分发挥红色文化资源的育人价值》，《红旗文稿》2015 年第 12 期。

章剑锋、陈璐婷：《政治仪式视野下的高校社会主义核心价值观培育》，《马克思主义研究》2015 年第 12 期。

郑海洋、阚道远：《托起文化自信的三大支柱：社会主义核心价值观、民族精神和时代精神》，《思想理论教育导刊》2017 年第 10 期。

郑晶晶、曲建武：《社会主义核心价值观大众认同的多层诠释及路径探索》，《当代世界与社会主义》2016 年第 3 期。

周琪：《社会主义核心价值观建设的内在逻辑及实现》，《西南大学学报》（社科版）2016 年第 1 期。

朱霁：《论社会主义核心价值观的对外传播及其实践路径》，《马克思主义研究》2016 年第 8 期。

朱小理等：《"红色资源"概念的界定》，《井冈山大学学报》（社科版）2010 年第 5 期。

左志富：《大数据时代社会主义核心价值观传播的逻辑进路》，《新闻战线》2018 年第 20 期。

四　硕、博士论文

邓斌：《中华优秀传统文化与社会主义核心价值观建设》，博士学位论文，东北师范大学，2016 年。

韩一凡：《社会主义核心价值观生活化研究》，博士学位论文，郑州大学，2017 年。

胡咚：《当代大学生人生价值观教育创新研究》，博士学位论文，华中师范大学，2015 年。

黄静：《以社会主义核心价值观提升大学生责任感研究》，硕士学位论文，四川师范大学，2018 年。

黄颖娜：《论价值观教育与青年健康心理人格的塑造》，博士学位论文，清华大学，2015年。

蒋翠婷：《社会主义核心价值观主导性研究》，博士学位论文，上海师范大学，2018年。

蔺宏涛：《社会主义核心价值观的源流研究》，博士学位论文，湖南大学，2016年。

马尚：《社会主义核心价值观长效机制建设研究》，硕士学位论文，吉林大学，2017年。

邱国勇：《社会主义核心价值观教育研究》，博士学位论文，武汉大学，2013年。

任科：《以高效校训为载体培育社会主义核心价值观研究》，硕士学位论文，暨南大学，2015年。

宋伟：《社会主义核心价值观融入高校校园文化建设研究》，博士学位论文，郑州大学，2016年。

孙建青：《当代中国大学生核心价值观教育问题研究》，博士学位论文，山东大学，2014年。

谭向阳：《社会主义核心价值观大众化社会生态研究》，博士学位论文，中国地质大学，2016年。

田圆：《大学生社会主义核心价值观培育成效评估研究——基于江苏省部分高校的实证分析》，硕士学位论文，南京大学，2017年。

王丽丽：《社会主义核心价值体系与大学生核心价值观构建研究》，博士学位论文，东北师范大学，2013年。

王中丽：《当代大学生社会主义核心价值观教育研究》，硕士学位论文，陕西师范大学，2014年。

易鹏：《社会主义核心价值观网络传播困境与对策研究》，博士学位论文，西南大学，2018年。

詹丽萍：《社会主义核心价值体系与社会主义核心价值观引领大学生思想道德建设研究》，博士学位论文，东北师范大学，2016年。

展伟：《思想政治教育公共空间研究》，博士学位论文，南京师范大学，

2017 年。

张文卿：《当代青年社会主义核心价值观培育研究》，博士学位论文，北京交通大学，2017 年。

张晓林：《社会主义核心价值观融入大学生思想政治教育全过程研究》，硕士学位论文，西南石油大学，2016 年。

郑晶晶：《社会主义核心价值观的中华传统文化底蕴研究》，博士学位论文，大连海事大学，2017 年。

郑萌萌：《基于新媒体的社会主义核心价值观传播研究》，博士学位论文，苏州大学，2016 年。

郑若岑：《新媒体场域中社会主义核心价值观传播机制研究》，硕士学位论文，东北师范大学，2018 年。

朱颖原：《社会主义核心价值观研究》，博士学位论文，山西大学，2013 年。

后　记

　　本书是江苏省教育厅 2015 年度高校哲学社会科学研究重点项目"江苏大学生培育和践行社会主义核心价值观长效机制的创新研究"（2015ZDIXM035）的结项成果。

　　课题从启动申报到获批立项，从资料搜集到专题研究，从撰写文稿到论文发表，从问卷调查到数据分析，从集体研讨到报告定稿，从阶段实施到课题结项，团队成员们聚焦主题，责任明确，分工协作，群策群力，勤奋拼搏。几年来，大家秉持着共同的研究兴趣、学术追求和责任担当，通力合作，锲而不舍，不离不弃，顺利完成了课题承诺的各项任务，使课题研究画上了句号。

　　感谢课题组成员盐城工学院的韩雅丽研究员、于建业副教授、包雅玮副教授、李晓荣副教授、吴刚副研究员、吴晓静副教授、周亚军讲师以及淮阴工学院郑洋助理研究员、李娟副教授等为课题所作出的贡献，没有你们几年来冒严寒、顶酷暑的鼎力支持，就没有今天的成果！特别是韩雅丽研究员和于建业副教授不仅在课题研究的总体思路、基本原则和内容构架等方面提出了建设性意见，而且在调研组织与报告撰写中奉献了才智和付出了劳动。几年来，在党组织的安排下，我的工作岗位发生变动，课题申报工作在盐城工学院，课题研究主要任务的完成在淮阴工学院，课题结项和启动出版在淮阴师范学院。让我感动的是，团队成员们没有因为我的工作岗位变动而影响了课题研究。大家情谊没变，研究热情没变。我们的团队是有凝聚力和战斗力的。本次课题的研究与合作，真真切切的是一次学术的旅程与精神的洗礼，是一场充满情感与激昂赞美的比赛。

本书是集体智慧的结晶，团队合作的产物。任务分工以及完成情况，按照章节统计，具体为：

全书的策划与构思（韩同友），统稿与编排（韩同友、于建业），前言（韩同友、于建业）。

第一部分的第一章：第一节（韩同友、于建业），第二节（韩同友、周亚军），第三节（包雅玮），第四节（周亚军），第五节（李晓荣）；第二章：第一节（韩同友、包雅玮），第二节（周亚军），第三节（韩雅丽），第四节（韩雅丽）；第三章：第一节（韩同友、吴晓静），第二节（韩同友、于建业），第三节（韩同友、周亚军），第四节（郑洋），第五节（韩同友）；第四章：第一节（李晓荣），第二节（吴刚），第三节（韩雅丽），第四节（李娟、韩同友）。

第二部分的第一至六章（韩同友、于建业）。

参考文献（韩同友），后记（韩同友）。

感谢南京师范大学李前进书记，徐州医科大学李海洋书记，南京晓庄学院王延光部长，淮阴工学院刘巍副教授、刘斌主任等学术同人在课题调研与研究中给予的帮助与支持。

感谢盐城工学院图书馆李明副馆长、淮阴师范学院图书馆郑燕平馆员、淮阴师范学院马克思主义学院赵国付副教授、南京师范大学硕士研究生谭净同学，在课题资料的查找以及书稿编排、校对等方面给予的帮助和支持。

感谢盐城工学院社科处的邢千里副研究员在课题管理上的帮助与支持。

感谢淮阴师范学院、盐城工学院、淮阴工学院、江苏省中国特色社会主义理论体系研究中心扬州大学基地等单位领导的关心与支持。

本书的出版得到了江苏省重点建设学科——淮阴师范学院马克思主义理论学科、周恩来精神与青少年研究中心的支持。

感谢中国社会科学出版社杨晓芳编审的指导和帮助。

本书参考了许多学者已有的研究成果，除了在参考文献中列出之外，还有一些疏漏，在此对这些研究成果的作者表示深深的谢意。

感谢所有关心和支持我的人！

由于编者视野所限，水平所拘，我们对于高校大学生社会主义核心价值观教育这一系统而鲜活的课题研究得还不够深入，对相关问题的理解还不够到位，对路径选择和机制构建的论述还不够精准，敬请各位专家、学者和读者不吝指教，以匡不逮。

韩同友

2019 年 4 月于淮阴师院交通路校区